中国律师实训经典

践行正义
一种关于律师职业道德的理论

[美] 威廉·H·西蒙（William H. Simon）　著

王进喜　译

THE PRACTICE
OF JUSTICE
A THEORY OF LAWYERS' ETHICS

中国人民大学出版社
·北京·

献给
Devin Wang

——译者

译　序

　　现任美国哥伦比亚大学法学院 Everett B. Birch 讲席教授的 William H. Simon 所著《践行正义》(*The Practice of Law：A Theory of Lawyers' Ethics*) 一书，在我的书架上已经静静地安睡了七年。这本书 1998 年由美国哈佛大学出版社出版，是 2002 年到 2003 年我在美国西北大学法学院作为富布莱特研修学者访学期间，与 Anthony Kronman 的《迷失的律师》、David Luban 的《律师与正义》等美国学者所著的律师职业道德著作一同购得的。我对这些著作进行了认真阅读，并有心将这些著作翻译出版，作为当时我主编的在中国人民公安大学出版社出版的《律师执业技巧与管理丛书》的重要内容之一，供蓬勃发展的中国律师界和学术界借鉴和思考。但是后因工作内容的调整，我的大量时间不再能够完全集中在律师职业道德（律师职业行为规则）的研究上，这项计划就半途而废、被束之高阁了，然而计划没有完成的负债感一直萦绕于心。

　　2010 年 9 月，在透彻而酷热的阳光中，我来到了美国加州大学戴维斯分校访学，有了一定时间来重新思考律师职业道德的一些问题，这也为重新启动先前的翻译计划提供了机会。《践行正义》一书从对律师界那些影响律师执业活动伦理质量的意识形态和规则出发，对律师职业责任理论中的优势观点和公共利益观点所代表的绝对性决策方法进行了批判，提出了解决律师角色焦灼的背景性观点。该观点的基本准则是，律师应当考虑特定案件的相关情况，采取可能促进正义的行动。该书对这些批判和建构所涉及的实证主义、实体主义等各种理论进行了剥皮见笋式的分析，是对律师职业道德深层次理论问题进行分析的重要著作，是律师职业道德研究的重要参考文献，是思考中国律师的当代问题的重要借鉴。此外，该书对国内已经译介的有关美国法律职业道德的著作，如《迷失的律师》、《律师与正义》等，有赞同，也有批判。这些著作似百家争鸣，交相辉映，直接告诉我们这些已经译介的观点并不是完美无瑕的，我们在学习这些理论时应保持清醒的头脑，不要天真地认为这些著作所提供的理论是解决现实问题的唯一正确、无懈可击的答案；对之盲目推崇、妄听妄信，必然在理论和行动上形成错误的指引。

　　《践行正义》一书于 1998 年出版，但是时至今日国内学术界知者寥寥。除了因为原著包含大量专业性很强的哲学、法理学、法律职业道德等方面的专业术语外，该书行文遣词也极为晦涩艰深，大大增加了阅读的难度，甚至被人戏称为

"所读过的最糟糕的"法律职业伦理著作。（因此，从英文到中文的移译，即使是经过了译者缜密的思考，也多有不逮之处。）此外，该书的一些观点在论证技术上也不是尽善尽美的。例如，该书最后一章关注的是律师职业道德的制度改革问题。作者的分析几乎完全是理论性的，对于法律职业道德的制度化问题缺乏必要的建构（至少是缺乏明晰的、可操作的建构），对这种预期改革所面临的社会、经济、政治等方面的障碍也关注不足。但是即使存在这些明显的缺陷，也不妨碍我们借鉴其中的有益思想。因此，无论是从该著作的学术内容本身看，还是从学术争鸣、学术批评的态度看，这本著作都具有相当的翻译价值。就像美国斯坦福大学法学院 Deborah L. Rhode 教授所指出的那样："William Simon 的《践行正义》第一句话写道：'没有一个社会角色像律师这样鼓励对伦理大志的孜孜以求，也没有一个职业像律师这样一直在挫败其所鼓励追求的目标。'读者可能会加一句，既没有法律职业道德学者像 William Simon 那样激起人们的更大期待，也没有法律职业道德学者像 William Simon 那样持之以恒地避免让其听众感到失望。"① 我相信读者自会从该书中找到闪光点。

这些年，我的大量学术时间是在文献翻译中度过的。译作的重要作用之一，是打破自说自话的逼仄思想壁垒，为学术探讨注入新的活力。因此，翻译是学术共同事业重要的、必要的组成部分。此外，在此重申一句老生常谈也许仍然是适当的，那就是翻译过程是一个深入的阅读和学习过程。我找不到比这个方法更深入的阅读方法了。戴维斯的秋天宁静而美丽，橡果在秋风秋雨中飘然而落。我像橡树林中的松鼠一样欣喜地拣选、品味着译文中的思想。在这个过程中，有劳力，有劳心，有寂寞，有困惑，但最终收获的是喜悦。我以自己的亲身体会见证了这种喜悦，我也期盼着读者能够与我共同分享这份喜悦。

关于翻译的几点技术说明是：第一，为了避免因各译其名而导致的不必要混淆，以及为学术参引准确性起见，除了常见的人名（如马克思、狄更斯、爱略特、卡夫卡）、地名（如纽约、亚特兰大、加州）、著作名（如《荒凉山庄》、《吉姆老爷》）采用通常所见的中文译名外，其余一律直接采用原著所示。为读者理解和阅读方便，部分译名后直接附原文以供对照。重要学术术语译名可见所附重要译名对照表。第二，原文采用了文后注释的方式，本中文译本为读者阅读方便，改为页下连续脚注。脚注中除阐释性的内容翻译外，其他均保持原文而未加翻译，以避免带来不必要的参引混淆。第三，原文中部分引文的翻译，尽量参照了国内已有译本的翻译，对所涉及的他人的劳动成果，在译者另加的脚注中有相应说明。对部分引文的中文译本，结合本书上下文语境，有部分必要的调整。

感谢中国政法大学副校长、证据科学研究院院长张保生教授一贯的支持与关爱，感谢加州大学戴维斯分校 Beth Greenwood 教授在我访学期间为我提供的各种帮助，感谢 Danyu Lei、Henry Wang 的期待。

本译作得到了教育部新世纪人才支持计划的资助，在此说明并谨致谢忱。

译者

2010 年 12 月于加州大学戴维斯分校

---

① Deborah L. Rhode, "Symposium Introduction: In Pursuit of Justice, (Review Essay Symposium: The Practice of Justice, by William H. Simon)", 51 *Stanford Law Review* 867 (1999).

目　录

1

导　言

■ 一个焦灼的职业

      没有一个社会角色像律师这样鼓励对伦理大志的孜孜以求，也没有一个职业像律师这样一直在挫败其所鼓励追求的目标。

      许多年轻人走进法学院时，满怀希望，期冀找到一份能够贡献于社会的职业，而结果往往是希望破灭。这些希望常常是在执业的压力下冰消瓦解的。在其以后的职业生涯中，特别是在取得了世界性的成功后，他们常常心怀感旧与遗憾来回忆这些希望。针对这种职业生涯中的体验，各种文献、餐后演讲和律师协会报告纷至沓来，都在谴责律师服务中的道德贫困。

      一些这样的文献将这种道德上的失望感，归因于法律服务活动或者理论上的最新发展。在某些方面，法律服务活动越来越科层化，在另一些方面则越来越商业化。法律思想关于自治、连贯和权威的主张，也受到了来自左派和右派的挑战。然而，我们知道这种道德失望感的体验，以及对职业生涯哀而叹之的文献，早在这些发展之前就已经存在了。当前的批评不过是已存在了至少一个世纪的循环的最新峰值。尽管哀怨之声忽莺声燕语，忽振聋发聩，但是哀怨一直与我们相随如影、不绝如缕。①

      我们在大众文化中，找到了关于律师的角色焦虑的类似表达，多年以来，这种表达相当稳定。对律师执业活动英雄般的刻画，一直与官方和经验版本的重要特征相去悬殊。Perry Mason 的委托人总是清白无辜的。宣称更为现实地对待律师的戏剧刻画，则通常摇摆不定或者直接指斥律师。狄更斯笔下的 Jaggers 和 Tulkinghorn 越是尽职地服务于其委托人，就越是看起来怪诞诡奇。

      因此，要解释与律师执业活动相伴随的道德焦虑感，就应当探究与最近在组织结构和法学理论上的发展相比为时更为久远的那些条件。我的解释关注的是律师角色存在的结构性紧张关系。这种紧张关系一直存在，但是在过去的这个世纪里，它变得更加不堪。这一解释的核心观点是：关于律师职业责任的优势思想，削弱了律师执业活动的实践任务与正义价值（律师认为这为其角色提供了伦理基础）之间的关系。这一思想常常要求律师采取行动，促成眼前境况中的不正义。当然，人们认为从更为长远的角度看，这些行动促成了更大的正义。但是，律师行为的最终伦理收效关山迢递，遥遥不可及，这是个问题。这种状况充其量要求律师是一个严格的伦理苦行者。她眼前的经历，使她有悖于她最忠信的价值，而救赎性的有益效果却发生在其工作生涯之外，这还很可能是耳不能闻、目不能及的。因此，律师的角色，要求将因一个人的正确行为所促成的善而形成的道德上的满足感体验予以延后，这在一定程度上很容易与宗教准则联系在一起。

---

      ① 关于近来引人瞩目的哀叹，参见 Anthony Kronman, *The Lost Lawyer* (1993)；Sol Linowitz, *The Betrayed Profession* (1994)；Mary Ann Glendon, *A Nation Under Lawyer* (1994)；American Bar Association, Section on Legal Education and Admission to the Bar, *Legal Education and Professional Development—An Educational Continuum*：Report of the Task Force on Law Schools and the Profession (1992)；American Bar Association, Commission on Professionalism, "*In the Spirit of Public Service*"：*A Blueprint for Reviving Lawyer Professionalism* (1986)。关于这种哀怨传统的历史回顾，参见 Robert W. Gordon, "The Independence of Lawyers," 68 *Boston University Law Review* 63 (1988)。

一旦我们有理由怀疑当前所感知的栩栩如生的不正义与所期待的远在他方、姗姗来迟的更大的正义之间的关系，这个问题就变得更加严重。这种关系我们观察不到。它是个理论问题，理论使得律师们更难相信更为遥远的善真的需要他们所造成的眼下的不正义。

因此，法律理论的发展促成了律师角色的伦理焦虑感的说法符合实情。但是我们所熟悉的关于法律理论的这种促成作用的说法，是具有误导性的。实际上，重要的理论发展早在20年前就已经发生，对此至少可以追溯至20世纪之发端。此外，问题并不是法律理论使得人们对价值玩世不恭。玩世不恭并不必然构成对职业责任优势思想的威胁。如果我的看法是正确的，那么伦理上的焦虑感的主要来源，是人们所感知到的执业活动中具体的、直接的不正义与所谓的能够对此进行救赎的遥远的正义之间薄如纸、弱如丝的联系。玩世不恭的增长并不会对这种体验产生任何重要影响。玩世不恭将会削弱我们对遥远正义的救赎力的信心，但是它会使我们对短期的不正义相对更加冷漠。

法律理论上的重要发展也不是要鼓励对正义的怀疑主义，而是要挑战这样的思想，即抽象的正义要求此时此地施行蓄意的不正义。在这些发展中，最重要的是长达一个世纪的对形式主义的、绝对的或者"机械的"判断所进行的批判。律师角色的核心问题，源于优势思想的这种倾向，即从形式主义的、绝对的或者"机械的"标准的角度来界定该职业的责任。

除了律师执业领域之外，法律思想中对形式主义的反叛几乎在每个法律领域旗开得胜。几乎在每个其他领域，现代法学理论都教导说法律判断的标志就是复杂性：其任务就是在证明一般原则正确性的同时，要考虑事实的特定性。从这个角度看，法律判断具有典型的背景性。现代职业责任理论独自预设或者规定了这种绝对性的判断。没有理由来支持这种差异。对于律师执业领域而言，对绝对性判断的经典批判也格外有力。

通过引人瞩目的思想隔离行动，通常的法律职业道德的绝对性做法相对免遭了这些批评的责难。但是对那些已经吸纳了对形式主义的批判，并习惯于在其他领域进行背景性判断的律师而言，不能对这里的绝对性判断所存在的缺陷完全无动于衷。确实，职业责任学说中引人瞩目的修辞差错偶尔也表明，其拥趸者也不可能相信他们所说的。[②] 在这些情况下，人们就很容易对律师的焦虑和失望作出解释。执业准则要求其采取行动，而这些行动会有悖于人们认为她应当忠信的价值。那些被认为能够使人容忍这种体验的意识形态上的理由是孱弱无力、行之无效的。

我在这里的观点与大众文化中对律师执业活动的传统批判形成了共鸣。这种外行批判的主要切入点，一直是律师在通常的执业活动中蓄意促成不正义。尽管律师喜欢将外行对律师职业道德的敌意归因于学理上的幼稚，但是对方更接近真相。与律师职业相比，外行公众总是相对更不受形式主义学说的束缚。外行对律师执业活动的更好刻画，说明在这个问题上其对学理的理解优于律师职业自己的说法。

---

② 例如，可以看看第3章所讨论的《示范规则》的观点（支持对与策划的不当行为有关的信息予以保密），以及该章注释9所讨论的令人备受折磨的保密合理化问题。

律师执业活动的伦理场域

　　使得律师对法制和正义最基本的忠信被牵连构陷的伦理决策，源于委托人利益与第三方和公共利益之间的冲突。我们看几个例子：

　　无辜的罪犯。大约在 1914 年，佐治亚州律师 Arthur Powell 从一个委托人那里获得了证明 Leo Frank 无罪的信息。Frank 已经在亚特兰大一个为反犹主义和大众的歇斯底里所驾驭的臭名昭著的审判中，被判定谋杀了一个年轻女孩。因为委托人不同意进行披露，Powell 并没有将该信息告诉任何人。Frank 随后被减刑为终身监禁，但是不久之后他就被暴众私刑处死了。③

　　农业综合经营福利。1906 年，为了支持小型家庭农场，美国制定了《联邦土地开垦法》。该法以很高的补贴率对为农场主供水的项目进行资助。最初的法律将取得供水补贴农场主的资格限定为 160 英亩以下。尽管毫无争议的是，这种限制的目的是防止将大笔款项补贴给富裕的农场主，但是多年以来，为这些农场主（包括诸如南太平洋铁路公司这样的大公司）服务的律师创造了各种手段来使其委托人有资格取得几十亿美元的利益。

　　早期的一个方法是，让委托人将其田产分散到各个公司中。虽然各个公司所有的份额仍由委托人、合伙人及其家庭成员所有，并且委托人继续将土地作为一个单位来耕作，但是律师接着就可以主张每个公司仅仅持有 160 英亩土地，它们都有资格就委托人耕作所需水源取得补贴。另一个方法是为家庭成员创设一系列的信托，为每个信托分配 160 英亩的土地。虽然一个人作为受托人仍可以对所有这些土地保持控制权，但是律师可以主张作为独立的"法人"，每个信托都有权就其田产获得水源补贴。④

　　桀骜的储蓄与贷款银行。1979 年，紧缩银根和大力撤销管制，加剧了美国储蓄与贷款银行系统的结构缺陷，该系统开始崩溃。尽管这种崩溃的性质与原因众所周知，但是国会和政府在十多年里未能采取决定性的行动。与此同时，美国观众面临着储蓄保险系统令人震惊的道德风险。

　　因为有储蓄保险，银行就可以吸收储蓄，而不论及其合理性。银行越是接近破产，管理层就越是受到诱惑来进行异常危险的风险投资。胜注会使银行重具还债能力，并使管理层发家致富；败注的成本则由储蓄保险资金承担。在这种动力出现的时刻，关闭银行具有重要的公共利益性。不幸的是，联邦家庭贷款银行委员会所拥有的可怜的资源和权力不足以保护这种利益。这种体制上的弊端所造成的公共成本超过了 2 000 亿美元。

　　Charles Keating 与 Lincoln 储蓄与贷款银行（下称 Lincoln 银行——编者注）施行的高度进攻性的投资策略，引起了委员会的担忧。当该委员会对该银行贷款

---

③　Arthur Powell, *I Can Go Home Again* 287－292 (2d ed. 1943). 证实 Frank 被错误定罪的证据在他死后出现了。Wendell Rawls, Jr., "After 69 Years of Silence, Lynching Victim Is Cleared," *New York Times*, March 8, 1982, p. A12.

④　参见 Joseph Sax, "Federal Reclamation Law," in 2 *Waters and Water Rights* 111, 120－24 (Robert Clark, ed. 1967)。

业务的合理性和合法性表示怀疑的时候，Keating 雇佣了纽约 Kaye、Scholer、Fierman、Hays 和 Handler 律师事务所（下称 Kaye Scholer 律师事务所——编者注）的诉讼律师予以回应。该律师事务所在 1986 年至 1989 年的银行检查事务中代理了该银行，而 Lincoln 银行最终倒闭，给公众造成了估计超过 30 亿美元的损失。

在银行检查程序中，有着一定的对抗性，这一点以前并不为人所知。Kaye Scholer 律师事务所的律师为限制规制者对 Lincoln 银行贷款业务的调查，为阻碍对这个在财政上失血的机构进行干预，付出了可怕的创造性和不分昼夜的精力。政府宣称，但是 Kaye Scholer 律师事务所对此持异议的许多令人费解的行为例子包括：

● 律师事务所研究了委托人的贷款档案后，发现了这样一种牢固的贷款模式，即没有正式贷款申请就进行贷款，很少分析或者根本不分析抵押物，没有评估或者现金流历史。在一份内部备忘录中，律师事务所一位律师说，关于某组贷款文件，"从祸患到根本不存在，五彩纷呈"。然而为了阻挠扣押，律师事务所向委员会宣称，"在进行不动产贷款时，Lincoln 银行总是遵循非常谨慎和全面的程序来分析抵押物及贷款人"。

● 银行工作人员篡改了提供给检查人员的贷款文件。他们删除了对贷款不利的信息，添加了事后准备的支持贷款的材料。这些后加的材料没有注明日期，并以现在进行时态书写，以给人以这样的印象，即它们是与贷款同时作出的。Kaye Scholer 律师事务所的律师没有披露这些情况，而是反复将这些做了手脚的贷款档案作为银行有着合理保险做法的证据。

● 为了达到储备金和资本金要求，Lincoln 银行通过一系列"关联交易"夸大了其资产的账面价值。Lincoln 银行以高于购买价的价格将资产出售给某个盟友，将这种增值记录为资本收益。事实上，Lincoln 银行或者附属机构有时是贷款给该盟友来购买该资产，并承诺回购，或者同时从盟友那里购买定价过高的资产。Kaye Scholer 律师事务所的律师意识到了这种交易，在内部反复表示担心检查人员会发现这些交易。但是他们没有披露这些交易，而是继续向委员会主张银行的管理是合理的，并引用反映了"关联交易"的结算数字来作为银行健康运行的证据。⑤

诸如此类的例子说明了与律师职业角色相伴随的伦理焦虑感的来源。从当前职业责任标准的角度看，每种情况下律师的行为都至少是说得通的。Powell 在 Frank 案件中的沉默当时是、也将继续是保密标准的绝对要求。⑥农业综合经营案中的律师的行为并没有从律师职业道德角度受到批评，而且可能符合通常的标准要求。联邦储蓄机构监管局（银行委员会的后继者）依据对有关银行规则的言之成理的解释，对 Kaye Scholer 律师事务所的律师进行了处罚，但是纽约律师协

---

⑤　对 Kaye Scholer 律师事务所的指摘，出现于 Office of Thrift Supervision, "Matter of Fishbein," AP 92−19 (March 1, 1992), reprinted in *The Attorney-Client Relationship after Kaye Scholer* 239−322 (PLI 1992). 关于该案件的讨论和文献参引，参见 William H. Simon, "The Kaye Scholer Affair," *Law and Social Inquiry* (1998).

⑥　律师协会法典化的保密标准有两个版本——《示范守则》DR4−101 和《示范规则》1.6——，都禁止在这种情况下进行披露。许多优势观点的辩护者认为，该案件是一个支持例外的令人非常棘手的案件。努力去支持一个例外而不进一步蚕食绝对性的保密标准，促使人们对问题进行了迂回曲折的分析，而大多数外行人会认为该问题简单而答案显而易见（在我看来这是正确的）。参见 "Symposium: Executing the Wrong Person: The Professionals' Ethical Dilemmas," 29 *Loyola of Los Angeles Law Review* 1543 (1996).

会惩戒部门并没有发现进行惩戒的理由。尽管 Kaye Scholer 律师事务所对政府指控的某些事实根据提出了异议，但是律师事务所表示，即使律师从事了所指控的行为，他们的行为也是适当的。许多杰出的律师也同意这种辩护。

然而，所有这些案件都至少让人怀疑律师的行为促成了重大的不正义。即使我们承认关于这些案件的事实知识有限，并且在具体的案件中常常就正义的含义无法达成一致意见，这种怀疑也仍然徘徊不去。因为我们知道，考虑到律师们所遵行的道德制度，有关律师可能也会像他们所做的那样行事，即使**他们自己认为**他们行为的直接结果可能是不正当的。

■ 优势观点及其他观点

反映在律师协会的惩戒守则、关于律师惩戒的判例法以及关于职业责任的欣欣向荣的注释中的关于律师职业道德的主要方法，可以大致但是很有用地归纳为优势观点（Dominant View）。

优势观点的核心原则是：律师必须——或者至少可以——通过所有说起来合法的行动和提出所有并非毫无意义的法律主张，来追求委托人的任何目标。因此，如果 Arthur Powell 的委托人让他保持沉默，他就得这么做，除非某些法律不容争辩地要求他进行披露。如果农业综合经营委托人想获得供水补贴，只要存在法律并不禁止的并非毫无意义的主张，其律师的操控行为就有正当理由。Kaye Scholer 律师事务所的律师可能从事了法律所禁止的行为，但是许多杰出的律师坚持认为他们没有从事法律所禁止的行为，对于他们而言，事实足以证明其行为的正当性。

需要注意的是，在优势观点看来，律师角色唯一卓尔不群的道德职责是忠诚于委托人。法律职业道德并没有针对第三方或者公众规定不同于要求每个人做到的遵守法律最低要求的责任。

美国律师协会制定的两个道德守则——1969 年《职业责任示范守则》（下称《示范守则》——编者注）和其后的 1983 年《职业行为示范规则》（下称《示范规则》——编者注）——的最重要的规定，都采用了优势观点。这两个守则在几乎每个美国司法辖区都有效。[7] 《示范守则》关于优势观点的要求一言可尽，即"在法律的界限内热忱诉辩"。《示范规则》没有这么明确，但是关于诉辩和保密的规定几乎与《示范守则》的方法如出一辙。《示范守则》和《示范规则》都认可律师通过说起来合法的手段追求委托人说起来合法的目标的行为的正当性。两个守则都绝对性地要求就不利于委托人的信息保密，而仅有很狭窄的例外。[8]

当然，惩戒守则、法院或者论者都没有简单地赞成优势观点。基本规则几乎

---

[7] 对法律职业的一般规制是各州的责任，通常由各州最高法院进行监督。美国律师协会是一个私人性的全国性组织，没有立法权。它制定的守则是供各州采纳的范本。各州法院已经将美国律师协会的守则的某一个或者其中的部分或者全部内容规定进了其惩戒制度。通常由法院系统的行政附属机构执行惩戒。违反这些守则会带来从申斥到取消律师资格的处罚。法院和行政机关常常引用这些守则来对非惩戒性的主张进行裁判，例如关于不当执业或者藐视法庭行为的裁判。

[8] David Luban 将优势观点称为"标准概念"，并在以下著作中详细说明了它如何在律师协会的道德守则中成为前提的：*Lawyers and Justice：An Ethical Study* 393–403 (1988)。

总是受到某些旨在保护第三方和公共利益的准则的限制。但是基本规则仍是占统治地位的标准。它影响并建构着讨论。它既是起点，也是底牌。

在某些对优势观点加以批判的人的著作中，我们可以看到另一种方法的大致轮廓。我们可以把其称为公共利益观点（Public Interest View）。公共利益观点的基本准则是：法律的适用应当遵照其目的，诉讼的进行应当促进对实体争议问题的明智解决。公共利益观点并没有像优势观点那样得到界定，但是其倾向于要求披露无辜的罪犯案和储蓄与贷款银行案中被扣压的这类信息；反对操弄报表来使相关法律目的落空，就像农业综合经营福利案那样；拒绝使用程序，从而阻挠实体标准的实施，就像储蓄与贷款银行案那样。⑨

就我们的目的而言，关键事实是，优势观点和公共利益观点，无论其在优先选择方面差异有多大，都共同采用了我称之为绝对性的决策风格。在决策者遇到特定问题时，这样的决策严重地限制了其可以考虑的因素的范围。在存在少量因素的情况下，严格的规则要求作出特定回应。决策者没有自由裁量权来考虑没有明确规定的因素，或者以不同于规则规定的方式来评估特定的因素。

大多数关于职责责任的宽泛争论都想当然地认为道德判断应当是绝对性的。例如，我们看看 Monroe Freedman（优势观点的坚定倡导者）与 Geoffrey Hazard（《示范守则》的起草者，他对公共利益观点含情脉脉）之间的交锋。离婚案件中代理丈夫的律师必须坚持披露妻子所不知道的收入吗？就像 Freedman 所讲的故事那样，"妻子的代理人被称为所谓的'投弹手'，除了榨干丈夫的每一个便士和每一件物件外，他在生活中一无所求，不论这会给人际关系、孩子或者其他带来什么代价"。Hazard 回应说他也可以重新讲讲这个故事，即妻子和孩子们在冰雪中流落街头，而丈夫则在加勒比海花天酒地。Hazard 表达了绝对性方法的共同前提，他总结说，"你不能对此模棱两可，你不能让这些案件取决于内在的是非曲直。我们在讨论的是……程序规则"⑩。估计 Freedman 是最后一个不同意需要制定规则的人，但是对他而言，适当的规则是"不披露"，而对 Hazard 来说是"披露"。

与优势观点和公共利益观点相反，我主张的是道德决策方法，这种决策常常取决于"内在的是非曲直"。我们可以把这叫做背景性观点。其基本准则是：律师应当考虑特定案件的相关情况，采取可能促进正义的行动。

正义，当我使用这个术语时，它并不是一个法律之外的概念。我遵循了美国律师协会有关守则的前言中的提法，视正义为法律制度的基本规范前提。⑪ 因此，基本准则的另一个表达是忠告律师要就当前的事项维护"法律上的是非曲直"。当然，对于许多律师而言，"正义"和"法律"或者"法律上的是非曲直"有着不同的含义。二者之间的关系是古典法学理论争辩的论题，我们将在下面几处提到这个问题。一个人对这个问题持何态度，将影响其对这里所建议的方法的

---

⑨ 例如，参见 Marvin Frankel，"The Search for Truth: An Umpireal View," 123 *University of Pennsylvania Law Review* 1031（1975）。

⑩ "A Gathering of Legal Scholars to Discuss 'Professional Responsibility and the Model Rules of Professional Conduct'," 35 *University of Miami Law Review* 639，652–654（1981）.

⑪ ABA Model Rules of Professional Conduct, Preamble, paragraph 1（律师"对正义的质量负有特殊责任"）；ABA Model Code of Professional Responsibility, Preamble, paragraph 1（"法律……使得正义成为可能……"）。

贯彻。但是在这里我们现在认真对待的任何回答，都与我的方法的某些变体兼容。

这一方法的实质是背景性判断，即这种判断要将相对抽象的标准适用于特定案件的各种具体情况。在某些状态下，特别是在谈到法律服务道德的时候，律师们的说法似乎是这样的判断必然是武断的。他们认为抽象的标准是主观的，而事实是无法确定的。他们说，对于每个问题，都有两个或者更多的侧面。一个人的正义是另一个人的压迫。我们从不能确切知道发生了什么。

但是在其他背景下，律师们通常拼命地坚持理性、有据、自由判断的正确性。确实，在过去的这个世纪里，这是关于司法角色的讨论的主要切入点。关于司法决策的最著名的现代文献，主要都是支持背景性的决策，而反对更为绝对性的做法。尽管这种辩护受到了挑战，但是它获得了广泛的接受，即使是那些对在法律职业道德中的这种决策做法持敌意态度的律师也是如此。律师执业背景下对绝对性的标准和决策的青睐，不过是说明了这样一个问题，即对形式主义、机械理论、绝对推理的批判，未能像很早就适用于司法角色那样，贯彻到律师服务角色中。

在另一个相关背景下，律师则相对愿意接受有意义的自由裁量性判断，这就是公诉人的舞台。确实，我关于自由裁量模式的基本准则的归纳，在一定程度上受到了《示范守则》关于公诉人的规定的启发："公诉人的责任……是寻求正义，而不仅仅是定罪"[12]。

律师们已经习惯于将背景性判断与法官、公诉人及其他政府律师联系在一起，以至于他们有的时候提出反对，认为关于法律职业道德的背景性观点将律师的角色纡尊降贵为法官或者公诉人的角色了。但这是一种误解。在诉诸这些其他角色时，我要援引的仅仅是一种判断风格，而不是法官或者公诉人所作出的具体判断。背景性观点吸收了传统律师角色的许多内涵，包括律师可以通过热忱追求委托人的目标来实现正义的观念。它充分尊重了关于程序正义和对抗制的最说得通的思想。尽管它假设律师的角色具有公共维度，但是该假设立足于律师古老的主张，即律师是"法院的职员"，以及立足于这样的观念，即要将律师服务角色与法律制度中的其他角色进行最为有效的整合。

在一些律师看来，法律职业道德的背景性判断观念，是不可思议的乌托邦。然而事实上我们已经有了一套立足于背景性标准的律师规制制度，并发挥着作用。这就是法院处理不当执业索赔的侵权规制制度。这一制度的核心规范——过失概念——是背景性标准的典型例证。过失规范适用于不计其数的职业背景这一过程，说明抽象的理想可以通过假设和个案裁判具体化，可以立足于社会实践和期待。道德背景下对背景性标准的希求，并没有反映出在侵权领域与法律职业道德领域之间存在什么实践上的差别。

无论与优势观点有多大差别，这里的观点与其有着一个共同的至关重要的前提。这两个观点都诉诸法律职业主义的追求性传统。它们假定律师关注其行为的正当性，他们至少在有限的程度上有符合道德地行为的动机。在这种观点看来，律师不仅仅是利己的利润最大化者，还是在履行有价值的社会角色时追求满意度和尊重的人。近乎所有参与关于法律职业道德的经典辩论的人都持这种信念。然而我们应当承认，这些信念为某些人所抵制：在他们看来，这些辩论似乎都是伪

---

⑫ *Model Code*，EC 7-13.

善的做派。尽管对于其他道德理论在实践中的贯彻，我有许多话要讲，但是我并不想成为极端怀疑论者，对于他们而言，找不到理由来关注律师行为的伦理评价。

概　览

在讨论了关于律师界的伦理焦虑的各种观点以及法律职业道德的基本问题（我认为这些在一定程度上是引人误入歧途的）后，我接着将批判优势观点的前提。第 2 章所关注的，是隐含在《示范守则》"在法律的界限内热忱诉辩"这一准则中的一系列观点。这些观点暗示委托人通常有权利获得该准则所规定的律师服务。我认为这些观点都已经落伍，并且毫无条理。

第 3 章所关注的，是主要体现在《示范规则》及其注释中的支持优势观点的不同观点。这些观点是工具性的。它们主张，尽管任何特定的委托人可能没有权利获得热忱诉辩的结果，但是要求律师进行热忱辩护，通常将在整体上促进正义。这些观点中，最重要的是关于保密问题；其次涉及的是"对抗制"。我认为，背景性标准能够对保密中固有的合法利益提供最佳保护。背景性方法与"对抗制"言之成理的思想是一致的。

在第 4 章，我们接着转到了是否存在遵守法律的绝对性职责的问题上。这样一个职责既是优势观点模式的终点，也是公共利益观点模式的起点——与公共有关的一系列绝对性职责中的第一个。对该问题的回答，取决于我们如何回答法律与正义之间的关系。如果我们对法律的狭隘界定排除了正义这一重要维度，则遵守法律的职责就变得站不住脚了。如果我们对之界定过宽，则我们就能为该职责提供正当理由，但是该职责与法律职业道德的优势观点是不一致的，这也可能与公共利益观点不一致。

在第 5 章，我把对优势观点和公共利益观点的学理批评与律师界的伦理焦灼联系在了一起。我在这里的观点是，背景性判断是职业主义最强劲的伦理追求所带来的有意义的工作这一思想的一个要素。

第 6 章详细讨论了背景性观点。我就根据该方法如何作出道德决策提供了几个例证，并在结尾处再次探讨了无辜的罪犯、农业综合经营福利以及桀骜的储蓄与贷款银行三个案例。

在第 7 章，我讨论并摒弃了这样的观点，即刑事辩护有些特殊之处，使得与民事背景相比，优势观点在此更有说服力。

最后，在第 8 章，我讨论了什么样的制度和执行方式最适合于背景性观点所倡导的法律职业道德。我强调指出，法律职业道德领域所采用的规制律师服务的绝对性风格与侵权领域所采用的背景性风格有着惊人的不同，我认为后者与律师职业最为言之成理的道德追求更为一致。我还讨论了"道德忠信市场"（market for ethical commitment）所带来的压力，并推测了什么样的改革能够减少这种压力与背景性判断的职业道德之间的紧张关系。

除了第 8 章和第 3 章部分内容外，我并没有区分与制定职业行为规则的规制机构相关的道德分析和与在制定的规则界限内运作的各个律师相关的道德分析。我的观点是为这两个背景设计的。惩戒规则应当要求合理的背景性判断。但是任

何规则都将留给律师大量的自由裁量权。对于认真对待职业责任的律师而言，道德从来不仅仅是一个遵守规则的问题，不论规则是如何制定的。我在这里提出了律师应当如何在该自由裁量范围内思考决策的路径。

起　点

我的观点的一个重要前提是，法律职业道德的关键问题是法理性的，即它们涉及法律和法律制度的性质与目的问题。这一主张并没有被广为接受，这也许令人惊讶。确实，许多关于职业责任的最为炫耀自负的著述，是含蓄地否认这一点的。

也许讨论一下其他四个观点是有益的。其中三个认为律师职业道德的最基本问题另有蹊径。第一个观点认为职业责任主要是对实证法的机械遵守问题。第二个和第三个观点认为这主要是一个使职业责任与个人伦理或者个人关系相容的问题。第四个观点尽管与我的观点很相似，也强调背景性判断的重要性，但是在这种判断的可能性和障碍等问题上，我们的看法是不同的。

遵循规则

职业责任问题的当代繁荣，源于水门事件丑闻。在此之前，法学院或者律师资格考试并不关注该科目。水门事件之后，在大多数法学院，职业道德成了必修课。大多数申请从事律师工作的人需要参加该科目的考试。关于这一科目的文献和判例法也欣欣向荣，蒸蒸日上。

激发了这种活动的水门事件到底是怎么一回事？也许，它就是律师参与了非法入室，或者是向那些被抓获的人付钱，以使他们不会向当局提供关于其他参与者的信息，从而妨害了司法行为。这种行为要么可以归咎为无视法律，要么是没有遵守法律的足够动机。尽管后者更为可能，但是前者更容易纠正。因此，在律师界有这样一种倾向，即把该问题界定为律师对适用于他们的法律要求知之不多。因此，需要就规则对律师进行更多的教育。

现在，我们并不需要进行复杂的判断，就能确定水门事件中显而易见的律师不端行为构成了犯罪。这种活动是我们所熟悉的制定法所禁止的基本例子。但是，一些人得出的教训是，造成无视法律问题的部分原因是：对于律师而言规制律师服务活动的规则不是那么简单直白，不足以让律师轻易确定其要求。因此，对水门事件的部分回应是要简化律师职业道德标准。

这种努力的一个牺牲品就是《示范守则》的"道德考虑"。《示范守则》区分为"惩戒规则"与"道德考虑"。前者相对具体并且具有强制性，后者是对原则的宽泛陈述，在性质上是"追求性"的，即律师应当努力去实现，但是如果达不到也不会受到惩戒。与之形成对比的是，《示范规则》的起草者试图创设的仅仅是"黑体字规则"。因此，他们摒弃了"追求性标准"，试图使得规则尽可能直白。[13]

---

⑬　参见 Geoffrey Hazard, "Legal Ethics：Legal Rules and Professional Aspirations," 30 *Cleveland State Law Review* 571，574 (1982).

这些规则（以及仍然适用《示范守则》的司法辖区的惩戒规则）是全国法学院开设的职业道德必修课程的共同核心内容。

它们也是跨州职业责任考试（42 个州要求申请从事律师职业人员参加该考试）测试的唯一科目。该考试的形式是多项选择，机器打分，它集中考核的是需要作出不假思索、黑白分明的回答的规则和情形。准备参加该考试的申请者得到的建议是这样的：

> 它们所要测试的是你的记忆能力。如果你发现你所进行的是创造性推理，停下来。记住你身处何处。
>
> 我们为什么做（某事）与此律师资格考试无关。不论我们能不能做。
>
> 答对问题的关键是避免自己设身处地进行思考。⑭

一旦法律职业道德或者职业责任按照这种方式被简化为一套机械性的惩戒规则，则其与道德或者责任的关系就不甚明了了。如果这是法律职业道德真正之所系，则律师职业伦理焦灼的根源必然是其关于伦理承诺和公共责任的追求的荒谬性。然而，在他们将职业道德简化为无须劳心的规则适用问题时，《示范规则》继续坚持律师是"法院的职员，是对正义质量负有特殊责任的公民"⑮。律师界发现，他们很难放弃这些追求，即使他们背叛了这些追求。

与这种以规则为中心的方法相比，我的主张是，法律职业道德的重要问题需要复杂的、背景性的判断。

个人伦理

许多对优势观点提出批评的人始于这样的问题："好律师能否是一个好人？"他们担心优势观点留给律师表达其个人价值的空间过小。对他们而言，律师职业道德的关键问题是"角色伦理"问题：角色的有效扮演要求采取与个人在角色之外的伦理忠信相冲突的行动。⑯

事实上，《示范守则》特别是《示范规则》对律师个人伦理自治作出了重大让步。就像我已经指出的那样，这些规定中的关键标准具有绝对性和强制性。但是也有一些标准赋予了律师广泛的、不受审查的自治权，以尊重其个人价值。与强制性标准相比，这些标准从相反的方向避免了复杂判断。他们没有就一套狭隘的因素严格要求作出某个回应，而是除了律师主观倾向的角度之外，并没有明确说明属于此类的问题如何作出决定。

例如，关于退出代理的规则规定，只要律师"发现委托人的目标是令人厌恶的"就允许其退出代理。律师不需要考虑该退出代理会在多大程度上造成不正义。我前面提到，保密规则主要是一个绝对性的规则，但是它也包含一个个人伦理要素。与严格的惩戒禁止相伴的是两种类型的例外：一个例外允许在保护律师某些利益所必要的情况下进行披露，另一个例外允许在为使第

---

⑭　Jamie Heller, Letter to the Editor, *New York Times*, December 16, 1994, p. A38 (reporting advice given by New York bar review course).

⑮　Model Rules, Preamble, paragraph 1.

⑯　例如，参见 Luban, *Lawyer and Justice*; Thomas Shaffer and Robert Cochran, *Lawyers, Clients, and Moral Responsibility* (1994).

三人免遭委托人的犯罪行为所导致的"死亡或者严重身体伤害"所必需的情况下进行披露。⑰ 第二个例外涉及某些最引人瞩目的道德问题，但是并没有规定进行披露抑或考虑这么做的义务。规则仅仅是允许律师进行披露。它们规定律师"可以"这么做，但是并没有规定作出这种决定的标准，并明确规定这种决定不受惩戒审查。

如果说律师职业的问题确实是表达个人伦理的空间需求，则这些标准对此作出了回应。但是事实上，这并不是对问题的适当归纳。

假设我厌恶共和党以及它所代表的每件事，共和党的一位政客要求我代理他来提出一项宪法第一修正案主张，该主张尽管合法，但是可能促进该党的利益。在我的角色和我的个人伦理之间就可能存在冲突。在这种情况下，以该案件"令人厌恶"为由拒绝该案的做法与后者兼容，但是以前者为代价。

但是大多数法律职业道德引人瞩目的问题是不同的。在无辜的罪犯、农业综合经营福利、桀骜的储蓄与贷款银行案例中，与委托人的利益相竞逐的价值——使有罪者受到处罚、根据国会意图分配公共资源、提供与其主张有关的信息——都不仅仅是各色人等的个人倾向，它们是稳固立足于社会和法律制度的公共性质的价值。

角色伦理理论家认识到，法律职业道德核心例子中与委托人利益相争的价值不仅仅是主观倾向问题。他们的观点不仅是律师能够尊重这些价值，他们还认为律师有责任去尊重这些价值。他们认为，在律师未能尊重这些价值的情况下，至少应当对他们提出批判。

这样，角色伦理理论家常常把委托人与第三方或者公共利益之间的冲突，描绘为法律价值与法律制度之外的以社会为基础的非法律价值之间的冲突。但是为什么我们不把这些冲突视为法律领域内发生的冲突，即来自与之相争的法律价值的挑战？为什么我们不把对优势观点的批评视为一种改善律师角色的法学观点，而要视其为一种外行的伦理观点，以限制其角色对其他忠信的侵入？在我们提出好律师是否可以是一个好人这一问题之前，我们应当问的问题是：一个人遵循优势观点而行事是否就是一个好律师。

为了就这些问题的定性作出决定，我们需要比角色理论家进行更为严肃的思考，以确切了解关于律师角色伦理的站得住脚的主张是什么。就像我们在第2章和第4章所要看到的那样，这一问题取决于法律与非法律公共价值之间的差别的含义与范围。

认为这种差别很重要，并且这种差别将把广泛的公共价值从法律领域中隔离出来，这是实证主义法哲学的特征。通过在许多重要问题中将与委托人忠诚相竞逐的价值定性为非法律价值，角色伦理理论家对法制含蓄地采纳了一种强实证主义的理解。然而仔细研究后，实证主义的强理解被证明是站不住脚的，而且在法律职业道德领域之外，它们为大多数律师所摒弃。在大多数法律领域中，律师们通常认为，几乎所有的公共价值都至少是法律制度所暗含的一部分。

现在，这一定性问题似乎仅仅是一个语义学问题。事实上，这事关重大。这个问题涉及解决该问题可用的话语的类型，以及进行制度解决的可能性。如果问题涉及相互竞逐的法律价值的调和，律师知道如何解决这个问题。律师们在日常

---

⑰ Model Rules 1. 16 (G) (3)；ibid. 1. 6 (b).

工作中习惯使用的渊源和权威资料，以及进行分析和论证的方式，都可以用来适当地解决法律职业道德的核心问题。此外，这种努力所产生的标准和结论，可以作为对律师的行为进行职业批评和惩戒的基础。

相反，如果问题源于对非法律价值的主张，则律师们就可能集体甚至个人不知道如何处理这些主张。他们没有解决这些问题的共同的分析和修辞工具。大众文化所提供的用于思考伦理问题的工具，似乎过于无形，过于主观；哲学理论所提供的工具似乎过于抽象，过于多样。

角色理论家们常常抱怨说他们常常很难让学生进行道德讨论。讨论常常包括一连串的意识流，每个学生要解释她对事物是如何"感觉"的。当老师试图补充一些哲学教科书时，学生们发现它们枯燥无味，或者过于艰涩。老师有的时候抱怨说学生们太"职业"（vocational）。但是，即使是因为对律师服务角色的道德可能性抱有某些感觉而被吸引到法学院的那些怀抱理想主义的学生，也不可能感到他们所寻找的是一条使他们远离这一角色的道路。所有的学生都合理地期待法律职业道德这一科目与他们在其他课程中所学到的业务知识有着更为直接的联系。

如果说以规则为核心的观点之所以令人失望，是因为其关于法律职业道德和职业责任的观点似乎与职业道德和职业责任没有什么关系，则以角色为核心的观点之所以令人失望，是因为其观点与法律或者法律职业没有什么关系。

人际关系

从法律外的价值来解释法律职业道德问题的做法，在诸如 Charles Fried 和 Charles Ogletree 这样的学者的著述中达到了极端。他们认为，优势观点中律师的角色是一种固有的珍贵的人际关系。[18]

他们强调指出，优势观点鼓励律师对他人即委托人的忠诚、信任和心意相通。他们宣称，这样的关系具有友谊的某些特点，我们应当将优势观点中的律师—委托人关系本身视为友谊这样的善。将律师的责任提升到律师—委托人关系之外的价值和人的高度，将会破坏其内部价值。这种主张简单明了，并且在过去二十年中一直受人瞩目，但是它是错误的。

首先，该观点有许多明显的说明性问题。许多委托人并不是自然人，而是大型组织。律师与自然人委托人的关系常常很简单，没有个人情感。大多数律师—委托人关系实质上是商业性的；律师坚持委托人就其忠诚、信任和心意相通支付律师费。与友谊不同的是，这种关系不是相互的。律师并不期待委托人对律师表现出忠诚和心意相通。

其次，该观点回避了这样的问题，即为什么律师—委托人关系中的人际价值比其所威胁的价值——无论是人际的还是非人际的——更为根本。不论律师怎么看待这种关系，委托人并不把获得法律帮助视为一种目的。他来这里，是为了对这种关系之外的人员或者机构施加影响。当委托人的目标得到了法律是非曲直和

---

⑱　Charles Fried，"The Lawyer as Friend：The Moral Foundations of the Lawyer-Client Relationship," 85 *Yale Law Journal* 1060（1976）；Charles Ogletree，"Beyond Justification：Seeking Motivations to Sustain Public Defenders," 106 *Harvard Law Review* 1239（1993）.

正义的标准的支持的时候，我们并不需要人际关系观点来支持律师的角色。当委托人的目标威胁到这些标准的时候，我们需要就为什么这些标准应当让位于律师—委托人关系标准所践踏，提供一个论证。需要注意的是，受到威胁的标准，即调整受到律师服务活动影响的委托人和第三方关系的标准，也可能是一种人际关系。例如，委托人可能是背弃别人的信任而获得不该得到的利益。倡导者必须解释为什么律师—委托人信任和心意相通应当高于其他那些价值。荣誉也是一个重要的价值，但是我们并不能得出"盗贼之道"（honor among thieves）应当被赞颂或者保护的结论。

再次，人际关系归纳似乎与律师服务活动的某些核心实践任务不一致。这些任务中，也许最基本的是就委托人的权利和权力提供咨询，帮助他们执行和使用这些权利和权力。这一任务并不涉及密切的人际关系。确实，其与那种关系还存在某种紧张。我们看看 Charles Ogletree 就其与一个被指控为怪诞强奸杀人犯的人之间的心意相通关系进行的描述："我的心意相通是建立在我能把他作为一个人来交往并建立一种关系的能力基础上的。我把 Stevens 视为一个受到警察无证逮捕惊吓的人，一个警察没有搜查令就扣押了证明其有罪的证据的人。我并不想知道他做了什么……"[19]

对于刑事辩护律师而言，这可能是一个对委托人站得住脚的立场，但是这与心意相通没有什么关系。心意相通要求律师就事态努力采取委托人自己的观点，并认同委托人的情感。这几乎当然要求知道"他做了什么"。Ogletree 并没有因为委托人认为自己的搜查与扣押权受到了侵犯，而把委托人视为一个其搜查与扣押权被侵犯了的人，而是因为 Ogletree 在努力确定委托人的法律权利的过程中产生了这种观点。然而，Ogletree 将把人际关系而不是委托人的权利作为法律职业道德的核心价值。我们再次看到一个将律师服务活动与法律分离开来的法律职业道德思想。

最后，人际关系方法忽视了法律职业自我观念中某些在传统上很突出、在道德上言之成理的因素。在职业传统中，律师要在公共义务和委托人的私人关切之间进行调和。公共义务表达在这样的观念中，即律师是"法院的职员"；以及这样的思想中，即律师与委托人的关系不仅仅是忠诚，还有**超然**。超然思想体现在各种具体规定中，例如禁止律师就委托人的可信性或者委托人案件的正确性表达"个人信念"的规定，以及对律师从委托人事务中获得个人经济利益的能力进行限制的规定。[20] 这些规定强调了各种要求律师**不要**成为委托人朋友的职业传统。

人际关系方法抛弃了——或者至少轻视了——律师—委托人关系中的公共和非人际性因素，而支持私人和个人忠诚标准。除了代表了对职业传统的激进背离之外，这种伦理理论并不吸引人。很容易找到公共价值常常牺牲于个人忠诚的社会样本，它们发生在题为《落后社会的伦理基础》（The Moral Basis of a Backward Society）的著作中。这是西西里岛的黑手党、美国族源政治机器、各种拉美寡头政治的世界。近在眼前，你可以在题为《有组织的人和孤独的群众》（The Organization Man and the Lonely Crowd）的著作中找到这种样本。这是一个团

---

⑲　Ogletree，"Beyond Justification" 1271.
⑳　Model Rules 1.5；3.4（e）.

体顺从（corporate conformism）的世界。

在这样的背景下，最深层次的职责源于面对面的关系。关于家庭和友谊的辞藻描述了这些关系。诉诸公共价值或者非人际标准会被视为背叛。冲突的解决不是通过原则，而是通过人际服从的等级关系。最终的恶是人际性的——不敬、忘恩负义、不合作，不是个好教子、好的合作者或者好队员。公共标准是纯粹的外部约束，被视为工具性的。这种关系的人际韵味，常常是残忍的等级制度的表征。

许多人发现这些背景的某些方面具有吸引力，但是它们具有一个我们认为大多数律师会认为这不具有吸引力的特征：它们与法治、正义和民主为敌。这些理想都要求尊重相对非人际化的标准和义务，尊重陌生人的权利。而对所有这些，人际关系方法都含蓄地加以贬损了。

我并不是要否认激发了人际关系观点的重要的心理学直觉，或者对此提出质疑。认识并帮助特定的人，这一经历可能会带来极大的满足感。但是对于律师最独特、最重要的工作来说，这一价值必须让位于维护法律和正义的相关标准。

实践理性

在《迷失的律师》（*The Lost Lawyer*）一书中，Anthony Kronman 从对实践理性——他有的时候把这叫做"审慎"（Prudentialism）——能力和机会的侵蚀角度，解释了当代律师的伦理焦灼问题。

Kronman 认为，律师的任何令人满意的、独特的伦理身份，都必须围绕这种理性建立。对于他来讲，普通法的决策过程就是个例子。其关于律师实践理性的思想有两个要素。第一个是致力于背景性判断。普通法的法官在审判时，要考虑本案的特定情况，并在解决本案时与过去的判例保持一致。她所适用的原则，总是体现在特定的事实情况中。它们从没有被全面阐释过，不能被机械地适用。它们恰恰要在它们所规制的裁判过程中得到阐释。

Kronman 认为实践理性的第二个要素是要同时忠信同情与超然。法官必须通过进行一系列的心意相通，来认同委托人的各种冲突立场。与此同时必须回撤，从相关法律标准的角度来看待这些立场。对于 Kronman 而言，一方面致力于个案判断，另一方面致力于超然的心意相通，这是普通法法官一直所做的，也是律师服务活动最有成就感之处。

在 Kronman 的描述中，进行实践判断的能力和机会都受到了组织和理论发展的颠覆。在组织上，律师服务现在越来越片段化、专业化，因此律师获得全面知识并为委托人提供广泛服务的机会越来越少。狭隘的技术事务现在占据了他们，使得实践理性没有什么运用空间。

在理论上的问题是，普通法的思想受到了法律与经济、批判法学等理性化、跨学科运动的挑战，这些运动反对个案推理，支持更广泛的归纳，否认法律推理的独特性，将其与社会科学或者政治学结合在了一起。Kronman 担心的是，如果没有独特的方法，律师将不能培养出一种能够支撑职业道德的独特的职业身份。因此，他把跨学科运动称为"职业自杀"。

Kronman 的观点包括其他几个方面，在我看来这贬低了其理想的言之成理性。这些方面是：实践理性与其说是知识能力，不如说是一个品质特征；坚持普

通法的推理风格与保守政治有着逻辑上的密切关系；倾向于认为偶尔服务于政府高端职位的富裕的公司律师是职业最高伦理的唯一表率。但是如果我们忽略了这些赘物，我们将看到 Kronman 的实践理性是我所讲的背景性判断的一个版本。

这并不是唯一的版本。还有其他的版本，其中的许多与法律与经济、批判法学是相容的。但是，Kronman 的说法及其所总结的普通法法学的长期传统，被作为志向远大的职业责任所可能涉及的道德判断的有力例证。但是，Kronman 从这一远大起点出发，得出的观点却对律师职业的当前状况作出了误解。首先，他误解了对实现实践理性这一理想所构成的实践限制。这些限制在律师服务组织形式上的最新变化出现之前早已存在，它们与当代法学理论无关。Kronman 夸大了这些理论对实践理性的敌视态度，这些理论对实践无论如何都不会有巨大的影响。

与 Kronman 的讨论相比，对维护实践理性这一理想构成的主要障碍非常简单，更为直接。这个问题是，至少在过去的一百年中，律师界的职业责任标准在律师所面对的一系列最具有道德紧迫性的情形中，禁止进行这种类型的判断。法律职业规定了一种意识形态，并通过惩戒规则和处罚来加以支持，强制进行草率的、机械的、绝对性的判断而不是实践理性判断。这一意识形态的主要支持者不是自以为是的法学理论家，而是律师界的领导人，包括 Kronman 所赞美的那种体现其理想的"律师—政治家"。

其次，可能具有讽刺意味的是，Kronman 低估了实践理性或者背景性判断在日常法律服务中的道德重要性。尽管他哀叹法学界与实务界的疏离，但是他的著作也许是对这种已经产生的疏离的最为持久的表达。在 400 页表面上致力于律师职业道德的书中，并没有提到任何一个律师法律服务的例子。

这本书唯一提到的仅有的当代律师，是许多因为在大型公司业务律师事务所和高端政府职位之间往返穿梭而闻名遐迩的人：Lloyd Garrison、John McCloy、William Rogers、Adlai Stevenson、Cyrus Vance。㉑ 这些"律师—政治家"是 Kronman 所说的实践智慧的典范。为什么 Clarence Darrow、Thurgood Marshell、Joseph Rauh、Gary Bellow 不是这种典范呢？提出这样的问题不仅仅是要暗示 Kronman 具有政治偏见，也是为了表明他疏离于律师服务活动。Kronman 的名单与这个名单的重要区别之一是，他的那些律师—政治家们的盛名，完全来源于其高端政府工作，而不是执业律师工作。

我们很难避免作出这样的推论，即 Kronman 发现律师日常服务活动缺乏伦理和思想上的挑战性。当然，如果真是这样，几乎就没有什么必要来写一本解释律师界之所以道德消沉的书。然而，许多关于普通法传统的现代理论家都强调指出，复杂实践判断的挑战，也可能发生在最普通的日常执业活动中。例如，Hart 和 Sacks 的经典著作《法律过程》（The Legal Process），开始就用了 100 页的注释来说明运输甜瓜的法律结构，接着又就起草小额商业租赁协议所涉及的道德问题进行了艰苦的讨论。㉒

与 Kronman 的观点相反，我的观点认为，日常执业活动在实践上和道德上

㉑ Kronman, *Lost Lawyer* 283.

㉒ Henry M. Hart, Jr., and Albert Sacks, *The Legal Process: Basic Problems in the Making and Application of Law ch.* 1 (tent. Ed. 1958).

也是很复杂的。在这么做的时候，我相信律师界长期确立的前提，即律师日常服务工作在思想上和伦理上也是很迷人的，也相信在其他方面启发了 Kronman 的普通法学理中对律师服务活动的描述。

Kronman 担任院长的耶鲁大学法学院，长期以来一直是把法律服务充其量作为一种实现经济保障的方法、把高端政府职位视为唯一真正代表令人满意的工作的人的家园。因此，这容易让人把 Kronman 的著作当做一种对这种独特的地方文化的表达。但是《迷失的律师》也与律师们职业生涯后的哀叹辞藻形成了共鸣。它悲伤地暗示，律师服务辜负了其雄心勃勃的伦理理想，但是这种暗示并没有对律师服务的任何实际情况进行认真的思考。这是律师协会餐后演讲和委员会报告的通常做法。将问题归咎于广泛的社会和思想运动而不是律师界的具体实践的做法，也是如此。

即使是极为成功的律师，竟然也会表达 Kronman 所说的与实践的疏离，这可能会被作为证据，说明通常的实践具有固有的空洞性这一结论。我的看法不同。我认为这种说法的抽象、空泛的特点，说明人们不愿意承认律师界的意识形态和规则影响了律师执业活动的伦理质量。这些意识形态和规则使得律师不受改革的压力和挑战，即从实践理性或者背景性判断角度出发界定职业责任这种改革所带来的压力和挑战。任何试图解决和减轻当代律师的伦理焦灼的认真做法，都需要一种面对这些竞争压力和挑战的意愿。到目前为止，大多数哀叹者似乎并不愿意这么做。

2

非正义的权利

对于优势观点而言，最古老也可能仍然是最具影响力的观点是，委托人有权获得优势观点所规定的律师服务，即使这样的律师服务会给其他人带来不正义。律师应当保守凶手的秘密，利用农业综合经营法律的漏洞，误导银行委员会，这是因为其委托人有权获得她所提供的这种服务，不论这给无辜的罪犯、一般公众和储蓄保险基金造成的后果如何。当然，由于权利来自正义，某个人有权从事会给他人带来不正义的行为的说法，似乎是自相矛盾的。应得权利观点（entitlement argument）的倡导者可能会从几个方面来解决这种矛盾。

他们可能说，考虑到我们立法能力的局限性，法律权利必然是对正义的不完美的接近，是我们所能做的极致。对非委托人的不正义感觉，反映了一种基本上不可能达到的伦理标准，这一标准必须屈从于更具实践性的标准。或者，他们还可以主张，委托人的权利比其他人的权利更为重要，因此，在利益冲突情形下，委托人应当胜出。然而，与这种回应的认识相比，应得权利观点所涉及的问题更为严肃、更为根本。

应得权利的主张很少被系统地阐释。它就像是 Karl Llewellyn 所说的那种相关的思想之一，即对于这些思想而言，"法律职业没有机会进行特别的研究；律师仅仅是在其前行的时候，在很大程度上通过手指和毛孔进行吸收"[1]。这一观点的心照不宣的作用，使它实际上免受了认真的审查。当这一观点的前提变得明晰的时候，这些前提显然采用了一种大多数律师，包括那些支持应得权利观点的人，都会认为在法律职业道德领域之外无人相信的学说。特别是，这一主张依赖于自由意志论和实证主义的核心前提，而这些前提很是站不住脚，并且相互矛盾。

本章的观点仅仅适用于对自由意志论和实证主义——还有那些叫做古典法学思想的学说的独特合成——的批判，这些批判在法律文化领域的许多背景中很常见，只是被人们忽视了。

应得权利观点

应得权利观点立足于两个基本思想：一个是自由意志论者的主张，即法律制度的独一无二的基本目标是保护公民的自由或者自治。[2] 法律标准为每个人创设了一个自治区域，她可以在其中自由驰骋，为其所想为，而不考虑他人或者国家。律师的第一个职责就是委托人的自由；她通过保证委托人可以在其领域全部范围内追求其所想而服务于其委托人。在这种观点看来，自由是一个推定性的背景价值。如果"法律的界限"要限制自由，则必须是明确清晰的。在意思不明确

---

[1] Karl Llewellyn, "On Reading and Using the Newer Jurisprudence," 40 *Columbia Law Review* 581, 582 (1940). 应得权利观点在下列著作中无所不在，尽管很大程度上是默示的：Monroe Freedman, *Lawyer's Ethics in an Adversary System* (1975). 对该观点进行精雕细琢的表达的罕见努力，可见 Stephen Pepper, "The Lawyer's Amoral Ethic Role: A Defense, A Problem, and Some Possibilities," 1986 *American Bar Foundation Research Journal 613*。

[2] 关于对鼎盛时期的法律自由意志论的概述，参见 Duncan Kennedy, "Towards an Historical Understanding of Legal Consciousness: The Case of Classical Legal Thought in American: 1830-1940," 3 *Research in Law and Sociology* (1980). 关于对此引人瞩目的批判，参见 Robert Hale, "Coercion and Distribution in a Supposedly Noncoercive State," 38 *Political Science Quarterly 470* (1923).

的情况下，应当作出有利于自由的解释。

第二个思想是实证主义者的主张，即法律标准与非法律标准存在显著差别。我们可以从程序上区分法律规范，因为它们是由国家公认的立法机构所制定或者采纳的。我们可以对之从实体上进行区分，这是因为这样的事实，即它们采用的形式是为处罚所支持的命令或者禁令。③ 因此，法律标准具有非法律标准所不具备的客观性和合法性。它们之所以是客观的，是因为无论是制定、采纳的过程，还是进行处罚，都是社会事实，可以通过某些方法加以确定，而就这些方法可以取得重大一致意见。法律标准之所以具有显著的合法性，是因为它们具有制定机构所具有的合法性（制定机构自身的合法性在于以下一个或者多个价值：代议民主、社会认可的专门知识、对秩序的霍布斯需要［Hobbesian need for order］）。

这两个思想合成在一起，就是"在法律的界限内热忱诉辩"这一准则。自治思想给我们带来了"热忱诉辩"标准，差别化思想给我们带来了"法律的界限内"这一限制。从应得权利的角度看，在道德上志向远大的（ethically ambitious）律师——这些律师将承认除了法律界限之外的约束——会遭遇伦理、政治和认识论上的反对，在伦理上，他会被指摘为背叛了自由的价值；在不经意的辞藻中，律师常常被描写为"扮演上帝"，这意味着家长作风和自私——牺牲委托人的利益来实现自己的个人希求和兴趣。

从政治角度看，在道德上志向远大的律师被会视为篡权。律师如何能够"僭称自己"有权利"命令"委托人如何行事？批评者提出了这个问题。他们认为律师的行为像一个自我任命的立法机关，给委托人的自治设定了新的限制，而不是执行现行的限制。如果律师不赞成委托人行使自治权的结果，则适当的回应是请求立法机关改变法律。但是自由价值要求这样的改变是未来性的，因此在过渡期间，正确的做法是帮助委托人在现行界限内最大限度实现其自治。

在道德上志向远大的律师的政治危险，要么是无政府主义，要么是极权主义。如果律师诉诸的价值被认为只是闳识孤怀，则律师对委托人的擅行似乎是无政府主义的。如果价值确实是大致接近于某些得到认可的社会价值，则似乎律师在牺牲委托人的权利而屈就极权主义形式的集体主义。优势观点的拥护者非常满意于这样的事实，即他们的学说是对各种独裁的诅咒。

认识论上的反对意见是，在道德上志向远大的律师无法为其判断找到站得住脚的职业伦理所必需的依据。如果她把其判断视为并非主观偏爱，那是在自欺。她可以诉诸正义或者公共利益，但是这些术语也不是自我界定的，就其具体适用会存在争议，因而为职业道德形成了一个不稳固的基础。对这一点的经典表达是James Boswell 和 Samuel Johnson 之间的对话：

> Boswell："但是，支持一个你知道很糟糕的案件，你会怎么想？"
> Johnson："先生，在法官作出决定之前，你不知道它是好的还是糟的。"④

---

③ 文中的描述与下文中关于比较陈旧的实证主义的说明大体相符：John Austin, *The Province of Jurisprudence Determined* （H. L. A. Hart, ed., 1954）. 现代实证主义仍然坚持法律与伦理之间的区别，但是放松或者放弃了这样的坚持，即法律必须是以处罚为支持的命令或者是由主权者直接制定的。关于此现代思想的样本，参见 Joseph Raz, *The Authority of Law* （1979）。

④ James Boswell, *The Life of Samuel Johnson*, excerpted in II *The World of Law 763* （Ephraim London, ed., 1960）.

自治和差别化思想都受到了现代法理学的质疑。前者因对自由意志论的批判而遭到了削弱，后者因对实证主义的批判而受到了削弱。此外，这两个思想彼此也不一致，因此一经审视，应得权利观点被证明是前后不一的。

在审视对自由意志论和实证主义的批判时，再提两个例子是有益的。

时效立法案。债权人因被告没有偿还到期借款提起了诉讼。被告承认其欠有债务且未予偿还，并且他能够偿还。然而，债权人直到实效立法实施后才提起了诉讼。债务人律师在道德上是否可以以该立法为据提出抗辩？

大意的铁路。在 19 世纪中叶，铁路还是一个相当新的事物，其许多责任还没有被确定。其中之一是对运输中损毁的货物是否承担责任。在没有相关合同条款的情况下，法院可能认定铁路就损毁承担责任，除非它们能够说明损毁是超出其控制的某些原因造成的。法院是否会执行一个限制或者排除该责任的合同条款，还不确定。就大多数托运人而言，铁路合同是一个标准格式，是单方起草的，未经协商。铁路向该格式合同增加一个免责条款的短期成本看上去很小。在 Henry Hart 和 Albert Sacks 的经典著作《法律过程》中的一个著名章节中，他们提出一个问题，即在这种情况下，铁路的律师应当向其委托人提出什么样的建议。⑤

自由意志论者的前提

就其最原始的形式而言，自由意志论者的前提就是一个不当推理。自治的价值本身不能使得优势观点的规定合法化，因为该价值没有为选取**委托人**的自治而舍弃与委托人存在冲突的人的自治提供根据。

法律的基本目的是解决冲突。人们找到律师的情况很可能存在实际的或者预期的冲突。冲突的解决通常是要限制某一方的自治。以立法时限为抗辩促进了被告的自治，但是只能是以原告的自治为代价。对损毁货物的责任进行限制会促进铁路的自治，但是只能是以托运人的自治为代价。但是就自身而言，自由意志论者的前提并没有为这样的想法提供理由，即支持上述这些当事人将会在**整体上**服务于自治。当然，问题是法律制度不能简单地向每个人承诺自治。它向每个人至多承诺的是自治的"**合理尺度**"。认识到了这一点的自由意志论者对此作出了两种回应。

一种回应是实体的。它认为当前有效的特定规则是公平分配自由的最好制度，优势观点的律师服务活动是贯彻这一制度的最可信的手段。如果该观点要为优势观点的律师服务活动进行辩护，它还不足以说目前的规则和该观点所倡导的执行模式能够与**某些**站得住脚的自由理想和谐共处。因为即使它能够与这些自由理想和谐共处，其他律师服务风格所倡导的执行模式也能够与站得住脚的自由理想和谐共处。对优势观点的实体辩护忠信于这样的思想，即目前的规则制度，加上优势观点的律师服务活动，能够比任何其他做法更好地服务于自由。

据我所知，如今优势观点的同行者中没有人还有这样的主张。如今，没有人

⑤　Henry M. Hart, Jr., and Albert Sacks, *The Legal Process: Basic Problems in the Making and Application of Law 232-263* (tent. ed. 1958).

认为美国当前有效的实体法律标准在整体上能够构成一个公平分配自由的独特的、站得住脚的制度。像这样的一些思想在世纪交替之时——Lochner v. New York 时代——以古典法律思想的形式在律师中很是流行。⑥ 古典法律思想家认为，广泛的普通法标准构成了公平分配联邦宪法大致已确固不拔的自由的独特的、站得住脚的制度。但是当代律师认为自由能与许多不同的具体权利和谐共处。例如，没有人会认为自由理想要求制定特定的时效立法或者货物运输责任规则。

顽固的自由意志论者的另一个理由今天看来也站不住脚，这个理由是：从实体规则和自由理想的角度看，执行做法，包括律师服务风格，会武断地影响法律结果。优势观点允许——确实要求——律师对许多独立于当事人主张的实体是非曲直的实践因素所产生的影响不予修正——这确实恶化了这些影响。这些实践因素包括：信息、能否获悉证据、谈判和诉辩技能、意志的坚定性、是否机敏、口齿是否伶俐。即使实体规则完美地表达了自由，在执行过程中放任这些影响的制度所产生的结果，也不会始终如一地维护自由。

认识到这些缺陷后，优势观点的现代支持者认为其对自由的贡献，不是执行具体的规则，而是加强了某些促进自治的法律制度的一般特性。人们最常提出的这种特性是法治、平等和确定性。

法治

这一观点开始于这样的主张，即自治因官吏在公开权限范围内制定和执行规则体系而形成的治理而得以实现。⑦ 与此相对的是从属于有权人士不受约束的个人意志的制度。根据这样的法治概念，法律结果促进自由的关键性质是，它们产生于公共机构制定和执行的相对一般和不讲人情的规则，而不是产生于个人的意志。优势观点宣称要通过防止律师将其个人意志强加于委托人而为该目标作出贡献。

作为对针对优势观点提出的角色伦理批判的回应，这一主张是有某些力度的。这些批判诉诸非法律价值，尽管它们常常否认这样的价值纯粹是个人性的或者主观性的，但是它们难以解释为什么律师的非法律忠信应当优于委托人的法律权利。然而，法治观点并没有对诸如公共利益观点或者背景性观点的批判作出回应。这些批判主张用维护法律是非曲直的更大责任这一道德来取代优势观点。与法官或者警察根据其依据相关法律标准作出的决定而行事相比，律师因为对法律是非曲直的忠信而坚持披露信息或者拒绝对证人进行交叉询问，并没有强加什么个人意志。

因此，法治观点犯下了这样的错误，即混淆了运用判断与运用意志。只有后者才是法治的敌人。确实，前者对其至关重要。因为徒法不足以自行，只有某些角色扮演者就案件特定情况下如何适用标准作出了站得住脚的判断，相关标准才会产生法律结果。现在，我们不能得出结论说，律师总是应当负有进行该判断的责任，因为有的时候她处于这么做的不利地位。但是时效立法这一案例表明，律师有的时候处于这么做的相当有利的地位。

---

⑥ 参见 Kennedy，"Legal Consciousness"。
⑦ 关于法治的自由意志论的概念，参见 Friedrich Hayek，II *Law, Legislation, and Liberty* 94-123（1973）。

在该案件中存在两种相关的法律标准，即实体法标准（规定这样的合同应当履行）和时效立法（规定如果没有在债务到期后的特定期间内提起诉讼，被告以该立法提出抗辩，则法院将驳回起诉）。对法治的尊重，要求在事实背景下就这些标准进行调和。

时效立法是对合同履行的实体法规则的限制。但是时效立法并没有消灭规定时限届满后的所有责任。例如，如果债权人持有抵押物以担保债务的履行，则他仍可以根据担保协议的规定自由清偿。然而，很可能的是，我们的债权人没有这样的抵押物。就其诉讼而言，立法规定：只有在期限届满后并且被告根据该立法提出抗辩后，法官才能驳回该诉讼。该立法是"积极抗辩"，这意味着如果在案件早期没有提出抗辩，该抗辩就会被放弃。它并没有规定律师什么时候应当提出这种抗辩。

如果我们想从尊重立法的角度回答后一问题——这也是法治思想暗示我们应当去做的——那么我们就要问该立法的目的或者原则是什么。该立法可能基于安宁思想，即在特定的时间过后，债务人不应当再担心在遥远的过去发生的债务。或者，该立法可能基于这样的观念，即随着时间流逝证据越来越不可靠、会灭失，在特定期间之后法院不能可靠地判定有关诉讼。

如果律师认为安宁是基本原则，则可能会断定仅仅因为规定的期间的流逝而根据该立法提出抗辩是适当的。反过来，如果律师断定立法的基本原则是使法院免于根据不可靠的证据而对有关诉讼作出判定，则可能认为提出该抗辩是不适当的。因为不论**法院**在判定这种类型的诉讼方面有多么困难，一旦委托人承认了债务的合法性，则**律师**在判断这一特定诉讼的是非曲直方面不存在困难。[8] 也许立法的意图是，被告及其律师只有在善意地就辩护的实体是非曲直进行争辩时，才会利用该抗辩。在 19 世纪后期优势观点取得支配地位之前，这是一些杰出律师所拥护的做法，包括 David Hoffman，当时法律职业道德领域最出名的论者。[9]

就我们的目的而言，关键点是法治原则的维护取决于法律争端的结果与相关标准之间的一致性。这要求至少要由一些法律行为人来作出判断。优势观点没有说明为什么律师进行这样的判断是不必要的。而我们看到了为什么他们可以进行这种判断的理由：律师常常有着法律制度中其他决策者得不到的重要信息。通过使律师不能借此行事而有损于其委托人，优势观点阻碍了为涤清法律是非曲直而可能作出的贡献，因而削弱了法治。

平等

第二个更为朴素的自由意志论观点宣称，优势观点通过保证法律面前人人平

---

⑧　根据 Arthur Corbin 的说法，早期的制定法主要反映的是对证据的担心，在更为现代的制定法中，则主要反映的是"安宁"的观念。*Corbin on Contracts* section 214（1963）。如果我们从现代的角度来解释制定法，我们可能仍想要问安宁政策在这里是否适用。如果我们解释说安宁意味着一种债务人可以援用的依赖，我们可能要问的是，债权人的延误是否导致他认为他不用偿还，并因此作出了其他承诺。如果回答是否定的，则在本案中安宁不能对抗偿还。

⑨　Hoffman 在"关于职业举止的决议"中写下了这样的声明："如果仅仅是时间届满，我不会提出立法时限抗辩，因为如果我的委托人知道他欠有债务，并且除了法律上的障碍外没有其他辩护，他将不能使我成为其无赖行径的帮凶。"II David Hoffman, *A Course of Legal Study* 754（1836）。

等，为自治作出了贡献。⑩ 律师对热忱诉辩的忠信只能受到明确法律要求的约束，这给了每个人实现其权利的平等机会。对这一观点至少可以作出两种阐释，但是没有一个是说言嘉论。

该观点可能是说在法律适用于每个人时，只是根据其条款，而不会因为诸如人种、阶级、宗教或者个人关系等不相关的个人特点而有所不同。如果是这样的话，该观点仅仅是在重申法治。在这里，平等仅仅意味着所有人都要遵守相关标准的规定。为了知晓在特定的争议中人们是否得到了平等对待，我们需要知道有关标准的条款内容是什么，以及什么样的个人特点是不相关的。就像我们刚才在讨论法治观点时所指出的，适用有关标准的含义，可能要求律师进行某种判断，而这种判断则是为优势观点所禁止的。

回到我们的债务人案例。提出立法时效抗辩，将会导致像对待其他不欠债务的人那样对待被告；不提出立法时效抗辩，将导致像对待其他债务人那样对待被告。两种做法都涉及平等和不平等。在我们弄清立法的目的和原则之前，我们不能说哪种平等是相关的。如果其目的是安宁，则与非债务人的平等似乎是相关的；如果目的是避免难以就诉讼作出决断，则在这样一个判若鸿沟的案例中，与债务人的平等似乎是相关的。

平等主张的另一个变种是宣称优势观点本身平等地对待每个人。也就是说，尽管它允许扣压信息，制造困惑，有悖目的地利用"漏洞"，但是它允许每个人这么做。因此每个人有平等的机会来根据这些规则实现其利益。如果是这样的话，这种观点听起来颇像 Roscoe Pound 所蔑视的"司法竞技理论"⑪。

对于 Pound 和许多其他人而言，这一观点似乎显得既虚无又不诚实。虚无，是因为这种平等——无关实体是非曲直而获胜的平等机会——似乎在伦理上是空洞的，实际上是有害的。不诚实，是因为事实上法律制度并不提供这种类型的"竞技平等"，因为能否诉诸律师以及其他诉讼和策划资源，通常取决于委托人的财富。

然而，就我们的目的而言，关键点是关于法律职业道德的大多数方法，包括背景性观点，也能提供这种类型的平等。只要规则要求律师一致地对待委托人，就能实现平等。一个规则说律师只有在债务存在善意的分歧时才应当以时效立法为抗辩，另一个规则说当规定的时间过去后，律师总是应当就此提出抗辩，这两个规则在对待委托人问题上是同样平等的。

确定性

第三个最为朴素的观点宣称，优势观点的律师服务活动为适用法律规则的更大确定性作出了贡献。该观点宣称，因为优势观点的标准是绝对性的，律师根据它来进行的决策更具可预测性。由于律师决策是法律过程的一个重要组成部分，律师的决策越具可预测性，则产生的法律结果越具有可预测性。通过使人们更好地策划其生活，可预测性改善了自由。

当然，这一主张对公共利益观点没有作出回应，与优势观点相比，公共利益

---

⑩ 参见 Pepper, "Amoral Ethical Role".

⑪ Roscoe Pound, "The Causes of Popular Dissatisfication with the Administration of Justice," 29 *A. B. A. Rep.* 395, 404 (1906).

观点为律师设定了对第三方和公众的更大义务，但是该观点同样是绝对性的。另一方面，该主张并没有解决优势模式和背景性模式的关键差别问题——后者忠信于背景性判断而不是绝对性的判断。在与背景性观点相比较而评估这一主张时，我们可以承认的是，与优势观点相比，律师根据背景性观点作出的决策更乏可预测性，尽管在后面我要指出这种差别被夸大了。然而，该观点的关键问题，是它假定律师的决策越具有可预测性，就越可能在人们策划其事务的社会中产生更大的可预测性。

这一假定是错误的。法律决策仅仅是决定着社会不确定性的万千影响因素之一。尽管在背景性标准下法律决策本身可能更乏可预测性，但是在某些时候，与根据绝对性标准作出的决策相比，它们能够减少其他因素所带来的不确定性。如果规则说律师在可以的情况下，总是会提起立法时限抗辩，则该规则使得律师的决策具有相当的可预测性；但是如果规则规定只有在诉讼主张几乎没有实体价值时才提起立法时限抗辩，则与之相比，前一规则使得商业活动**更少**可预测性。根据前一规则，一旦争端发生，我们就可以相当可靠地预测结果，但是在这之前，这一结果可能会受到债权人的疏忽、怠惰或者慷慨等不确定性的影响。通过在某些情况下中和这些因素，背景性标准减少了不确定性。

这些对各种版本的自由意志论的前提的回应的总的主题是，即使我们将自由接受为法律和职业道德背后的突出价值，也没有理由认为与其他法律职业道德的方法相比，优势观点会与该价值更为兼容。但是自由意志论的前提还应当受到更多的反对，因为我们没有理由将自由接受为突出的价值。无论是法律制度还是大众伦理，都把自由视为许多重要价值中的一个，它在狭隘的领域也许是突出的，但是在其他领域人们应当权衡其与其他价值的关系并使之作出妥协。⑫

例如，在大意的铁路公司案中，当代法学思想认为自由在很大程度上是不重要的。自由主义的律师坚持自由理想与大型非自然人的公司组织联系在一起的时候，没有连贯性和紧迫性。就有着垄断权力的组织而言，一个有效率的运输体系所涉及的公共利益可能要求规制性干预。铁路的自治必须让位于公众在效率方面的利益，这被视为一个牢固确立的观念。保守主义的律师对规制性干预的必要性更是持怀疑态度，即使是在涉及垄断的情况下，他们也视效率而不是自由为铁路公司案例中的关键价值。

Hart 和 Sacks 认为，在铁路公司案例中，律师有责任说服其委托人不要采取明显无效率的责任限制策略，即使它们可能有利于委托人的短期经济利益。他们的推理是，由于铁路公司对承运中持有的货物有更好的控制和更多的信息，由它们来承担损失风险显然更有效率，至少应当推定如此（也就是说，除非有机会证明损失的发生超出了它们的控制）。考虑到铁路公司的垄断权力，以及承运人在谈判时缺乏真正的意愿，通常的合同签订过程可能不会产生这样的结果。但是 Hart 和 Sacks 宣称铁路公司应当感到有义务自愿采用有效率的方法，它们的律师有责任敦促它们这么做。

现代保守主义思想与这种分析不同，是因为在很大程度上他们对这样的可能

---

⑫　关于这个问题，参见 Roscoe Pound, "A Survey of Social Interests," 57 *Harvard Law Review* 1 (1943)，该文在一开始论曰："在世界范围内有一个明显的转向，即从认为法律秩序的任务是调整自由意志的运用，转变为认为法律秩序的任务是满足自由意志的需要，就此而言，意志的自由运用仅仅是其中的一项而已。"

性更为乐观，即即使没有垄断，经济上的自利也可能促使铁路公司采用富有效率的解决方案，而不需要有任何公共职责的感受或者来自律师的压力。⑬ 无论是自由主义者还是保守主义者，可能都会质疑 Hart 和 Sacks 对律师就诸如什么样的解决方案富有效率这样的问题作出判断的能力所赋予的信任。但是，主流法律思想没有什么空间来说 Hart 和 Sacks 的建议威胁到了任何重要的**自由**利益。

实证主义者的前提

实证主义者的前提是，法律标准与非法律标准存在天渊之别。其必然的结论是：法律标准卓尔不群。因为在程序上，其出身于国家的某些机构；在实体上，它们是为处罚所支撑的命令或者禁令。实证主义者的前提引导我们将我们所讨论的各种案件中的第三方和公共利益视为在职业上是令人不感兴趣的。

现代法学许多广为人知的努力都表明：在法律和非法标准之间进行断然区分都是站不住脚的。尽管还有一些法哲学家仍在为实证主义者的前提进行辩护，但是近乎所有的执业律师在代理案件、为委托人提供建议和起草合同时都心照不宣地反对它。法律职业道德领域是他们对此坚持不懈的唯一领域。就我们的目的而言，解释和执行是实证主义面临的两个最重要的问题。

解释

解释问题源于这样的事实，即如果不进行某些判断，则法律标准不能适用于具体案件。法律标准的文本包含着罅隙、含混和矛盾，必须进行填补、澄清和调和，以适用于具体案件。

在我们的法律文化中，字面解释——仅仅根据制定的文本的措辞进行解释——通常因为不可能或者是不受欢迎而被摒弃。我们看一个经典的立法宣告："不得血溅街头"（No blood shall be spilled in the streets），这如何适用于处理受伤的路人时溅血的医生呢?⑭ 我们都知道该立法并不适用。我们知道这一点，是因为我们是在该立法并没有明确规定的各种关于制度和价值的社会事实背景下理解其措辞的。

我们再看看 Green v. Bock Laundry Machine Company 案，这是最高法院在1989 年判决的。⑮ 该案件解释了《联邦证据规则》的一个规定。该规定允许通过引入关于证人犯下的罪行的证据来攻击证人的可信性，"除非采纳这一证据的证明价值超过了其给**被告**（defendant）带来的损害效果"。

Green 是追诉洗衣机公司产品责任案件的**原告**，他认为审判法院误用了该规则，允许该公司引入关于 Green 先前犯罪的证据，而没有考虑该证据给他带来的损害效果。Green 认为，尽管文中使用了"被告"一词，但该规则的保护也应当

⑬ 例如，参见 Frank Easterbrook, "The Limits of Antitrust," 63 *Texas Law Review*, 1 (1984).

⑭ William Blackstone, I *Commentaries on the Laws of England* 59-62 (8th ed. 1778). Blackstone 把这个例子归于 Puffendorf. 为了强调，我对措辞稍作了修改。

⑮ 490 U. S. 504 (1989).

适用于民事案件的原告。最高法院**一致**同意他的主张。接受这一结论的人包括该法院文本主义者先驱 Scalia 大法官以及被尼克松总统作为"狭义解释宪法派"（strict constructionist）而任命的 Rehnquist 大法官。

法院引用了两个原则来支持其结论。第一个是在刑事案件中，法律应当更关注给被告带来的损害危险，而不是给检控方带来的损害危险。第二个是在民事案件中，程序优势应当在当事人之间进行平均分配。虽然这两个原则在规则中都没有明确说明，但是法院认为它们适用于本案，它把"被告"解释为包括民事案件的原告，以对规则的语言与原则进行调和。

每个当代律师都认识到，从影响案件判决的角度看，诸如规定在民事案件中对当事人进行平等对待的价值（原则、目的），都是法律的一部分。然而这样的价值并不符合实证主义者用以区分法律和非法律的标准。它们不能被追溯到任何主权机构的具体规定。当然，这些价值表达存在于司法判例中，但是这些判例并没有规定价值，它们是在援引这些价值。

此外，这些价值在形式上也不同于实证主义者的法律观。它们没有与处罚明确联系在一起，它们不是命令或者禁止。特别是它们缺少处罚命令的绝对性。一个绝对性标准是二元的，要么适用要么不适用。但是我们所讨论的价值是不同的。它们具有一个绝对性标准所不具有的维度，Ronald Dworkin 把这叫做分量（weight）。[16] 在这些价值适用的时候，它被视为是支持特定结果的原因，但是它并不强迫作出该结果。最终的结果可能还取决于其他标准和情况。（例如，在某些情况下，平等对待民事案件当事人的原则可能会被其他因素所超越。尽管存在该原则，原告通常要承担证明负担，在民权案件中，成功的原告而不是成功的被告可以获赔诉讼成本。）

律师使用诸如 Green 案这样的例子来说明：即使规则在形式上是绝对性的，可能易于进行字面解释，也能够并且应当根据相关背景价值来加以解释。然而，许多法律标准采用了开放的、未具体言明的一般性术语，这显然要求诉诸不言自明的背景性理解。"正当程序"、"关照标准"、"贸易限制"、"不当劳动行为"、"公共便利与必需"、"言论自由"、"交易习惯"、"显失的"、"合理的"（适用于行为和价格）、"大意"、"残忍与非常处罚"、"正当补偿"、"适当目的"等仅仅是大量一般性术语的例子，这些术语在重要的法律部门中发挥着重要作用，其并没有字面解释，多多少少要被迫诉诸背景原则。此外，许多这样的术语被认为要么吸纳了社会一般价值（"残忍与非常处罚"），要么吸收了某些非主权社会群体的价值（"交易惯例"、"关照标准"）。

如果背景价值，以及命令和禁止都是法律的一部分，则优势观点关于"法律的界限"的观念似乎过嫌狭窄。解释侵蚀了实证主义者的前提所坚持的法律与非法律之间的巨大区别。在我们所讨论的所有职业道德案例中，问题之所以产生，是因为律师的行为似乎与根据法律制度有关的某个价值相冲突——实体合法的合同应当履行（立法时限案例）；控制着重要经济职能的机构不得运用垄断权力来设定明显无效的做法（大意的铁路公司案例）；银行委员会应当获悉关于储蓄与贷款银行合理性的信息（桀骜的储蓄与贷款银行案例）；富裕的农场主不应获得大笔补助（农业综合经营体福利案例）；无辜者不应当受处罚（无辜的罪犯案

---

[16]　参见 Ronald Dworkin, *Taking Rights Seriously* 14—45 (1977)。我关于原则性质的讨论要感谢 Dworkin。

例）。优势观点没有给律师设定权衡这些原则的职责。如果委托人希望对此不予理睬，则该观点要求律师对此默许。这么做时，它是将这些视为非法律的其他东西。就像我们看到的那样，这么做是错误的。

执行

实证主义者的前提存在的第二个广泛问题是执行。法律标准的实践作用不仅取决于解释过程，还取决于官吏和公民的善意、能力、知识和资源等偶然因素。如果官吏（法官、行政人员、警察）腐败或者不称职，如果他们缺少相关的事实信息，如果他们进行调查和处理诉讼请求的资源有限，则我们会预料在规定和结果之间会存在重大差距。此外，我们的对抗制，将提出诉讼主张和进行裁判的启动权交给了当事人，这奖赏了能够得到信息和其他诉讼资源的人。如果这些资源并不是平均分配的，我们会预料这会对执行有进一步的不利影响。当代美国法律制度中存在这些不利条件，没有人对此否认，因此执行的罅隙可能很大。

执行的罅隙问题给优势观点提出了一个重要问题。界定律师能够走多远的"法律的界限"是指律师认为适用于委托人的一般实体法，还是指政府人员具体适用于委托人的法律？前一个解释意味着与优势观点承认的相比，对非委托人利益有着显然更强的义务。但是后者相当于在说律师可以帮助委托人从事其能侥幸过关的任何事情——这是一种几乎没有人支持的法律义务观。

可以用几个例子说明这个问题。Holmes 解释实证主义的一段很著名的话宣称：一个不想履行合同义务的人有"权利"违反合同，并向其合同当事人赔偿损失。[17] 经济学家认为这种违约是"有效益的"，因为他们推理说如果承担义务方发现赔偿比履行义务更便宜，他这么做就具有社会可取性。

Holmes 在这里采取了典型的顽固立场。他期待温文尔雅的伦理学家会被其傲慢地对待为他们所视为履行承诺的道德义务的方法所触怒。他的主要观点是，违约的权利来自其对法律的实证主义的理解，即法律相当于以处罚为后盾的国家官吏的命令。然而 Holmes 假定人们在违反法律职责时，也自然会承担规定的实体后果，此时他自己似乎也是温文尔雅的。如果一个人能够逃之夭夭而不用赔偿对方，比如说逃离司法辖区，Holmes 还会说该人有违约的"权利"吗？

不知情的房客。州法通常限制房东从房客那里要求获得的让步。例如，立法可能规定房东不能要求保证金超过一个月的租金。然而，许多房客并不知道这些限制。有的时候，房东就会让律师在租赁协议中写进一个非法的条款——例如，相当于两个月或者三个月房租的保证金。他们说如果房客到法院起诉了他们或者确实威胁要起诉，他们就会妥协，返还多收的保证金，并支付任何罚金。但是他们认为有足够数量的房客将不会主张其权利，这使得将该非法条款写进房租赁协议有利可图。[18]

---

⑰　Oliver Wendell Holmes, Jr., "The Path of Law," 10 *Harvard Law Review* 457, 462 (1897).

⑱　纽约城律师协会职业道德委员会曾一度将这种做法谴责为不道德的。Opinion 722 (1948). 另一方面，美国律师协会全国代表大会曾拒绝了一条《示范规则》草案，该草案禁止律师准备"包含法律上被禁止的条款"的文件。可以预测但是不是那么言之凿凿的是，该禁止之所以受到反对，是因为其具有令人难以忍受的含糊性。Geoffrey Hazard, Susan Koniak, and Roger Cramton, *The Law and Ethics of Lawyering*, 1072–73 (2d ed. 1994).

在有些法域中，业主使用含有不可执行条款的合同可能是非法的。例如，参见 Leardi V. Brown, 394 Mass. 151, 474 N. E. 2d 1094 (1985). 在这类案件中，律师提供合同的行为可能构成受到规则谴责的客户欺诈或不法的辅助。

大笔现金的委托人。《1984 年税收改革法》要求任何人收到 1 万美元以上的现金款项，都要向国内税务局进行报告。这一立法的前提是，用大笔现金进行付款的人极有可能从事了犯罪活动，向律师支付此类款项尤其令人怀疑。许多刑事辩护律师吵吵嚷嚷地对该立法适用于他们表示抗议，认为这是干涉有着大笔现金的委托人获得律师帮助。至少辩护律师协会的一个领导人和某些州职业道德委员会敦促辩护律师不要遵守该报告要求，直到个人被法院命令这么做。[19]

在这里，我们就"法律的界限"可能有一个比 Holmes 的解释更为激进的解释。可能这种抵制的支持者充分意识到，许多甚至是大多数收到该款项的律师不会被明确命令去报告，只要公诉人缺少发现他们并对他们提起诉讼的信息和资源（这是一开始要求进行报告的全部原因）。他们似乎并不对他们敦促的不进行报告的大多数行为将不会被发现和受到处罚感到不乐观。

尽管其拥护者可能并没有这么做的意图，但我们可以将这种抵制建议作为一个例子，说明一个关于法律义务的主张，该主张可能来自实证主义者对"法律的界限内热忱辩护"的强理解。作为一个一般性的主张，该建议实际上是在说律师可以为委托人做任何事情，除非她不能蒙混过关。

按照这样的方式一般化，这个主张肯定是不可接受的。例如，没有人会主张一个人有权杀人，只要他没有留下证明其行为的排除合理怀疑的证据。另外，也有一些例子，从更容忍的角度看，一些行为没有受到处罚，但是实质上是非法的。一个本来小心翼翼的司机超速 5 英里，因为他知道警察只会对超速 10 英里的行为开罚单，他不可能在社会上声名狼藉。在杀人和些微超速行为两极之间，有着大量像有着大笔现金的委托人和不知情的房客案例这样的情况，在这些情况下，有关行为是否违反了重要的义务，是存在相当大的模糊和争议的。

这样的情况是对实证主义前提的一个严重挑战。实证主义者宣称要描述法律制度的实际范围和运作。但是事实上与实证主义者的标准圈定的范围相比，人们要承担法律义务的标准的范围要宽得多。与 Johnson 医生不同的是，大多数人不需要等到法官告诉他们时，才知道特定类型的行为在法律上是错误的。确实，社会秩序似乎取决于人们是否愿意遵守实体标准，即使他们没有因为违反这些标准而面临立即的或者确定的处罚。

此外，这一更广的义务观并不是绝对性的或者二元的。对于实证主义者而言，法律义务要么存在，要么不存在。但是像法律解释问题一样，执行问题表明法律义务也可以是一个程度或者分量问题。法律标准可以给我们做某事的理由，而不需给我们设定确定性的义务，这些理由可以有着各种各样的力度。就像我们将在第 4 章所讨论的那样，律师在有着大笔现金的委托人案例中的沉默，如果说能够站得住脚的话，只能是因为要求进行报告的立法的合法性相对来说不是那么令人信服。

---

[19]　参见 Susan Koniak, "The Law Between the Bar and the State," 70 *North Carolina Law Review* 1389，1405-07 (1992)（讨论了律师协会对现金举报规则的反应）。参见 20 世纪 50 年代和 60 年代，帮助南方官员抵制联邦法院取消种族隔离制度的律师也提出了类似的主张。他们坚持认为，这样的裁决不是"美国这块土地的法律"，而仅仅是"实际裁决的本案的法律，对本案当事人而不是他人具有约束力"。Pittman, "The Federal Invasion of Arkansas in the Light of the Constitution," 19 *Alabama Lawyer* 168，169-170 (1960); quoted in Marvin Frankel, "The Alabama Lawyer, 1954-64: Has the Official Organ Atrophied?" 64 *Columbia Law Review* 1243 (1964).

因此，在时效立法案例中，实证主义者错误地认为，如果以该立法为据进行抗辩，则法官会驳回起诉，案件就能终结。对法律义务的评估应当考虑信守承诺的实体原则，即使它们不会通过处罚来加以执行，也会为偿付债务提供一个法律理由。

优势观点确实勉强承认委托人常常对实证主义者所界定的"法律"之外的东西有兴趣。没有人否认委托人基于道德或者声望因素，可能希望自愿偿付已过诉讼时效的债务。因此《示范规则》并非无缘无故地说，律师在为委托人提供建议时，"不仅可以以法律为依据，而且可以以诸如道德、经济、社会和政治因素等可能与委托人的处境有关的因素为依据"[20]。但是该规则创设的仅仅是一个许可，而不是职责（在这里的选项仅仅是讨论，而不是积极的保护）。这一允许性立场似乎是实证主义者错误的法律观的一个功能，它将许多重要的法律关注转化为（仅仅是）"道德、经济、社会和政治因素"。

自由意志论与实证主义

如果说自由意志论者和实证主义者的前提都各自站不住脚，则它们也彼此不能兼容。从最一般的水平上看，问题是这样的：优势观点要依赖实证主义来界定极其狭窄的法制观，这种狭隘的法制观是其狭窄的义务观的基础。但是实证主义宣称其仅仅是描述性的，没有关于职责或者权利的理论。它没有为律师提供理由来尊重其所认可的即使是缩了水的"法律的界限"，或者尊重委托人自治。从规范上看，它不能区分国家权力的运用和其他它认为合法的权力运用，包括律师将自己的目标加给其委托人的权力。就其自身而言，实证主义对于法律职业道德而言是毫无用处的。

因此，优势模式也需要自由意志论者的前提来为其狭隘的义务观及其扩大的委托人权利观提供某些规范性支持。但是自由意志论者的自治观念在提供这样的规范性基础的同时，也带来了一套与实证主义的法制标准不相适应的原则。

例如，一个人应当履行自己的合同承诺原则，对于大多数自由意志论者而言，这是一个重要的原则。时效立法背后的"安宁"和"时过境迁"（stale）证据，在大多数自由意志论者眼里相对并不重要。因此，自由意志论本身与立法时效案例中的优势观点方法是存在紧张关系的。尽管自由意志论原则提供了一个规范性基础，但是这不是优势观点所需要的，因为与优势观点所坚持的相比，自由意志论所带来的，仅仅是更广的义务观和更狭隘的委托人权利观。

逆动问题

将两个前提结合在一起的另一个困难，就是逆动（retroactivity）问题。如果法律真的与日常伦理有着深刻的区分，就像实证主义者所主张的那样，则就其对公众的适用而言，不可能从自由意志论的角度来加以证成。

　　自由意志论的理想，要求人们在行为之前就其权利和义务拥有知识，以便他们能够就其事务进行筹划。然而，大多数人并没有专业化的法律知识，也不能获得职业法律帮助。与律师的期望大相径庭的是，大多数人只有在极度绝望无助的极少数场合或者涉及少量常规性的、与政府机构打交道的业务的情况下，才去咨询律师。此外，即使有了律师的职业帮助，人们也不能确切知道官员们如何解释和适用法律。明确逆动的法律有的时候是违宪的，通常是令人怀疑的。但是对于大多数人而言，大多数法律是默示逆动的。就像 John Chipman 所写的那样：

　　　　从实践来看，对于大多数外行而言，法律在适用于实际事务时，都是事后性的。当一个人结婚、形成合伙、购买土地或者从事任何其他交易时，他对于规制这种情况的法律仅有最为模糊的念头。就我们法律的复杂制度而言，不可能是其他情况。如果他直到确切了解了所有有关法律后果之后才签订合同或者进行作为，则合同永远无法达成，永远不会有何作为。[21]

　　然而我们要求人们承担遵守持续、普遍地适用于其生活的巨大法律之网的责任。不允许以任何借口来无视法律。如果我们承认的话，这种逆动通常被接受为法律制度的合法特点。

　　这种日常的逆动得到了三个理由的支持：第一，在很大程度上，法律与大多数人熟悉的日常伦理是相重合的。（如果法律脱离了日常伦理，有的时候我们就要为无知非借口原则［ignorance-is-no-excuse principle］制定例外，特别是在刑事法领域。）第二，在少数情况下，如果日常伦理与法官或者立法者认为非常重要的公共原则不能协调一致，该原则要比因诉诸法律而受到保护的自由利益更为重要。第三，日常伦理可能没有清晰地解决该问题，因此，如果不适用当事人可能并不熟悉的标准的话，则没有办法解决。

　　与实证主义相反，第一点和第二点证实，法律决定要依据并没有为国家所明确制定的原则；与自由意志论相反，第二点和第三点证实，自由利益让位于其他关切点，这常常被认为是合理的。就优势观点而言，产生的问题是，为什么同样的观点不能为律师拒绝将委托人的利益推进至法律的界限提供支持？如果制定的法律背后的原则对委托人有约束力，那么律师根据这些原则所作出的判断则似乎是拒绝这样推进的合理根据。如果自由利益可以被其他利益合理超越，则律师除了关切委托人的自治之外，也关切这些其他利益似乎是适当的。

私人立法问题

　　尽管在接受非正式的社会标准可能具有约束力这一思想时，实证主义和自由意志论分道扬镳，但是它们在坚持下列思想方面是团结一致的，即通过法典化或者正式规定来创造有约束力的标准的权力，应当限于清晰区分出来的主权。这两个学说都对私人立法这一思想持敌意态度。

　　对于实证主义而言，私人立法这个术语在措辞上就是自相矛盾的。法律之所以是法律，就因为其来源于某些主权行为。对于自由意志论而言，私人立法是对

---

[21]　John Chipman Gray, *The Nature and Sources of the Law* 225 (1909).

自由的威胁。立法是运用权力而不是权利。这种权力只有在受到各种实体（例如平等保护标准）和程序（例如选举制衡）措施的约束后，才可以容忍。然而，私人行为者并不受这些措施的制约，因此他们行使权力将会造成压迫。

我们看看优势观点中律师的形象是如何与自由意志论/实体主义者这一图景形成共鸣。律师被刻画为一种调查员/侦查员，其工作就是促进委托人的意愿的实现，直到到达独立于其行为而构造的"边界"边缘。这些边界的坐落位置本身不会受到律师行为的影响。如果这构成立法，既会违反实证主义的定义前提，也会违反自由意志论者的政治前提。

对这一图景提出的一个显然但是常被忽视的异议是，律师并不是接受立法机构和法院施舍的输出，有的时候还影响这种输出。他们游说并进行诉讼，以促使规则有利于其委托人。当委托人是富人并且组织有力时，律师常常帮助委托人将其财富和权力转化为对立法程序的过度影响。例如，为就特定问题有着长期利益的组织服务的律师常采取的一个策略就是，在最同情委托人的事实背景下，在最有可能成功的裁判庭就有关问题提起一个测试性诉讼。在关于 19 世纪末期开始出现的这种做法的经典讨论中，James Willard Hurst 指出，在这种情况下，律师服务活动成了"固定政策的工具"，而不是像优势观点所刻画的那样，是"根据现行法律执行权利和职责"的手段。[22]

私人立法更为直接的形式是，国家将私人采纳的标准予以吸纳或者对此加以执行。Holmes 在将 John Austin 的实证主义驳斥为"犯罪学家的理论"时，指出了这一现象的一个重要方面。[23] 刑法标准确实与以处罚支撑的命令这一实证主义形象有一些相似之处。但是许多民法标准是不同的。它们所具有的特点，有的时候可以叫做促成性（facilitative）或者使能性（enabling）。这不仅仅意味着它们允许某些行为，还意味着它们将国家执行权所适用的处罚交给私人制度。大多数的法律合同和许多民法都具有这一特点。促成性标准是对私人立法的邀请。一旦确定后，它们看起来就像是将立法权授予了私人当事人。我们看看下面的案例，来说明最有问题的促成性标准。

种族主义房屋所有者。1917 年，最高法院判定政府根据人种进行居住区域隔离的露骨做法是违宪的。[24] 私人委托人的律师对此的回应是试图通过设计种族限制性的契约条款来实现隔离。这样的条款是房地产契约中的一个条文，规定禁止受让人及其后继者将房地产再转让给非白人。这些条款宣称影响的仅仅是根据契约所转让的特定房地产，但是它们常常被土地开发商或者邻里会成员同时吸纳进大宗临近地块的契约中，因此整个邻里都被该条款覆盖了。

1948 年，在 Shelly v. Kramer 案件[25]中，最高法院考虑的诉讼请求是，法院执行这些条款违反了《宪法》第十四修正案规定的正当程序和平等保护条款。《宪法》第十四修正案仅仅适用于州，寻求执行这些条款的人辩称这些条款属于私人协议，不是州的行为。最高法院回应说，法院对这些条款的执行就是州的行为，因此违反了平等保护条款。这一判决的逻辑会将大多数私人法律变为州的行为，这

㉒　*The Growth of American Law：The Law Makers* 349（1950）.

㉓　Oliver Wendell Holmes, Jr. , *The Common Law* 66（Mark Howe, ed. , 1963）.

㉔　*Buchanan v. Warley*, 245 U. S. 60.

㉕　334 U. S. 1.

已经被广泛认可。对于所有旨在赋予私人创制权的促成性规则来说，都变成了可执行的法律。（就像 Mark Tushnet 所说的，Shelly v. Kramer 带来了社会主义。㉖）

最高法院在适用宪法第十四修正案时，并没有贯彻该逻辑。但是立法机构和法院在其他背景下适用了该逻辑，以说明通过促成性规则对运用权力的行为进行规制性约束的正当性。特别是在商业组织单方为没有机会进行谈判的顾客拟定了合同条款的情况下，法院和立法机构常常介入，以防止这些条款被认为不公平或者无效率。Hart 和 Sacks 这一代自由主义法律思想家发明了"私人立法"这一术语来描述这种商业权利的法律输出。他们认为进行规制的正当理由是，立法权必须承担公共责任。

对于 Hart 和 Sacks 而言，这一观点对于律师法律服务活动有着强烈的含义。由于律师在铁路公司案这样的情况中扮演着准立法者的角色，他们应当承担准公共职责。在铁路公司案中，律师应当视自己为"私人立法者的职业工作人员，尽管是在有着广阔自由裁量权的框架内行动，但是权力应当限于不是明显不合理或者与公共政策相悖的做法"㉗。尽管法院和立法机构纠正了律师的权力过度做法，但这也消耗了时间和精力。如果律师承担了更多责任的话，公平和有效率的结果本应当更迅速地实现。

这里的基本思想是，通过促成性规则追求私人利益似乎常常涉及某种压迫，需要公共控制和正当理由。这一思想并不局限于涉及垄断权力或者当事人之间有合同关系的情形。限制性条款案例说明了这一点。在该案中，非白人所经历的被从限制性街坊强制性的排除，是一系列他人达成的合同累积的结果，达成这些合同的人可能缺少市场权力。但是这一结果相当于通过立法进行的明目张胆的种族隔离。

"私人立法"观点通过强调非国家行为人在立法过程中扮演的角色，对实证主义者的前提提出了挑战。这一观点通过坚持法律权利的运用可能具有强迫性，对自由意志论的前提提出了挑战。它颠覆了执行委托人的权利与帮助委托人行使影响他人的权力之间的区别。

讨论一下诸如限制性条款或者责任放弃这样的法律实践的两个不同的发展阶段，会有所帮助。第一个阶段是浮现期间。起初，这些做法并不是相关领域执业律师的常规业务。它们没有标准形式。普通律师根本想不到这些，即使想到了，风险也太大或者起草起来太困难。接着少数律师知道怎么做了。（他们可能是第一批想到将其运用为一般业务的人，或者是第一批想到对此加以贯彻的有效形式的人。）他们付出了努力，冒着风险将其推荐给委托人，并在底稿中加以演练。在第二个阶段，这一做法被广泛认为是有效的。有了一个或者多个标准形式。律师通常提供或者将其建议给委托人，这种做法得到了普及。在极端情况下，不提供或者建议这种做法被认为是不当执业。

将第一个阶段区分出来，使得我们能够强调促成性规则所激发的创造性，这是律师服务活动的一个方面，实证主义和自由意志论常常鼓励我们去忽视它。这也就律师代表其委托人运用权力提供了一个特别有说服力的说明。一旦律师进一

㉖ Mark Tushnet, "Dia-Tribe," 78 *Michigan Law Review* 694，697（1980）.

㉗ Hart and Sacks, *Legal Process* 263。关于私人立法的一般论题，另参见 Stewart Macaulay, "Private Government," in *Law and the Social Sciences*（Leon Lipson and Stanton Wheeler, eds.，1986）.

步改进了这种做法，委托人将其意志强加给别人的能力就提高了。律师后移了"法律的界限"。

在这种做法变成标准做法后，我们更容易将律师对这种做法的常规贯彻视为执行某些确立的权利。但是如果我们从实证主义/自由意志论对关于应得权利的优势观点的认识角度来理解权利，这将是误导性的。律师所保持的界限，不是立法确立的自治领域的界限。它们是通过创新性的侵犯而获得的。委托人对这种业务的权利主张，仅仅是因为这种做法已经确立。这似乎与敌对的军队对其已经占据了有限时间的争议领土主张权利没有什么高下优劣之分。

当然，作为一个实践问题，与第二个阶段相比，在第一个阶段律师因为认为这种做法不负责任而放弃它要容易得多。在评价律师在第二个阶段的行为时，我们应当将对此加以遵行的压力考虑进来，但是它们仅仅是借口而不是正当理由。它们是律师应当被宽恕的理由，而不是其行为应当被支持的理由。

结 论

为什么对律师应当止于"法律的界限"的伦理、政治和认识论异议是错误的，现在应当清楚了。

律师决策的伦理基础与合法的法律判决背后的原则是一样的。律师根据法律是非曲直或者正义的标准限制其能为委托人走多远，并没有剥夺委托人有权得到的任何东西。相反，她仅仅是在坚持尊重他人的应得权利。

不赞成委托人说起来合法的计划的律师，应当将其改革的精神倾注于未来的立法变革，而不是在当前行为中阻挠委托人，在律师的不赞成是建立于法律是非曲直这一基础时，这种建议是站不住脚的。当然，如果相关的立法机构或者法院有意允许委托人准备进行的行为，则他可以强烈地主张有权这么做。但是在诸如立法时效和铁路公司案这样的情形中，国家对有关事项并没有清晰的说明，尽管有关行为说起来合法，但是它可能与对其法律是非曲直最站得住脚的评估相悖。

如果有可能诱使法院或者立法机构就包含许多人将受到有关行为影响的事项作出判断，则律师鼓励其委托人等待并诉请作出这样的判断可能是个好主意。但是更常出现的情况是，这是不可行的。诱使立法机构采取行动，这可能超出了律师或者委托人的能力。这当然要花费时间。（John Maynard Keynes 承认，从长远来看，经济萧条是可以自愈的，但是他就其建议的干预进行的论证根据是，"从长远看，我们全都呜呼哀哉了"。）无论是从私人还是从社会角度看，立法和司法行为都肯定具有成本。Hart 和 Sacks 报告说，在铁路公司案中，法官和国会最终确实进行了有效介入，纠正了铁路的不合理责任限制，但是他们既强调了在这一解决方法出台前所造成的损害，也强调了其程序成本。[28]

此外，即使法院或者立法机构愿意和能够不花成本地解决该问题，与私人律师相比，它们也可能并非处于这么做的最佳地位。在铁路公司案中，Hart 和 Sacks 认为，与最终立法相比，如果负责任地制作私人合同，将能提供各种更为灵活的解决方案，因为立法必然要涉及更多的统一性和刻板性。他们还认为，有

---

[28] Hart and Sacks, *Legal Process* 259—263.

经验的铁路律师将比立法者及其工作人员更好地了解这个产业。㉙ 在立法时限案例中，律师的作用源于这样的事实，即在特定案件中她最能充分获悉相关信息。

忠信于法律是非曲直和正义标准，与民主价值形成了共鸣，而远不会成为政治上的极权主义。在一个民主社会里，正义和法律是非曲直标准将表达民主的热望，因此忠诚于它们将加强民主。毕竟，忠信的是法律制度所接受的原则，而不是运行该制度的国家的官吏。确实，忠信于这些原则有的时候将为反对官吏提供有力的根据。还要注意的是，在一个律师要负责维护法律是非曲直的制度里，执法活动被分权化，如果这成功的话，将减少对更为官僚化的执法活动的需要。

对认识论异议的回答是，律师之所以能够诉诸法律是非曲直和正义的原则，既是因为他是社会的一员，也是因为他作为律师受过训练。他的道德决策与法官——他们所受训练与执业律师所受训练一样——在判案中适用的原则一样。如果不在一定程度上诉诸这样的原则，他就不能完成其就法律为委托人提供建议、在法官面前为委托人进行诉辩的工作。

律师以尊重这些原则为条件为委托人服务，并不是要强加她自己的价值，那些与这些原则相符的价值除外。（法官在判案时也是如此。）当然，在特定情况下，并不是所有的律师都会就有关原则如何适用达成一致。律师个人也会犯错误。但是，就像我们对法官的认可一样，作出的判决有的时候会产生某些存在争议甚至是错误的决断，这一事实并不使得这种做法非法化。

律师可能常常处于作出某些决策的很不利地位。如果其他人能够更好地作出这些决策，则律师应当交由他们来做。如果我们理解法律是非曲直既包括实体上的因素也包括程序上的因素，则这与我们对法律是非曲直的忠诚是一致的。当然，会存在大量由律师作出决策更有利于澄清是非曲直的情况。立法时效和疏忽大意的铁路公司案似乎就是适当的例子。在这些情况下，优势观点令人气馁的主张是不具说服力的。

㉙　Ibid. 226.

3

长远的正义

支持优势观点的第二套观点承认，委托人常常没有权利获得优势观点所建议的那种风格的诉辩，并且这种诉辩有的时候会导致不正义。优势风格诉辩的支持者宣称，从整体和长远来看，它生产了更高水平的正义。他们把进攻性的诉辩所造成的不正义描述为为避免更大的不正义而必须作出的牺牲。他们把不正义的受益人视为私人检察官，通过利用能给他们带来他们无权取得的利益的规则，改善法律制度的总体业绩。

作为律师协会正式标准的范例，《示范守则》到《示范规则》的变化，反映了从强调应得权利向强调这种工具观点的转变。《示范规则》放弃了"在法律的界限内热忱诉辩"，以及与之相关的自由意志论者的辞藻。相反，它们强调了进攻性诉辩各种要素在促进长远正义方面的工具功能。这些支持优势观点的工具性理论根据就像我们将要看到的那样，包括支持保密的强化版本的观点、关于诉讼准备的观点（它常常暗示"对抗制"必然带来优势观点的某些方面）、诉诸"认知失调"这一心理学现象来支持委托人忠诚的强道德的观点，以及绝对性标准比背景性标准更为有效率的观点。

每种情况下，这些观点都证明是要取决于没有实例的、可能并不确定的行为假设。对于法律职业道德的任何观点而言，关于这些事项的不确定性都是个问题。但是由于公共利益观点和背景性观点与适用于类似背景的通常的伦理和法律原则更为一致，要求优势观点承担证明责任似乎更为适当。此外，就像我们将在第5章所看到的那样，支持优势观点的最重要的主张并不依赖于任何行为假设。

■ 保　密

优势观点就委托人信息规定了近乎绝对的保密标准。根据《示范规则》，只有在委托人准备实施"可能造成迫在眉睫的死亡或者严重身体伤害的犯罪行为"[①] 的时候，对不正义或者公共利益的关注才支持律师在未经委托人同意的情况下披露有关信息。

根据该规则，律师可能不能披露委托人实施可能侵犯某人财产权的犯罪行为的意图，不论这种伤害多么大。她也不能披露委托人实施任何非犯罪不法行为的意图，不论可能造成的伤害有多大。她也不能披露有关委托人过去犯罪行为的信息，即使它们对于当前还有巨大的影响。（例如，委托人实施了某犯罪，而某个人确因该犯罪而被错误判刑——无辜的罪犯案——或者她杀了某个人并隐匿了尸体，而失踪者的家人正在发疯般地寻找失踪者。）律师也不能披露从委托人那里获得的有关**其他人**的犯罪信息，不论该罪行多么令人发指。（例如委托人知道另一个人实施了某犯罪，而有人却因此被错误定罪；或者委托人知道另一个人杀掉了某人，或者绑架并藏匿了某人。）

当然，保密措施的目的，是诱使委托人对律师进行披露。如果委托人认为律

---

① *Model Rules* 1.6. 只有六个州一字不差地采用了该规则。其他大多数州的规则类似，但是通常保护略少，除了这些重大身体伤害威胁外，常常允许披露未来的犯罪行为。参见 Fred C. Zacharias，"Fact and Fiction in the Restatement of the Law Governing Lawyers：Should the Confidentiality Provisions Restate the Law?，" 6 *Georgetown Journal of Legal Ethics* 903，913-914 (1993)。

师可能转述他们的陈述而对其不利，他们的披露可能就会更少，这会很糟糕，因为律师提供给他们的建议将更不奏效。对其最强有力的支持者而言，保密不仅仅是一种沉默的职责。它是一种确保委托人不因向律师进行披露而遭受不利的职责。这一思想将要求律师在知道有关做法是欺骗性的情况下，愿意去从事该欺骗性的做法，而这仅仅是因为委托人告诉了她某些事。如果这种思路将会使得律师积极地参与欺诈或者伪证，则即使是在优势观点看来也是不可接受的。通常情况下不允许律师提供伪证，即使她因为委托人的披露而知道这是伪证。② 但是那些不太直接的欺骗——例如对委托人已经承认是诚实的证人进行弹劾——常常被认为是保密的必然导出。

关于保密的关键问题是：保证委托人进行全面披露有助于提供良好的法律建议，我们为什么要认为保密所促进的改善给委托人的法律建议的价值，要高于保密所抑制的防止给他人造成不正义的价值呢？律师职业的回答是，从长远来看它促进了正义。

一种观点是，保密有助于阻却委托人错误的**未来行为**。通过声明不向外界进行披露，律师放弃了某些阻却影响，但是她仍然可以自由说服委托人不要从事不法行为。没有披露的威胁，她将更不容易成功，但是保密保证将给她更多的机会，因为这将诱使委托人披露反社会的计划，如果他们担心披露的话，他们就不会向律师进行透露。律师界显然认为较低的成功率将会为更高的案件量所弥补。③ 它的立场表明，在总体上，近乎绝对的规则将阻却更多的不正义。

保密促进长远正义的第二条路径涉及过去的行为。其联系是，如果没有保密，委托人可能就不会披露其可能拥有的与**合法主张**有关的信息。④ 告诉律师这样的信息符合其利益，但是由于她并不精通法律，她可能误解其利益，不披露有用的信息，从而因未能提出其主张而蒙受不正义。对于这样的观点总是有进行回应的原始诱惑，就像 Jeremy Bentham 所回应的那样，认为这种不正义是委托人的不诚实应付出的代价。⑤ 但是我们并不能保证该代价与该不当行为相适，对于某些委托人——例如刑事被告人——而言，风险会很高。

在评价这些观点时，人们应该清楚的是，对近乎绝对的保密规则进行评估的对比选项是什么。对这样一个规则进行辩护的人有的时候好像是在说，相关的选项是没有任何保密措施的制度。但是这远远不是最站得住脚的选项。更好的选项应当是《代理法重述》中的规定。《代理法重述》说，代理人不得披露从被代理人那里获得的秘密信息，"除非出于其他更高的利益"⑥。起草者建议将这一规则

---

② 某些优势观点支持者认为，刑事被告的伪证是一种特殊情况，对此律师的参与是有正当理由的。例如，参见 Monroe Freedman, *Understanding Legal Ethics* 132–141 (1990)。

③ 参见 Model Rules, Comments, paragraphs 3, 9。起草者对律师的说服能力表达了令人震惊的信心："根据经验，律师们知道，几乎所有的委托人都采纳了他们的建议，并且法律得到了维护。"(paragraph 3)

④ 参见 Ronald J. Allen, Mark F. Grady, Daniel D. Polsby, and Michael Yashko, "A Positive Theory of the Attorney-Client Privilege and the Work Product Doctrine," 19 *Journal of the Legal studies* 359, 363–383 (1990)。这些作者提出，就"附条件请求权"——这种请求中，某些优势或者减轻情节要以承认请求人的某个行为为条件，而请求人的该行为本可能是错误的——而言，委托人就披露什么样的信息作出错误决定的可能性特别大。例如，正当防卫答辩实际上在认定被告可能以非法的方式使用了暴力，共同过失答辩是在承认答辩人自己存在过失。

⑤ Jeremy Bentham, *Rational of Judicial Evidence* (1827).

⑥ *Restatement of Agency* 2d, section 395, Comment, paragraph f.

作为职业和商业关系的推定性标准。运用了背景性观点辞藻的类似选项是，"律师应当对委托人的信息予以保密，除非披露为避免重大不正义所必需"[7]。

我的观点是，代理规则和"重大不正义"规则都优于律师协会的现行规则。支持前者的最重要的观点，是我在第5章和第6章就法律职业道德的背景性方法提出的一般主张，即它将使律师对不正义的参与最小化。此刻，我建议讨论一下对支持律师协会规则的主要主张进行怀疑的某些理由，即关于未来行为和合法主张的问题。

尽管我们现在不赞成对人不对事的观点，但是律师协会关于保密的主张的不真诚指征太过明显，以至于不能不加以考虑。律师协会总是轻描淡写、满不在乎、教条武断地为保密进行辩护。其观点很少以系统的方式表达（它们的批评者通常也是这样）。这些观点依赖于关于行为趋向的假设，但是律师协会从没有提出任何证据来支持它们，也从没有表现出对此进行调查的兴趣。尽管美国律师协会资助了一个优秀的研究机构——美国律师协会基金会，年度资助金额高达几百万美元，该机构从没有为律师协会最重要的规范宣言的事实前提做任何工作。

在《示范规则》中，为保密规则提供的理论基础与其内容不一致，这一点很荒谬。起草者的注释以"未来行为"观点作为该规则的基础。与此同时，该规则唯一关涉公共的例外类别包括的是最具伤害性的未来行为，即可能造成死亡或者严重身体伤害的未来行为。如果起草者真的相信保密能够阻却犯罪，他们会不会对于最严重的犯罪撤回保密要求，而对于相对轻微的犯罪则保持原封不动呢？与使用假支票或者乱扔杂物相比，律师协会是不是对阻却谋杀和伤害行为更不感兴趣呢？

未来犯罪的理论基础也与《示范规则》对待组织性委托人的做法——这适用于大宗商业业务——不一致。[8] 根据该规则，当组织性委托人的代理人——比如说公司经理——告诉组织的律师说，正在进行的或者预谋的犯罪有可能损害该组织，律师可以告诉该组织的高级管理人或者董事会。如果未来行为的逻辑是正确的，这并不有利于组织的利益，因为这意味着被披露和阻却的有害犯罪会更少。将身体伤害和组织犯罪排除在外的最可能的原因是，律师认为进行身体伤害的行为和对其委托人造成伤害的行为特别严重。但是将保密问题削减至最糟糕的行为，意味着这样的认识，即保密阻碍而不是促进了对犯罪的阻却。[9]

对未来行为理论根据的第二个异议在我们考虑下列情况时就会发生：在其他

---

[7] Harry Subin 建议就"防止严重伤害"所需要的信息规定一个例外。"The Lawyer As Superego：Disclosure of Client Confidences to Prevent Serious Harm," 70 *Iowa Law Review*，1091，1172-81 (1985).

[8] *Model Rules* 1. 13.

[9] 这里有三个例子，能进一步说明在其保密标准问题上，律师协会的焦虑和伪善：

(1)《示范守则》在最初制定的时候，包含一个规则，要求律师在发现委托人在律师正在代理地的事务中进行了欺诈的情况下，进行纠正该欺诈所必需的披露。*Model Code* DR 7-1-2 (B) (1969). 许多抗议者认为该规则违反了保密要求，美国律师协会对此默认。然而，起草者不是明确地拒绝该职责或者直接删除它，而是保留了原先的语言，但是以"信息是受特免权保护的交流情况下除外"对之进行了限定。美国律师协会职业道德和职业责任委员会此后解释"受特免权保护的交流"不仅包括根据证据法受特免权保护的信息，还包括"在职业关系过程中获得的……对之进行披露将会有损于委托人的任何信息"。ABA Formal Opinion 341 (Sept. 30, 1975). 如果这样解释，相关的信息实际上总是要受到特免权保护的，纠正职责毫无意义。尽管这种措辞作为一种令人尴尬的迂回常常受到批评，但实际上同样的方法——在一个声明中宣称了一种职责，接着在另一个声明中宣布该职责无效——在《示范规则》中也被采用了；参见4.1 (b)。

(2) 在起草《律师法重述》的过程中，美国法律协会会员辩论和批准了一个与这些道德守则相似的保密规则。根据通常的《重述》模式，起草者在规则之后附上了一系列范例，包括一个类似于无辜的罪犯案这样的案例。对该案例的讨论结束于这样的结论，这一结论显然得到了规则条款的支持：该规则禁止进行披露，尽管给罪犯造成了不正义。在听取了辩

令人瞩目的情况下，公共机构在权衡职业保密措施的阻却价值与职业披露职责的价值时得出的结论是，披露职责能够提供更大的阻却效果。我已经提到，《重述》中的代理规则规定，在面对"更高的"第三方利益时，保密要撤回。另一个重要的例子是，最近全套法律一齐上阵，要求教师、社会工作者、临床医生等职业人员向公共机构报告关于儿童虐待的证据。⑩如果律师协会的未来行为理论具有任何价值的话，它应当有力地适用于这种情况。如果没有保密，人们将更不愿意将其有害意图倾诉给这些职业人员，这些职业人员说服这些人停止行为的机会也就更少。然而在通过儿童虐待规则时，立法机构看上去已经得出了这样的结论，即这种损失已经为增加的职业披露的阻却效果所超过。

也存在这样一些情况，在这些情况中，像律师协会一样，一些机构在解决问题时支持保密。然而，大多数这样的机构都是职业协会，是在为它们自己的会员推荐或者制定标准。因此，人们怀疑它们对其会员的狭隘利益过度敏感。这些会员与其委托人有着物质和心理上的利害关系，他们常常把对非委托人的责任视为没有报偿的负担。相反，无论其缺陷如何，立法机构对保密或者职业人员的利益没有任何可比较的偏见。因此，它们关于阻却问题的决断可能更为可信。

第三个异议是，与其文本所示相比，保密规则的有效保护范围更为狭窄，更为怪异。考虑到其发生的有限范围和不可预测性，其会有更多使委托人放心披露的效果的说法是站不住脚的。尽管律师协会的保密规则仅仅有两个明示的狭窄例外（涉及严重人身伤害的未来犯罪，以及保护律师自身的利益），但一些要求进行披露的独立的法律职责所规定的默示例外使得其被扩张得千疮百孔。这些例外是其他机构强加给律师协会的，通常情况下在规则中并没有被提及，但是它们在执业活动中发挥着重要的作用。例如，如果根据合法的传证令，律师被要求披露委托人信息，则他有职责这么做，除非该信息受到证据法规定的律师—委托人特免权的保护。证据特免权的范围要比律师协会保密规则的范围狭窄得多。在各项涵盖内容中，证据特免权并不涵盖委托人为进行犯罪寻求帮助而进行的交流。⑪这里还有一个例子，即立法者已经摒弃了律师协会的教条——保密比披露具有更好的阻却效果。

到目前为止，关于独立披露职责最重要的来源是民事案情先悉制度。自19世纪中叶开始，就存在这样一个稳定的趋势，即赋予民事诉讼当事人在审判前容易获悉对方所知的事实的权利。关键的步骤是1938年《联邦民事诉讼规则》的通过，自此之后，该规则为各州纷纷效仿。根据该制度，"（诉讼）双方当事人可

（接上页）论后，会员投票认为该范例"具有冒犯性"而决定删除它，而没有对该规则进行任何修改！5 *Lawyer's Manual on Professional Conduct* （ABA/BNA）1581–59 （1989）.

（3）尽管《示范规则》1.6为保护第三方利益而规定的保密例外很狭隘地限于最极端的情形，保护律师利益的例外被不加区别地扩展到允许律师对任何"与律师对委托人的代理有关的程序中"提出的主张作出回应。尽管即使是某些事关第三方生与死的利益也不能支持这种披露，但律师的利己利益总是支持这样的披露，不论这样的利益多么小，不论这给委托人造成的威胁多么大。当有关主张是委托人针对律师提起的时候，该例外可能是合理的，因为保密将使得律师无法进行辩护，引诱委托人提出不公平的主张。但是该例外也适用于非委托人针对律师提起的主张，例如，第三方指责律师帮助委托人从事不当行为。律师可以自由披露委托人信息，即使委托人没有不当行为，而这种披露可能伤害她。然而，没有理由这么去想，即与目前的规则相比，如果没有该例外，保密将使得律师对非委托人的主张更加无能为力。

⑩ 参见 Robert Weiberg and Michael Wald, "Confidentiality Laws and State Efforts to Protect Abused or Neglected Children: The Need for Statutory Reform," 18 *Family Law Quarterly* 143 （1984）.

⑪ VII *Wigmore on Evidence*, section 2298 （John McNanghton, ed., 1961）.

以迫使对方吐露他所掌握的任何事实"⑫。1993年的修正扩大了这种趋势,即即使在没有提出要求的情况下,也需要自愿披露各种信息。⑬

在案情先悉程序中代理委托人的律师,对其委托人的回应的准确性负有重大责任。他们不得在明知的情况下作出不真实的陈述,或者传达来自委托人的不真实的陈述。尽管有律师协会的保密规则和律师—委托人证据规则,但这一责任仍然适用。法律就委托人的交流和交流的事实内容进行了区分。保密规则禁止披露交流,但是它们并不影响律师就因为这些交流而得知的事实进行报告的法律职责。因此,如果委托人告诉律师,她在若干证人面前碾过了原告的丈夫,律师不应当复述委托人所告诉他的话,但是如果委托人被问及她是否碾过了被害人,她,或者代其回答的律师,必须如实回答,并且在最近的联邦法律修订中,她们必须主动说出证人的姓名,即使她们没有被问及该事项。⑭

因此,律师协会的保密规则存在默示的例外,即如果律师从委托人那里获得的信息与民事诉讼具有相关性,则经要求必须对此进行披露,甚至可能无须该要求。这并不是说保密标准无关紧要。在诉讼领域之外的许多情况下,它们具有重大的影响。即使在诉讼中,对方有时也无法就不必主动提供的相关信息提出充分的要求,在这种情况下,保密是很重要的。

然而,从通常的律师—委托人会见的角度看,这些应当是不可预测的。大多数的业务工作是在仔细考虑到潜在的民事诉讼时做的,大多数的犯罪行为在民事上也是可以提起控告的。因此,充分知晓相关保密标准的委托人——这也是律师协会的标准所假定的委托人——对于她披露给律师的信息随后可能会具有反效果,通常情况下会认识到模糊但重大的风险。(这种效果有些可以通过改换律师来加以避免,不让新律师知道不利的信息,但是改换律师常常代价昂贵,而且有的时候不可行。⑮)这种风险的大小和发生率都无法预测,律师协会这种残存的保密承诺就是含混和不完整的,因此也不可能让人放心。

还有一点值得注意,律师们还没有宣称——更没有说明——一个世纪以来案情先悉程序的稳定扩张已经严重抑制了委托人对律师的坦诚,尽管这是律师协会保密理论基础应当预测到的。法律职业道德向背景性观点进行转变所要求的披露的增加,要远远小于向现代案情先悉制度转变所发生的披露的增加。然而后者相对来说不存在什么争议。⑯就像刑事帮助中的特免权例外对于保密的未来行为观点特别不利一样,案情先悉中的披露职责似乎对于合法主张观点也特别不利。这一观点所关注的大多数信息将与诉讼主张有关,在诉讼背景下,保密保护遭到了案情先悉制度彻头彻尾的删减。

---

⑫ *Hickman v. Taylor*, 329 U. S. 495, 507 (1947).

⑬ *Federal Rules of Civil Procedure* 26 (a).

⑭ 如果委托人拒绝披露被要求进行披露的信息,律师则无须进行单方披露,但是她必须辞去代理。由于更换律师对于委托人而言常常代价高昂,这一威胁常常诱使委托人服从。

⑮ 此外,最近有人提出,在证券业务中,当委托人更换律师致使第二个律师不能获得信息时,第二个律师有责任向第一个律师提出询问。*FDIC v. O'Melveny & Meyers*, 969 F. 2d 744 (9th Cir. 1992), reversed on other grounds, 512 U. S. 979 (1994).

⑯ 也许这样的主张应当针对1993年的修正,该修正规定对某些信息进行"自动"披露。这些修正是存在争议的,但是它们代表的仅仅是对先前案情先悉范围的些微扩大,而对于先前案情先悉范围是不存在争议的,成本和执行问题除外。

践行正义

对律师协会关于保密的主张的第四个异议，是它们不符合人的心理直觉。先看一下"未来行为"观点所预想的委托人。为什么她没有得到保密保证就不向律师披露其计划呢？也许是她认为她可能需要继续执行，即使她的计划可能是非法的。这样，她显然不是一个具有强烈守法性情的人。〔Frank Easterbrook 法官可能会反对说："即使是诚实的（委托人）也可能担心（律师）会误解情势，不必要地敲响警钟，从而造成损失。"⑰ 就持续的或者未来的行为而言，这一观点并不是那么有力。只有在委托人被告知其行为违法而其坚持该行为的情况下，律师才会敲响警钟。如果委托人善意地怀疑该建议，我们就会期待律师等待，让委托人去获得另一个意见。委托人在没有足够确保的情况下首先来寻求法律建议是令人怀疑的；按照我们所说的守法，在面对其行为非法的建议时却决定继续进行该行为，却可以被称为"诚实"，也是令人怀疑的。〕

与此同时，该观点假定她容易被说服，律师要说什么才能使她信服？律师可以谈谈处罚。如果处罚高于其预期，这一信息一般会阻止委托人。但是如果处罚低于预期，则这可能会出现相反趋势。没有理由认为前者会比后者更常见。因此，处罚建议的净效果是不确定的。律师可以谈谈可能的非正式成本，例如声望和商值的损失。然而，这一信息的效果同样是不确定的。此外，在非正式成本问题上，没有理由认为律师能比委托人更清楚。如果谈及处罚和其他成本并不奏效，则律师只能诉诸职责上的考量。然而，考虑到委托人推定性的非法倾向，则没有理由认为委托人容易被这样的观点说服。

"合法主张"观点呢？要使这一观点起作用，则必须尽可能少地让委托人知道信息，使她不能识别那些会有助于她的信息，但是要就用以界定当事人可安全地告知律师的事项的保密规则对其进行足够告知。这一事态并不是不可思议的。也许关键信息的有用性取决于比保密规则更为复杂的规则。然而，其并非明显正确，随手拈来的经验所支持的两点表明这是错的。

第一个是白领犯罪辩护律师中常见且可能是最主要的会见风格是，向委托人探求律师认为可能有用的信息，而不是要求委托人就事实进行全面的说明。⑱ 显而易见，律师这么做，是为了避免获悉那些限制其提出有所帮助的主张或者辩护的能力的事实。至少对于这些律师及其委托人而言，即使当前的保密保护水平，也不足以保证委托人进行全面披露。（例如，因为它们禁止律师作出明知其为虚假的陈述或者提出明知的伪证。）这种做法在道德上是没有吸引力的，但是说明这一点并不表明律师错过了重要的信息。相反，律师常常看起来能够通过向委托人说明什么会有所帮助，而不是在可能不能提供帮助的问题上施力，来获得相关信息。这对这样的观念提出了挑战，即在诱使委托人披露与"合法主张"有关的事实方面，保密是必要的或者是有效的。

第二个事实是，许多委托人并不理解保密规则，并不相信其律师能够遵守这些规则。⑲ 误解很普遍。大部分人群要么严重高估，要么严重低估保密规则的保护范围。此外，许多委托人，特别是穷人，不信任其律师。考虑到错误的信息和

⑰ *DiLeo v. Ernst & Young*，901 F. 2d 624，629 (7th Cir. 1990)。这段话实际上指的是会计师。

⑱ Kenneth Mann, *Defending White Collar Crime* 104–111 (1985).

⑲ Fred C. Zacharias, "Rethinking Confidentiality," 74 *Iowa Law Review* 351, 377–396 (1989); Jonathan Casper, *American Criminal Justice：The Defendant's Perspective* 105 (1972).

不信任，委托人可能会倾向于不披露信息，**无论关于保密的规则是如何规定的。**

尽管在委托人中这两个事实并非都会同时存在，但对于他们中的大多数来说具备其中之一是很有可能的。如果委托人很老到，并且与律师有着长期关系或者直觉上的融洽，则律师通常能够使其理解有用的信息的类型，而不要求其披露可能造成损害的信息。与之相反，如果委托人不通世故，他就可能误解保密保护，或者不信任律师。在这种情况下，他可能会保留有用的信息，但是这不是由于保密规则的保护范围的缘故。

回想背景性观点所提出的保密标准，即仅在避免"重大不正义"所必需的情况下，才要求律师披露委托人的信息。这远远不是要废除保密规则。然而，一些人担心"重大不正义"这一术语的不确定性，将使委托人感到迷惑，就他们可以放心披露的事项没有安全感。这将严重抑制其坦率性。

作为对现状的比较价值的主张，该异议忽视了现行规则在多大程度上痛苦于那些取决于技术事项的例外。例如，道德职责与证据特免权之间的区别、案情先悉职责的范围和效果、犯罪—欺诈的例外，这些例外是很不容易为外行人所理解的。大多数人都有某些正义感，大多数委托人在律师提到正义时对此会有某些直觉。他们对当前标准的更为技术性的因素有更好的理解，这一点并不明显，即使律师试图向他们解释这些事项。[20]

还需要指出的是，背景性标准下委托人感到困惑和不安全的问题，似乎在其不信任律师或者与律师没有共同价值观的情况下，更容易被察觉到。但是在那样的情况下，律师能够通过诉诸委托人的价值观——这是关于"未来行为"的严格保密观点的主要理由——来说服委托人不要去从事错误的行为的可能性，在实践中似乎是零。尽管采用背景性标准可能会抑制某些披露，但是没有理由认为这种抑制会很广泛，或者任何发生的抑制都会带来律师界所宣称担心的那种成本。

对抗制与诉讼准备

增加律师对非委托人的责任的建议，常常被攻击为与对抗制不相一致。有些时候这种观点是传统主义者的：它对对抗制的证成是，对抗制在历史上是一种根深蒂固的社会忠信，或者说是美国法律特色的主要成分。从我们在本章所要考虑的问题角度看，有些时候这种观点是工具性的：它对对抗制的证成是，对抗制在社会希求的整体结果上，是富有成效的。

在这两个模式中，这些观点常常因为未能说明什么是"对抗制"而受到责难。有的时候，这一术语与法律职业道德的优势观点是重合的，但是就该观点而言，对抗制在美国文化中根深蒂固的说法，则是存在争议的。在美国，对抗制总是与对非委托人的某些职责存在相当大的兼容性。在美国法律传统中，律师总是既是当事人的同党，又是"法院的职员"。在律师角色的这两个方面之间的界限问题上，从来没有过一致意见。在职业文化中，这两个方面总是存在紧张关系。

优势观点在法律职业内部并非从没有受过挑战，似乎直到 19 世纪后期它才

---

[20] Fred Zacharias 在其调查中发现，63 个律师中很少有人向委托人提到对于保密而言有多个例外，只有一个人回忆说提到了一个具体的例外。Zacharias, "Rethinking Confidentiality" 386.

居于优势地位。在 18 世纪后期和 19 世纪早期，最主要的优势观点强调公共责任和复杂的规范判断，这与我在第 6 章所主张的观点相似。David Hoffman 在 1817 年以及 George Sharswood 在 1854 年关于道德戒律的汇编，常常被视为美国法律职业话语的奠基。这些道德戒律，规定了根据一般正义标准进行的背景性判断。例如，Hoffman 写道："在民事案件中，如果我根据证据确信事实不利于我的委托人，如果我的看法与他的看法不一致，他必须为我找到理由，而不能勉为其难。如果一个原则与适当的法律完全不一致，我将其成功地纳入这个国家的法律裁判中的做法，将是奇耻大辱。这将像坏疽一样置我的成功事业于死地。"Sharswood 则坚持说："律师有毫无疑问的权利和职责，来拒绝帮助原告实现其与律师的公正和正确感觉相悖的要求。"[21]

我们把美国和英国的裁判制度——对抗制的典型例子——与欧洲的"纠问制"进行一下比较，来看看前者作为当事人自治原则的主要特点。对抗制将准备和提出案件的主要责任分配给了当事人及其律师，其代价则是在欧陆分配给法官的对这些事项的诸多控制权。[22]

当事人控制必然是当事人性（partisan）的控制。每一方都会受到其自身利益的影响。但是就像 Hoffman 和 Sharswood 所知道的那样，并不能从当事人性的控制这一思想得出这样的结论，即律师将从事任何说起来合法的（arguably legal）行为来促进其委托人的利益。对当事人性总是有界限的，"当事人性"这一思想并没有要求该界限是说起来合法的界限。律师实现委托人利益的方式要有可能有助于促进公正解决的作用，这一要求与 Sharswood 和 Hoffman 以及我在第 6 章所主张的方法具有共同之处，都能与相当广阔范围内的当事人性相兼容。

如果优势观点不是当事人控制原则必然带来的逻辑结果，也许它在功能上是当事人控制原则所必需的。这无论如何是其拥护者的另一个重要的工具性主张。就像上面所讨论的保密观点一样，这个观点关注的是自愿向第三方提供信息的职责所带来的信息和动机效果。如果说以前的观点所涉及的是委托人向律师进行披露的动机，这些所涉及的就是律师进行准备的动机问题。

主要的观点是，如果当事人必须将信息提供给对方，则该信息对于她而言价值更少。因此，如果她负有这样的义务，则她会更少地发现该信息。当然，当事人总是愿意公开对其案件有助的信息，但是她将希望按照她自己所选择的时间和方式来这么做。披露要求削弱了其使这种信息的策略效果最大化的能力，例如，这给了对方当事人在审判前策划质疑其可信性或者发现矛盾信息的机会。人们是没有动机来披露对其主张有害的信息的。然而，她常常并不知道调查是不是会找到有益或者有害的信息。因此，如果她不得不提交相关信息，她的准备将带来使对方很容易获得对她有害信息的危险，这种危险将抑制其进行调查活动。

有的时候，反对披露职责的说法是以一种伦理观的形式出现的："强迫律师为对方律师做事"或者"是在办对方的案件"。然而，这种说法是推论性的

㉑ David Hoffman, *A Course of Legal Study* 755 (2d ed. 1836); George Sharswood, *An essay on Professional Ethics* 39 (2d ed. 1860).

㉒ 参见 Mirjan Damaska, *The Facts of Justice and State Authority* (1986)。

(conclusory)；准确地说，有关问题是应当如何界定律师的工作。㉓ 真正令人关切的是调查将会更少。这种观点认为，这很糟糕，因为更多的调查将产生更好的结果。此外，更高的结果质量既有益于社会，也有益于当事人。法律标准的社会秩序功能取决于人们相信这些标准将根据其条款内容来加以执行。不执行或者错误执行将导致不安定和无法状态。

尽管人们广泛持该观点，但该观点存在显而易见的问题。首先，扣压信息常常会被对方当事人所独立发现，双重费用会带来在强制披露制度下本可以避免的成本。其次，考虑到因为改善了的动机而获得的额外信息被压制（因为不利）的程度，它们对于程序质量没有什么贡献。

因此，优势观点的支持者必须主张，当事人不能从对方当事人的调查中获益这一事实，将导致第一个当事人进行更多的调查，由此产生的额外信息的价值将超过双重活动所带来的成本，仅会导向扣压的信息的额外活动的成本，以及在一个强制披露制度下会被发现和提交的扣压的信息的损失。当然，这一立场取决于律师协会很少说明、更少研究的事实假定，在任何情况下，对此进行肯定或者否定可能都不是那么容易。

同样，这一主张也与案情先悉制度存在紧张关系。这一制度事实上强制要求披露该观点认为应当保密的许多信息。保留保密措施所带来的动机效果过于杂乱无章、推测性十足，在鼓励调查方面不能发挥重要作用。同样，我们有律师协会之外的其他机构制定的规则，这些规则似乎完全反对律师协会所持观点的前提。

就像我们前面所指出的那样，《联邦民事诉讼规则》这一杰出模式规定对大量信息进行披露，无论这是当事人自行启动的，还是对方当事人要求进行的。某些这样的信息，例如关于委托人保险状态的事实，将不需要进行调查即可获得，因此披露不会影响律师协会理论中所讲的动机。但是某些这样的信息，例如相关事件的证人的身份，将取决于调查。《联邦民事诉讼规则》确实认可了一个"工作成果"特免权，使得律师所准备的某些材料免于案情先悉。但是这一豁免是很狭窄的：它仅仅适用于文件。通过调查发现的相关事实必须进行披露，无论其是否包含在需要豁免的文件之中。此外，即使是关于文件的豁免，也可以通过表明寻求案情先悉的当事人"通过其他方式时，未经过度努力则不能获得有关材料的实质相当物"来加以取消。

如果动机主张是正确的，则这一规则就没有什么意义。当事人确实担心，她将**不能够**获得对方所能获得的信息，而这种担心被认为能够促使她亲行调查。如果当事人总是能够从对方获得她不能轻易从他处获得的信息，则动机观点所预测的惰性问题就会出现。（如果有关信息**从来没有**为提出要求的当事人所知悉过，则动机问题就不会发生作用，这与律师协会允许案情先悉的观点是一致的。但是不能知悉的规定适用于**现在**不能知悉信息的情况，不论以前是否能够知悉这些信息。㉔ 因

㉓　尽管必须披露不利证据的当事人会发生进行证据展示的成本，而不会从中得到好处，但这种情况并不支持一个公平性异议。毕竟，进行披露的当事人不是出于自身利益来进行披露的，并且是单方进行的，她最好是也能从对方的行为中受益。此外，如果人们关注补偿问题，我们可以对披露职责补充一个职责，即接受这些证据的一方有责任分担获悉这些信息所发生的成本，这也是《联邦民事诉讼规则》的案情先悉条款所规定的。

㉔　See the cases cited at Charles Alan Wright and Arthur Miller, VI *Federal Practice and Procedure*, section 2025，notes 27 and 28.

45

此，这与动机观点并不一致。）

许多人，包括大多数外行人，当然会发现这样的思想很荒谬，即大量减少诉讼准备将会导致效率低下。美国司法制度是人类已知的最为昂贵的大型争端解决制度。由于实际审判的案件并不多，大多数这样的耗费体现在准备活动中，许多这样的准备活动涉及根据律师协会的解释是对抗制标准希望增加的准备活动。研究这个问题的人，没有谁会认为德国这样的律师平均准备时间要少得多的国家的司法质量（至少是在私法案件中）会低于美国的司法质量。㉕

我们从这种随意的经验主义转向社会理论，会发现对这样的思想——私人动机倾向于鼓励社会进行毫无效率的过度准备——的进一步支持。**即使我们作出了这样的崇高假定，即律师协会关于对抗制标准将在相关信息方面取得净利的说法是正确的**，也会是这样。

产生这种趋势的一个原因，是诉讼涉及类似于军备竞赛或者"囚徒困境"所涉及的协作问题，即每一方在预测到对方的进犯行为后，都感到要被迫单方采取进犯行为。这样，当事人就会做他们本不期望的事情，以促进其主张。这仅仅是为了制衡对方当事人类似的预期动作。雇佣专家来就某个勉强需要专家证言的微小问题作证的行为，如果单独来看，则似乎是在浪费金钱，但是如果每一方当事人都认为如果他不做的话对方会这么做，从而获得一个比较优势，则每一方都会感到被迫要这么做。对一个有能力、诚实的证人进行进攻性的交叉询问，会为额外的证人准备所中和。如果没有进攻性的交叉询问或者防御性的准备活动，每一方都会好起来。但是提供证人的一方预测到了交叉询问，则必须进行额外的准备。如果每一方当事人预测到其证人会受到进攻性的交叉询问，则他们将感到要被迫对对方的证人进行进攻性的交叉询问。因此，诉讼是强调限制进犯行为而提高潜在效率的经济学理论的一个典型情况。强制披露并禁止干扰行为的规则，似乎与这一分析的含义是一致的。

在诉讼准备方面的私人价值和社会价值之间产生分歧的第二个原因，是这两个价值取决于不同的因素。㉖从工具主义的观点来看，一个结果的社会价值取决于其在促进守法或者减少法的不确定性方面的贡献。另一方面，私人价值主要取决于案件的可能赔偿额。潜在的赔偿与促进守法或者澄清法律的贡献之间，没有很强的关联性。对促进守法的贡献来自在具体案件中进行处罚的可信性，从而形成了在涉及类似行为的未来案件中进行处罚的国家威胁。对澄清法律的贡献，来自这样的事实，即法院宣布特定案件中的行为合法或者非法，为未来的预期类似行为提供了指引。然而，许多大额赔偿案件涉及的都是不同寻常的行为。由于在未来不会有那么多类似的情况发生（实际的或者是预期的），在这样的案件中促进守法和澄清法律的效果必然是有限的。在刚才说的这种案件中，甚至存在这样的趋势，即准备耗费会特别高，这是因为有着不同寻常的事实的案件在案件是非曲直问题上更可能"旗鼓相当"，"旗鼓相当"的案件将特别可能诱发大额的诉讼准备耗费。此外，根据定义，在"旗鼓相当"的案件中，事实、法律或者二者都必须存在疑义。如果对案件是非曲直没有决议，则该案件就会在促进守法或者澄

㉕ 参见 John Langbein, "The German Advantages in Civil Procedure," 52 *University of Chicago Law Review* 823 (1985)。

㉖ 参见 Gordon Tullock, *Trials on Trial: The Pure Theory of Legal Procedure* 154-158 (1980)。

清法律方面没有什么贡献。然而在大多数案件，即使是涉及精心准备的案件中，也并不是根据是非曲直解决的。它们是调解解决的，事实和法律上的含混性在很大程度上原封未动。

因此，在高风险、"旗鼓相当"的案件中，因精心准备而获得的潜在的社会利益是有限的。另一方面，当事人产生耗费的私人动机是很强大的。诉讼当事人在衡量额外准备的价值时，要用可能取得的赔偿乘以其增加的预期胜利的概率。索赔额越大，诱发成本所需的概率就越低。在高风险案件中，在诱发社会性的无效率耗费方面，该计算具有有力的趋势。通过遏制这种趋势，强制进行披露并限制进犯性行为的规则具有提高效率的能力。

■ 对委托人的认同与认知失调

支持优势观点的另一个突出的理论根据是，对非委托人的责任对律师代理委托人进行有效分析和诉辩的能力会产生影响。这一观点建立在心理学家所称的认知失调理论基础上，即先入之见往往通过掩盖不一致的数据来证实自身。它开始于这样的主张，即在经过每一方当事人尽可能有效地提出有利于其主张的观点的程序后，法官再作出决定，这样的裁判是最可靠的。这是对抗制的核心观点。

认知失调观点接着认为，律师在办理案件时，因对其委托人主张的强有力的心理忠信，对该程序作出最大的贡献。对非委托人或者公共理想的责任，将干扰这样的忠信。它们将要求她在程序一开始，就对委托人主张的最终是非曲直怀抱假设。这可能使她对她本来应该察觉到的对其委托人有利的因素视而不见。[27]

这一主张，即使是从其自己的措辞来看，也只能对优势观点提供有限的支持。它支持律师持有支持其委托人主张的有力的认知偏见，但是在律师尽管存在偏见，仍然得出他们不应该获胜的情况下，它并不确保律师奋力追求委托人说起来合法（arguably legal）的法律主张。此外，这一观点似乎在两个方面存在错误。

首先，这一理论的拥趸不能说明的是，为什么由甘愿心存偏见的同党人员所严重控制的程序是能够产生好的决策的最佳程序。显然，他们认为对方的偏见将彼此中和，而不仅仅是带来混淆。但是这是令人怀疑的。在其他领域，例如，商业和科学领域，在相互竞逐的各种立场中，准确的决策是很重要的，决策者很少采用由心存偏见的诉辩者进行对抗的模式。最常见的程序是让参与者用开放的心态和善意来解决问题，而不是告诉他们要绝对地忠于某个立场，并充分利用它。[28]

㉗　Lon L. Fuller, "The Adversary System," in *Talks on American Law* 35, 43 - 45 (Harold Berman, ed., 1972). Fuller 是美国律师协会《示范守则》的起草者之一，其观点的凝练见 EC 7-19。

㉘　John Thibaut 和 Laurens Walker 将这一实验研究的结果总结后，认为这支持了认知失调理论；参见*Procedural Justice* 49-52 (1975)。他们的结果表明，当决策者具有认知偏见时，与所有的证据都是由同一个人举出的相比，如果竞争性的证据是由不同的（对方的）"诉辩者"提出的，其决策更不可能走向偏见。

关于提证顺序影响的研究结果与最具有影响的认知失调理论——即 Lon Fuller 的理论——是相互矛盾的。该认知失调理论认为最先提出的证据最具有影响力。该研究宣称最后出示的证据最具有影响力。它在就此进行解释时宣称决策者认为早期的证据是临时性的，要避免仓促形成结论，这恰恰是 Fuller 所坚持认为他们将不能做到的（参见 61-65）。

无论如何，竞争性诉辩对决策者偏见影响的结论即使被接受了，也与各种关于法律职业道德的观点的相对价值无关，因为所有这些观点都在提证中为斗志昂扬的诉辩者设定了一个角色（就像各种"纠问制"中的大多数所做的那样）。从法律职业道德的角度看，关键的问题是，与由对澄清法律上的是非曲直承担更大职责的诉辩者提出证据相比，由存在认知偏见的诉辩者提出证据是否会产生更好的决策。该研究并没有说明这个问题。

其次，该理论并没有准确地描述当事人性的诉辩者的方法论。它忽视了有效的诉辩不仅取决于要对委托人的立场有同情性理解，还取决于律师对其试图说服者的立场也要有同情性理解。如果不理解决策者的观点，诉辩者将无从确定哪些事实或者观点是有效的。

成功的诉辩者的建议常常会颠覆认知失调理论。在一篇经典文章中，John W. Davis 宣称诉辩"最重要的规则"，是"（在设想中）与法院换位思考"[29]。Robert Keeton 关于诉讼实践的教科书警告说，对委托人的认同可能会使律师对那些在法官看来很重要的冲突因素视而不见，使得她在审判时对这些因素猝不及防。[30] 新律师常常本能地采用认知失谐理论，这有的时候会带来灾难性的后果。他们会发现他们过于专注于准备自己的案件，以至于未能彻底思考，因而对对方律师的观点无力回应。

绝对性标准的效率

与背景性标准相比，绝对性标准——就像近乎绝对的保密保证和优势观点"说起来合法"的一般性标准那样——要求在缩小了的事实因素的基础上进行更为简单的判断。一些人认为这些特点使得绝对性标准更具效率。

我们看看 Stephen Bundy 和 Einer Elhauge 针对背景性法律职业道德标准的不具效率性所提出的三个指摘：

● 背景性标准成本更高，因为它们"使得……更广泛的信息具有了潜在的相关性"，因而要求进行"更为广泛的调查"[31]。

即使背景性标准需要进行更多的调查，这也不必然意味着不具效率。更多的调查可能会更好地改善决策质量，这将抵消额外的成本。[32]

然而，事实上，背景性标准并不必然带来更多的调查活动。确实，在背景性标准下，更多的事实具有了"潜在的"相关性。但是并不要求对所有的相关事实都进行调查，如果这么做不具效率的话。背景性标准倾向于要求决策者对**其所拥有的**信息进行更广泛的运用。这并不必然意味她应当进行什么样的调查。如果认为优势观点制度下的调查活动是最优的，则我们可以制定一个背景性标准，仅要求律师考虑她在追求委托人利益时所获得的信息。

㉙　John W. Davis，"The Argument of an Appeal，" 26 *ABA Journal* 895，896（1940）.

㉚　Robert Keeton，*Trial Tactics and Methods* 6—8（1973）.

㉛　Stephen McG. Bundy and Einer Elhauge，"Knowledge about Legal Sanctions，" 92 *Michigan Law Review* 261，313（1993）.

㉜　需要注意的是，在背景性方法下变得具有相关性的信息，更不可能涉及上文指出的与优势方法下的诉讼准备相关的低效益。那些低效益涉及的是"对抗性"的信息——支持提出一方自己的主张的信息。就像我们看到的那样，对这种信息的竞争性探求可能是低效益的，因为其中的许多仅仅具有"战略"价值——也就是说，其价值在于制约对方行动，而与促进案件是非曲直的裁判无关；因为从这些主张中所获得的预期私人回报可能会超过其裁判的社会价值——也就是说，它们对守法和澄清法律的贡献。相反，在背景性观点下具有相关性的额外信息支持第三方利益和公共利益。这一信息并不会因为竞争性的"军备竞赛"而蒙受损害，因为背景性观点并没有强加考虑或者开发仅具有战略意义的信息的职责。其社会价值更可能与其私人价值保持一致。此外，由于提出这样的信息不符合当事人的自身利益，他们将没有动机来超出公共利益所设定的标准提出这些信息。

认为提高对非委托人利益的责任，将会要求进行更多的事实调查工作的观点，忽视了律师服务活动的道德环境的关键事实。目前我们所讨论的所有案例，从无辜的罪犯到有过失的铁路公司，都形成了共鸣。这恰恰是因为在主流的绝对性标准下运作的有关律师获得了信息，而优势观点禁止他们以一种能够促进公正解决的方式来采取行动。

● 背景性观点倾向于"朦胧"和"不确定"，在这样一个制度下，律师及其委托人将必须"猜测"如何在具体案件中进行运作。㉝ 确定一个有利于委托人利益的行为是否"说起来合法"，比确定其是否能"促进正义"要容易得多。

说背景性标准下进行的决策会更难预测，这在一定程度上是正确的，但是这种说法夸大其词了。法律充满了诸如合理、善意、行业惯例、通常做法、公共便利和必要性等一般性的标准。当它们与尽管心照不宣但是充分发展的社会理解一致的时候，它们常常具有相当的确定性。在各种商业活动中，你会发现，就买方处理被适当拒收货物的做法是否具有《统一商法典》所规定的"商业上的合理性"问题，大家就各种选项存在一致意见。这种背景性标准得到了心照不宣的社会共享性理解和做法的支持。

此外，就像我们在第 2 章讨论自由意志论者的确定性观点时所指出的那样，这种观点仅仅武断地关注了一种不确定性——一个人自己的律师所做决策的不确定性（或者是那些审查该律师决策的人所做决策的不确定性）。即使背景性标准将增加这种不确定性，它也可能会减少其他不确定性——例如，债务人因利用立法时限抗辩而失信于债权人所带来的不确定性。如果一个标准规定律师将不会自愿披露对委托人有害的信息，则这会增加委托人关于律师忠诚的确定性。说起来是这样，但是这降低了对方当事人关于其实体权利将得以实现的确定性。

● 决策者在根据背景性标准进行决策时，倾向于"得出迥然不同的结论"，作出"经常不准确"的决策。㉞

如果我们把刚才讨论的确定性问题搁置一旁，则很难说明为什么不一致就意味着无效率。如果我们对决策的实体质量一无所知，我们就不能断定一组一致的决策是不是要比一组不一致的决策要好。（不一致的决策要比一致的坏决策要好。）㉟ 如果说背景性决策常常是"不准确"的这一说法能站得住脚的话，这仅仅是意味着与背景性的决策相比，绝对性的决策更少被认为是在误用规制它们的标准。但是决策的效率不是取决于其是否遵守了相关的标准，而是取决于其是否

㉝ Bundy and Elhauge, *Legal Sanctions* 313.

㉞ Ibid. 314，321.

㉟ David Wilkins, "Legal Realism for Lawyers," 104 *Harvard Law Review* 468，511–513（1990）. 该文就背景性标准的相对不确定性进行了类似于 Bundy 和 Elhauge 的批判，认为该观点得到了下列事实的支持：许多律师决策是秘密发生的，因此对之无法进行有效监督。他认为在这些情况下，绝对性的标准更有利于"责任"。Wilkins 在这里谈论的显然不是恶意的律师，因为无人监督的律师如果恶意行为的话，会像违反背景性标准一样容易地违反绝对性标准。然而，如果我们讨论的是善意的律师，只有在 Bundy 和 Elhauge 所说的他们促进了"确定性"和"一致性"的意义上，这些绝对性标准才能促进"责任"：就标准的要求很少存在不一致。但是就像我在文中所主张的那样，这不是重要的标准。

与标准背后的目标相一致。如果《宪法》第二章规定的"总统必须年满 35 岁"这一规则背后的目标，是确保行政部门的成熟性，则根据该规则作出的许多"准确"的决策与该目标并不一致，因为事实上许多不满 35 岁的人也具有足够的成熟性。由于按照绝对性标准作出的更为"准确"（容易）的决策的代价将与其背后的目标更不相适，更为"准确"并不必然意味着效率。

所有这三个反对背景性观点的说法，都很容易与普通法的许多做法相悖。例如，关于事故的普通法，通过说明一个关于合理性的背景性标准，就能在很大程度上毕其功。它并没有繁衍出一系列的绝对性标准来规定每种危险行为可允许的程度。后一方法则以《职业健康与安全法》更为典型。这两种方法的并存，说明了这样一个前提，即二者在某些情况下都是有效率的。你不能先验地说这个方法会比那个方法更有效率。

一般而言，绝对性标准和背景性标准的选择，最重要的是取决于以下因素：首先，一个标准的规定与其目标之间的不一致所带来的成本（高成本则支持背景性标准）；其次，对适用标准的人的判断能力的信心（高信任度则支持背景性标准）。在涉及重大公平问题的事务中，法律文化倾向于认为绝对性规范带来的不一致成本是不可接受的。我们所讨论的这种法律职业道德问题总是涉及重大公平问题。就判断能力而言，Bundy 和 Elhauge 并没有贬低律师进行背景性判断的能力。就像我们马上要详细说明的那样，在讨论法律职业道德这一背景下，很难做到这一点。

Bundy 和 Elhauge 用这样的主张来装饰其效率观点，即背景性标准的成本将不成比例地落在穷困和中产委托人身上。他们指出，增加事实调查要求，以及确保不承担不确定责任的需要，将增加法律服务的成本，这将对不富裕的委托人产生很大影响。此外，一个背景性的制度，通过增加律师的坦诚职责和对非委托人的公平性职责，使得律师更依赖于其委托人的可信性。这反过来则意味着，与那些与律师有着长期关系的委托人（这些人一般是富裕的委托人）相比，那些律师不太熟悉的委托人会带来更大的责任风险。因此，Bundy 和 Elhauge 主张，律师的回应将是拒绝在经济上很窘迫的委托人的案件，并向不富裕的委托人提供过分谨慎的建议。[36]

这一观点在说明以下内容方面是有助益的：如果背景性标准在律师确认委托人陈述方面给律师施加了过高的负担，则一次性的或者短期的委托人（他们一般是不富裕的人）就会受到过度损害。在标准忽视了律师与委托人的关系的范围和长度的情况下，这特别可能发生。同样正确的是，如果背景性观点在界定和执行对第三方的职责问题上强于对委托人的职责，律师将提供过分谨慎的建议。

但是，这些可能性都不取决于背景性标准的固有趋势。二者都取决于这样的假设，即背景性制度将贯彻不当。对于 Bundy 和 Elhauge 而言，这是他们作出的一个奇怪的假设，因为他们的观点——以与实体法的一致程度为测量效率的方法——明确以这样的思想为前提，即实体法律规范为"最优"[37]。一个社会能够设计出满足这一苛刻标准要求的实体法，却会制定出这样拙劣的法律职业道德制

㊱ Bundy and Elhauge, *Legal Sanctions* 316.
㊲ Ibid. 265-266.

度，似乎十分怪异。

　　Bundy 和 Elhauge 还犯下了这样的常见错误，即仅仅以给**委托人**造成的成本为量度来测量背景性职业道德制度所带来的成本。他们对非富裕者的关心仅限于作为法律服务消费者的穷人和中产阶级。但是由于大多数非常规性私人法律服务是提供给商业组织的，似乎存在这样的可能，即律师对普通人的最重要的影响，不是源于**向他们**所提供的法律服务，而是源于向商业组织提供的服务，这些商业组织的行为将会影响作为顾客、雇员、邻居和旁观者的他们。如果背景性标准会增加律师对其委托人欺诈、污染、推销危险产品、打击工会等活动的限制，这些效果对中产阶级和穷人而言裨益颇大。在评估该标准时，必须考虑这种益处。

进行复杂判断的天资

　　与背景性标准相比，由于绝对性标准对苛刻的解释性工作要求更少，出于对受这些规则约束的人或者负责执行它们的人的判断能力的不信任，人们常常倾向于支持规定绝对化的标准。

　　如果人们认为律师在复杂判断问题上是无能的，他们就会就法律职业道德主张工具性的绝对性方法，理由是它们与律师的能力更为匹配。律师作为一个阶层并不愚蠢，他们的受教育程度很高。但是他们可能倾向于字面的或者技术性的规则解释，或者倾向于对其委托人的强烈认同，这压抑了复杂判断。这样的观念可能暗存于人们有时从律师那里听到的要求，即他们的道德义务是规定在黑体字中的，以减少判断的困难性。然而，如果这是事实，律师很少明确表达这一点。因为这在法律职业道德领域之外的意蕴，并不令人感到愉快。

　　就像我们已经指出的那样，关于字面规则解释或者过分认同（overidentification with）委托人的强烈倾向，几乎会像其尊重非委托人利益的能力一样，破坏律师保护委托人的能力。如果对委托人有权力的法官、行政官员和私人当事人故意曲解法律标准，律师则不能帮助委托人预测这些人将作出的判断，或者在他们不善于进行这种解释的时候说服他们。

　　此外，怀疑律师进行复杂判断的能力，将会对自我规制的职业事业提出质疑。优势观点认为对每个律师的规制，是根据**律师集体立法**形成的绝对性标准来进行的。无论其采取的形式如何，立法过程总是涉及复杂的判断。不难想象，在判断问题上，律师集体要胜于个人。但是，对于一群宣称其不善于进行个人判断的人而言，我们却应当信任其集体性的判断，这似乎是令人怀疑的。

结　论

　　影响这些相互利益的各种情况是无穷无尽的，从权宜的平衡中推演出行为规则的任何努力都是徒劳的……没有人曾知道，或者能够知道，特定行为对其自己或者他人的结果是什么。但是每个人可能知道，并且我们中的大多

数人确实知道，什么是正当和不正当的行为。⑧

John Ruskin，Unto This Last

工具性的观点令人沮丧，令人感到筋疲力尽。它们常常开始于概念上的错误——错认或者忽视学理上的相关成本和利益，或者将某些先验的效益归于保密或者绝对性判断。然而，在某些时候，它们至少是心照不宣地认识到，它们的结论取决于社会的关于人们行为方式的非必然性假设。接着它们要依赖于某种推测性的经验主义，编织出可以为现行标准提供理论根据的假设（如果它们能够的话），但是这既没有得到证据的支持，也无法进行经验验证。

系统地驳斥这些假设是没有意义的，即使我们有相应的资源，炮制出那样的理论根据并不困难。只要我证明某个假设是错误的，一大群新的观点就会出现，就像野餐时的蚂蚁一样。在本章中，我试图用对应的观点回应优势观点支持者提出的经验推测的每个主要观点。如果说我们的讨论是限制在想象水平上的，则我的这些观点至少是站得住脚的。然而，我不能确信你会发现我的观点会比那些支持者的观点更为站得住脚。即使你认为我的观点更站得住脚，明天这些支持者又会有新的观点。

对 John Ruskin 的说法作出回应，很是诱人。他认为，与对其他规则的群体行为效果的判断相比，人们——对我们来说，就是律师（无论是作为规则制定者还是单个的执业者）——就正义可能有更好的判断。但是这一主张在今天存在广泛的争议。大批最善于表达的当代律师怀疑自己以及其他人就正义作出站得住脚的判断的能力，尽管他们宣称（至少是代表他们自己）对群体行为的经验动力学和功利主义评估有着有力的洞察。

我认为使这些人确信这一点是很重要的工作，即他们低估了关于正义的分权化判断的可能性，高估了技术统治论的社会工程的可能性。但是，这是一个长期的工作。就目前而言，关键问题是，工具性观点不足以对引起法律职业道德论战的最基本的问题作出回应：人们认为优势观点规定的做法常常使律师陷入不正义。

通常情况下，这种堕落并没有出现在工具主义者的成本/收益计算中。如果把这包括在内的话，其力度并不是那么依赖于工具主义论者所倾向的行为推测，而是更依赖于规范直觉。这种力度很大，我将在第5章给出一些理由说明这一点。

还存在这工具主义观点所无法回应的进一步问题。如果这些观点是正确的，则它们就可能为优势观点关于律师角色的思想提供根据。但是，它们并没有减轻关于该角色的广泛的失望和焦灼。如果这些观点是正确的，律师的角色就有点像刽子手——必要但是可鄙。如果死刑真的为公共秩序所必需，刽子手的工作就具有正当性。但是即使是深思熟虑的人也仍会对该工作感到某些耻辱，他们不会希望其执行者对其工作感到满足。（在这方面，军队的行刑队执行死刑的通常做法很有意思。其中一支枪是空膛，但是行刑队的人不知道是哪一支，因而行刑队的每个人都会抱有这样的可能性，即他的枪可能不会造成任何伤害。假设在你认为自己没有什么影响的时候工作会变得容易执行，这种做法本身就承认了其可鄙

---

⑧ Pp. 117-118 (Everyman ed. 1968) [1862].

性，即使这从社会角度讲是有价值的。）

如果你不能驳斥工具主义论者的观点，你至少能够指摘他们在伦理上的轻率，即他们随意将职业主义最深刻的追求，牺牲给了安逸逍遥的经验主义者的技术统治性空想。

4

律师应当守法吗？

优势观点在否认非法律标准的权威性的同时，坚持服从法律标准。"热忱诉辩"止于"法律的界限"。总的来看，优势观点的批评者并没有挑战服从法律这一绝对性职责。通常情况下，他们想增加更多的与公共有关的职责，但是，他们在这一点上与优势观点是一致的。

律师应当服从法律，这一思想似乎是天经地义，以至于在法律职业内很少有人对此进行思考。然而，事实上，一旦你开始对此进行思考，服从法律的绝对性职责这一观点就遇到了许多难题。总的来看，这些难题能够揭示法律职业道德的含义。

基本难题是这样的：服从法律的职责是否言之成理，取决于我们如何界定法律。① 如果我们从狭隘的实证主义角度来界定法律，对于为什么人们仅仅因为某个标准是"法律"就应当遵守该标准，我们就不能提供言之成理的理由。为了具体化这样的思想，即法律必然要求尊重和义务，我们必须诉诸更广泛的、更为实质的法律概念。然而，这些更为广泛的法律概念与优势观点的法律义务思想的狭隘性和绝对性都是相悖的。我们在第 2 章看到，这些更为广泛的思想常常要求诉辩活动消除优势观点所设定的局限性。现在我们讨论一下它们在某些时候可能会支持律师超越它们的问题。

优势观点中律师的义务

离婚伪证案件。 假设我们所在的司法辖区有一个老掉牙的离婚法律，规定离婚的条件是要证明一些具体的理由，例如通奸和虐待。一对无子女的夫妇已经就离婚达成协议，就其财产分割事项作出了合理安排。律师认为准备进行的离婚和财产安排符合夫妻双方的利益。然而，他们不能诚实地证明该法律所要求的任何理由。

我们进一步假设——这在过去有着这种立法的某些司法辖区也是实实在在的——律师通过授意并提出诸如关于通奸的伪证方式帮助该夫妇离了婚，这实际上可能对委托人与律师而言都没有什么风险。② 风险很小，是因为法官即使意识到了这种做法，也会消极地接受所有的证言，公诉人和警察也没有投入资源来揭发这些做法。（也许当局在遇到明目张胆的案件时，才会启动对某些这种做法的指控，即使这样也还是不明确的。在任何情况下，只有最粗心的或者最不走运的律师才会制造这种明目张胆的案件。）

优势观点禁止律师这样帮助委托人，不论律师多么强烈地认为该夫妇有权离婚。这种观点认为，如果律师认为离婚立法是不公正的，她应当促使立法机构来改变立法。但是它谴责教唆和提出伪证的行为，认为这逾越了"法律的界限"③。然而，在律师更为间接地鼓励或者促进不法行为方面，优势观点并不是很清楚。

---

① Philip Soper, *A Theory of Law* (1984). 作者坚持在定义和义务之间存在不可分割的联系。

② 参见 Walter Gellhorn, *Children and Families in the Courts of New York City* 288-290 (1954)。

③ 参见 *ABA Model Code* EC 5-1（律师……不得从事违法行为）。*ABA Model Rules*, Preamble（律师的行为应当遵循法律的要求……）。我最终将指出，因为"法律"和"非法"等术语都很模糊，所以不需要用这些告诫来谴责离婚伪证案件中准备进行的行为。但是，它们总是被用来这么做。

某些法律建议——例如关于立法明示条款的信息——显然既是委托人的权利，也是律师的核心功能。其他形式的建议——例如在哪里躲避警察，如何制造炸弹——显然说明其不当参与了不法行为。

然而，至少有一种委托人常常寻求的建议更难被分类，即关于官吏们执法做法的建议。假如我告诉税务委托人：尽管他采取了进攻性的立场，也不可能躲过稽查。但是，事实上，像他这样的阶层，只有不到1％的报表会受到稽查。或者说，假设我知道委托人的费用远远低于其收入的70％，我告诉她国内税务局的做法是对她这样的业务报表不闻不问，除非这些报表表明耗费高于收入的70％。这样的建议可能并非不合法④，但是由于其主要效果是妨害执法，这令人棘手。

然而，优势观点就这种建议是否适当的问题，不得不给出一个清晰的回答。它在将其界定为法律建议、因而是绝对适当的一端与将其界定为帮助非法行为的行为、因而是绝对不适当的另一端之间犹豫着。事实上，这两个回答都站不住脚。对该问题唯一令人满意的回答，需要进行背景性判断。在执法建议这种情况下，大多数律师将承认这一点，因为在这个领域中，忠信于优势观点而进行绝对性的判断，与流行看法和做法是不合拍的。在诸如离婚伪证故事这种直接参与情况下，这种结论可能更难接受，但是在间接情况中，支持进行背景性判断的相同因素在这里也能很好地适用。

■ 实证主义法律概念与实体主义法律概念

我们回忆一下致力于根据标准的"谱系"而不是其内在内容来将法律标准与非法律标准区分开来的实证主义。一个谱系通过规定机构程序的管辖标准，将法律标准与主权机构联系在一起。这种管辖权标准的一个例子就是《美国宪法》第一章第7条的规定，即如果国会两院都以2/3多数推翻了总统对某个法案的否决，则该法案"应当成为法律"。

在法律标准冲突的情况下，实证主义者在解决该问题时依据的管辖权标准，将规定标准溯至源头的机构中谁占上风。如果相互冲突的标准来自同一机构，则实证主义者要适用进一步的管辖权标准，例如后法优于前法，或者特别法优于一般法，以决定谁将优先适用。

实证主义与优势观点对绝对性判断的忠信，有着非常密切的关系。实证主义者的观点有利于绝对性的判断，因为它排除了大量潜在的相关因素（被认为属于伦理的因素），并就实体标准的管辖权规定了严格的优先权。关于法律职业道德的优势观点通过忠信于遵守法律（只有法律），与实证主义的法律观结合在了一起。⑤

---

④ 如果对委托人的调查正在持续中，关于执法做法的建议可能会增加发现过去行为证据的困难性，这可能构成妨害司法行为。关于执法建议问题的精彩讨论，参见 Stephen Pepper, "Counseling at the Limits of the Law: An Exercise in the Jurisprudence and Ethics of Lawyering," 104 *Yale Law Journal* 1545 (1995)。

⑤ 读者可能想知道第2章所描绘的与实证主义局促不安地共存的自由意志论的论题是什么。总的来看，优势观点诉诸自由意志论的思想来证成实证法"界限"内的委托人忠诚。当律师到达这些"界限"后，优势观点认为自由意志论的主题将被实证主题所超越。然而，也存在一些例外，特别是在保密领域。例如，某些律师和律师协会根据自由意志论的观点，敦促不要遵行要求就大额现金付款行为进行报告的制定法。下文讨论了这一情形以及相关情形：Susan Koniak, "The Law Between the Bar and the State," 70 *North Carolina Law Review* 1389 (1992)。

56

但是界定法律的狭隘方法，使得它很难解释为什么法律应当被认为有约束力。实证主义的法哲学家们在这里没有什么帮助。他们的关切点，更多的是分析性的、描述性的，而不是规范性的。他们倾向于想当然地认为人们应当遵守法律，或者从这样的论断出发，即无论出于什么原因，人们都应当认为法律具有约束力。优势观点的实证主义作为一种**伦理实证主义**（Moralistic Positivism），而与法理学的实证主义判然不同。

伦理实证主义就守法的绝对性职责提出了三点主张：首先，守法将促进社会秩序稳定，没有法律我们将陷入无政府状态；其次，守法将促进公平，我们将因他人的守法而受益，反过来我们也应当因为守法使他人受益；最后，守法将促进民主，法律是根据代议制程序和责任制定的，它们有权获得尊重。

在反对人们应当绝对地不遵守法律这样的立场时，这些观点似乎具有说服力，但是很少有人宣称这样的立场。在反对各种选择性不遵守立场——例如我们刚刚讨论的那些——之时，它们则完全没有说服力。问题是，这些观点的每一个都要诉诸一个价值，而这些价值并不能一致地追溯到实证主义者的合法性管辖权标准上。不论实证主义者怎么规定其标准，总是存在特定的情况，在这些情况中，社会秩序、公平或者民主不能因为遵守按照实证主义者的标准得以界定为法律的那些东西而得到伸张。

这种情况的发生频率，取决于实证主义者如何界定其管辖权标准。例如，某些实证主义者是自由主义者，他们坚持对其认定为法律的标准进行狭义的解释。然而其他人则要求对标准的解释要根据其背后的目的或者原则（也许这是根据这样的理论，即主权国家有意这么做，或者默示地将这些价值规定进了法律）来进行。当然，实证主义者的标准越是允许诉诸这些背景性的标准，其解释越不可能与这些标准之间产生紧张。但是，坚持在法律和其他类型的标准之间要进行区分，正是实证主义者之主张。因此，所有的实证主义者有的时候都会发现他们自己处于他们标定为法律的标准和其他标准的紧张情形中。

我们看个例子。几年前 Raoul Berger 根据广泛的历史研究，断定重建国会并不期望宪法第十四修正案禁止种族隔离。⑥ 根据他的标准，国会的期待决定着对修正案的正确解释，因此它并不禁止种族隔离，Brown v. Board of Education 的判决因此是不正确的。Berger 对 Warren 法官作出的关于第十四修正案的判决颇伤脑筋，谴责它们背叛了法治。

Berger 的观点是存在争议的。一些人坚持认为在国会的期待是什么的观点上，他是错的。一些人认为国会的期待并不是关键的标准。他们认为，要么是某些其他的期待，比如那些审批会议的成员的期待，要么是这些期待之外的东西，比如说修正案语言现在的通常含义，是关键的标准。但是 Berger 的观点中最薄弱的部分是这样的假设，如果他关于第十四修正案把什么规定为了法律的观点是正确的，则该法律有权获得任何尊重。为什么我们不应该为 Warren 法庭无视这种不受欢迎的法律而对其表示钦佩，并借其努力来与种族隔离做斗争呢？

从社会秩序、公平和民主角度出发的观点，在这里也似乎没有什么力度。Warren 法庭的裁决可能会带来社会无序，但是无政府状态并没有接踵而来，而

---

⑥ Raoul Berger, *Government by Judiciary：The Transformation of the Fourteenth Amendment* (1977).

Berger 认为在法律上正确的裁决造成了更多的社会无序问题。今天，很少有人认为不利于 Brown 案原告的裁决是对公平的贡献。当时的法律秩序中，负担与利益的平衡并没有公平地倾向于非裔美国人。Warren 法庭说起来非法的裁决无可争议地将天平推向了更大的公平。尽管美国当时在相对意义上是民主的，但是这是高度不完善的民主，Warren 法庭的裁决结果就是要减少这些缺陷。

关于守法的优势观点，要求我们从整体上看待法律制度，要从总体上看它是否适合于某些善，如果回答是，就要绝对地遵守其要求。但是，除非我们有理由认为我们的选择性不遵守会引发某些独立的和不正当的不法状态，我们不能认为这威胁到了法律秩序的希求方面。其他人在遵守法律这一事实，常常是我们应当遵守法律的一个公平理由。但是如果法律本身是不公平的，支持不遵守法律的公平考虑通常将超越那些支持遵守法律的考虑。法律来源于民主政治程序这一事实，是要求遵守法律的一个理由，但是如果在这一特定案件中程序并不是民主的，则这个理由也不能所向无敌。

现在我们看看与实证主义激进对峙的法律思想。我们把这一思想叫做实体主义法律思想，尽管就此存在各种变种和名称。一些人愿意把这叫做"自然法"，这一术语的含义过于怪异，颇具玄学味道，我希望说明的是，这是一个人们所熟悉的主流思想。我们在第 2 章所讨论的自由意志论，就是实体主义学说的一个例子，尽管还有许多更站得住脚的例子，例如功利主义、财富最大化、诸如 John Rawls 提出的社会权利理论、关于私德的新亚里士多德理论、Ronald Dworkin 的融贯论。律师并不是天生的系统伦理哲学家，但是其工作理论包括所有这些来自这些学说的直觉。

实体主义思想反对实证主义的核心前提——法律与非法律要进行严格区分，法律因管辖权标准而卓尔不群。它将具体的法律标准解释为对作为稳定的法律和伦理的一般原则的表达。它承认实证主义奉为圭臬的管辖权规则，但是其看法是不同的。首先，它并不将它们视为独立的或者终极的社会事实，而是对诸如秩序、公平和民主等基本价值的表达，它坚持从这些价值角度对这些规则进行解释。其次，它不承认与规定社会公正秩序的实体原则相比，分配争端解决的权限的管辖权标准更具有根本性。[7]

我们看看 Walker v. Birmingham 案件。[8] 在民权激进主义高涨的南方，Martin Luther King 和南方基督教领袖会议策划在 Birmingham 举行游行，抗议他们认为违宪的种族隔离做法。在该市白人领袖的要求下，州法院发布了禁令，禁止该游行。抗议者们认为该禁令违宪，无视该禁令进行了游行。法院判定游行的组织者构成了藐视法庭罪，并将他们投入监狱。

在最高法院审查下级法院的藐视法庭罪判决时，它判定抗议者关于上述禁令违宪的认识无论正确与否，都无关紧要。法院判定，由于下级法院拥有管辖权，

---

⑦　偶尔有人认为，承认法律和伦理标准之间的任何区别的理论，将要赋予管辖权标准以某些优先权，这仅仅是为了就法律和伦理进行区别。然而，这种观点是错误的。实体主义者能够根据关于两种类型的标准的实体差别的思想，来划分两种类型标准的界限。例如，David Luban 写道，"存在反对伪善、忘恩负义、自怜、吹嘘的道德标准，但是没有这样的法律标准。""Legal Ideals and Moral Obligations: A Comment on Simon," 38 *William and Mary Law Review* 225, 261 (1996). 实证主义者会以下列理由来为该主张进行辩护，即有立法权的机构并没有制定这样的禁止。实体主义者会以下列理由来为该主张进行辩护，即这样的事项最好是留给非正式的社会规制来处理。

⑧　388 U. S. 307 (1967).

而抗议者无视就该禁令诉诸上级法院的程序，对法律的尊重要求维持该处罚。只有根据实证主义者的合法性思想，Walker 案的决定才能站得住脚。按照实体主义思想，"公民的义务是对法律的义务，而不是对任何特定人的关于法律是什么的观点的义务"⑨。在这一观点看来，正式制定的标准只有在实体上合理的情况下才值得尊重，而 Walker 案的禁令，就像最高法院最终承认的那样⑩，并没有这种实体上的合理性。对法律的尊重要求对抗议者平反昭雪。

如果说实证主义将会梦魇般地滑向要遵守管辖权适当但是伦理上邪恶的法律，例如纳粹制定的要求举报犹太人的法律，或者南北战争前的逃奴法，则实体主义将梦魇般地滑向无政府状态。然而，我们应当清楚无政府状态是什么意思。对于实证主义者而言，无政府状态等同于无法状态。但是对于实体主义者（以及大多数的无政府主义者）而言，无政府状态仅仅是可以想象出的最不极权的法律制度。在这样的制度中，每个公民都是法律所要求的普通法法官，这并不是说公民没有权利与义务。相反，她可能要遵行一系列具体的权利与义务。它仅仅是说执法要通过公民的自发行为来进行，用波士顿茶叶党时代流行的话来说，就是要通过"走出家门的人们"的自发行为来进行，这是一个大众执法的典型例子⑪，而不是要通过合法当局来进行。将所有蔑视合法当局的行为视为无法无天或者毫无原则的倾向，是实证主义者的偏见。波士顿茶叶党和 Birmingham 游行这两个例子提醒我们，不守法的行为可以是高度规范性的、高度有组织的。它们还提醒我们，在我们的文化中，实体主义的某些最为激进的表现形式已经获得了合法性地位。

在当代法律文化中，对实体主义更为激进的表现形式的最广泛认可，发生在关于废止活动的讨论中。废止活动是一个最容易与陪审团的即使面对法官已经界定为犯罪的结论性证明，也可无视法官的指示而作出无罪开释的权力联系在一起的术语。在 19 世纪许多州的宪法中，废止活动得以固定和合法化。在过去的岁月里，除了在两个州——印第安纳州和马里兰州，这些规定已经消失，在许多其他州，这一做法已经遭到明确反对。⑫

但是，它也有坚定的辩护者。在陪审团实践中，它继续过着"地下生活"⑬。今天，就像以前那样，在陪审团认为规定的处罚过于严苛，特别是在无被害人犯罪的情况下，废止活动的发生频率颇高。北方在《逃奴法》方面的废止活动历史、南方在审判杀害黑人的白人和民权活动家方面的废止活动历史，提醒我们不要忘了这一做法戏剧般的历史中，既有高尚的一面，也有卑鄙的一面。

废止活动也被用来描述其他两种重要的但是存在更少争议的做法——法官宣告违宪立法无效的权力，以及公诉人拒绝执行将不能服务于公共利益的立法的权

---

⑨　Ronald Dworkin, *Taking Rights Seriously* 214 (1978).

⑩　*Shuttlesworth v. Birmingham*, 394 U.S. 147, 150-151 (1978)（判定颁发 Walker 禁令所依据的制定法违宪）。

⑪　参见 Gordon Wood, *The Creation of the American Republic* 1776-1783 319-328 (1969). 非正式的大众执法常常依据的是习俗性标准。对 17 世纪至 18 世纪英格兰这一现象的研究，参见 E. P. Thompson, *Customs in Common* (1993); Christopher Hill, *Liberty Against the Law* (1997)。

⑫　Indiana Constitution, Art. 1, sec. 19; Maryland Declaration of Rights, Art. 23. See generally Jeffrey Abramson, *We, The Jury* 56-95 (1994).

⑬　Ibid. 65.

力。在适用制定法将产生特别严苛或者反常的结果的情况下，或者在整个制定法——通常是旧法——似乎与时代潮流不协调——例如打击私通的法律——的情况下，公诉人的废止活动被广泛认为是合法的。

这些废止做法从没有被当做一种无法无天的形式而得到辩护，而是被辩护为法律适用的分权化。进行废止的权力并不是要允许适用一个人自己的观点，而是一种对法律之要求进行解释的职责。⑭ 在得以明确规定的情况下，陪审团的废止权在语言上被表达为陪审员"既是事实的法官，也是法律的法官"⑮。废止判决也是司法判决，即解释法律的判决。这里所采用的法律观是实体主义法律观，即广义的法律观，它拒绝赋予管辖权标准以特权，在法律标准和非法律标准之间没有进行严格的区分。

因此，陪审团可以自行解释相关的制定法和判例，可以判定这些制定法违宪，还可以认为制定法和判例与背景性的社会标准不相和谐。例如，在这些制定法和判例过度严苛或者反映了过时的价值时，就可适用这些做法。尽管实证主义者可能认为这些背景性标准是非法律标准，但实体主义者则会持不同意见。从实体主义角度看，这些标准默示地包含在刑法中，这类似于过失标准包含在与各种活动相关联的社会实践的背景性标准中。就陪审团修改法律而言，该权力类似于普通法法官根据新的情况修改相关标准的权力。

对于激进的实体主义者而言，在法律标准和非法律标准之间没有区别。对他而言总是像 Cardozo 大法官在解释一部税法时所说的那样，"生活必须尽其全力来提供答案"⑯。

与实证主义者不同的是，一旦实体主义者界定了法律，她就不需要再就为什么应当遵守它提供进一步的论证。遵守职责多多少少直接来源于该定义。针对特定要求提出的不遵守主张也将是这样的主张，即该命令是对法律的错误解释。实体主义者可能经历了相当多的不同价值之间的冲突，例如支持服从法律的多数民主的价值，与反对执行不公平地损害少数群体的立法的公平价值之间的冲突。但是她认为这些冲突是相互竞逐的法律价值之间的冲突，而不是法律价值与非法律价值之间的冲突。

然而，在法律文化中，明示的合法的废止活动最多不过是占据了一个边缘性的、不自在的地位。坚定的实体主义预示着无政府状态，律师在本性上反感无政府状态。毫无疑问，这在一定程度上是个职业性的自利问题；在无政府状态下，律师没有多少工作可做。但是这还可能反映了这样一种言之成理的认识，即任何事情只要接近全面的无政府状态，就不可能提供高水平的正义或者福祉。

因此，无论是实证主义还是实体主义，就其拒不妥协的、完全的形式而言，二者都是站不住脚的。实证主义似乎与任何意义的法律义务都不兼容。它要么否认标准的意图，要么笨拙地为其辩护，无所不包。实体主义通过将遵守法律的理由直接吸收在其对法律的描述中，因而就遵守法律作出了一个清晰而引人瞩目的

---

⑭ 例如，参见 Leonard White, *The Federalists* 204（1948）："财政部长的监督权力的范围受到了一些海关征收员的质疑，他们宣称其就职宣誓要求他们遵循他们所理解的法律，而不是 Alexander Hamilton 向他们所解释的法律。"

⑮ 参见 Mark Howe, "Justice as Judges of the Criminal Law," 52 *Harvard Law Review* 586（1939）。

⑯ *Welch v. Helvering*, 290 U.S. 111, 115（1933）。

解释，但是它趋向于腐蚀对一个稳定的制度结构的忠信，唤起了无政府状态的威胁。

无所不在的默示废止活动

美国法律文化的主流既包容了实证主义的观点，也包容了实体主义的观点，并在某些领域强调这个或者那个，试图笨拙地将它们与其他观点合成在一起。各个律师的工作哲学因其对这两个观点的相对重视程度不同而有所变化，但是除了法律职业道德领域之外，很少完全支持任何一个。我并不准备在这里调和这两个观点。我所主张的律师职业道德的背景性方法与这两个观点的大多数变种能够兼容，但是更强的实证主义观点除外。然而，就像我们已经看到的那样，优势观点以强版本的实证主义为前提。优势观点关于守法义务的绝对命令（以及它对非法律标准的权威性的否定）的背后，是关于法制的强实证主义。

我准备提供一系列例子，说明主流法律文化中即使是更为激进的实体主义的主题——那些与废止活动联系在一起的主题——也是无所不在的。这些主题常常是隐含的、不被公认的。但是它们在通常的执业活动和理解中反复出现。我的目的并不是要否认实证主义主题的存在或者部分合理性，而仅仅是要指出关于法制的强实证主义作为一般律师职业道德的基础是多么的不足。更具体地说，以下讨论将说明遵守法律的绝对性职责这一思想与更广阔的法律文化是多么的不兼容。

宪法革命

Bruce Ackerman 最近强调，美国宪法制度的主要改变，似乎是以一种违反规制这些改变的法律的方式完成的。[17]

最初的宪法是无视《邦联条例》关于修正应当由国会（而不是制宪会议）发动的规定而制定的。它们是各州一致（而不是 13 个州中的 9 个）接受的。各州是通过其立法机构（而不是通过制宪会议）而行动的。在制宪会议上通过宪法时，几个州的代表超越了他们被赋予的权限。尽管批准联邦宪法必然要对州宪法进行修正，但大多数州的制宪会议无视关于修改其宪法的规定而继续前行。

第十四修正案最初为被击败的南方的 9 个州的立法机构所拒绝，根据第五章之规定，足以使该修正案落空。只是在国会和军队强迫其重构了其政治程序，并以批准该修正案作为其在国会获得未来的代表权为条件后，这些州才接受了修正案。

在新政期间，总统、国会和最高法院通过对基本结构问题的一套新的理解而不是诉诸修正程序，大幅度地重构了宪法。

Ackerman 并不认为他所记录的这么多未能"因循守旧"的做法对这些宪

⑰　Bruce Ackerman, "Constitutional Politics/Constitutional Law," 99 *Yale Law Journal* 453（1989）; Bruce Ackerman and Neal Katyal, "Our Unconventional Founding," 62 *University of Chicago Law Review* 475（1995）.

法修正的合法性提出了挑战。相反，他认为旧有的规则是对民主价值的"大有缺陷"的表达，与遵守旧的规则相比，修正过程中的实际做法维护了这些潜在的价值。[18] 这样的每次修正，都经过了大众的讨论和动员，这样大多数人都表达了对新制度的支持。在激进实体主义的经典传统中，Ackermen 说明了对几乎是最不受约束的实证法解读的背离行为，可以是极具规范性的和有组织的。

以解释行废止

我们在前面指出，法律文化中，在严格、字面性解读和宽泛、目的性解读之间存在基本的紧张关系。为了维护其对将法律标准与非法律标准区别开来的忠信，实证主义不得不支持相对字面性的解读。但是在文化中，十分有必要进行宽泛解读。解读越宽泛，它就越难与废止活动区分开来。

我们看一个例子。宪法第一章第 6 条的"薪酬条款"规定："参议员或众议员不得被任命担任在其任期内增薪的任何文官职务。"1992 年，克林顿总统提名参议员 Lloyd Bentsen 担任财政部长。在 Bentsen 担任参议员期间，财政部长的薪水涨了几次。国会对这一关切的反应是，将财政部长的薪水减低到 Bentsen 任参议员之初时的水平，然后批准了该提名。

有人可能将国会的做法定性为对薪酬条款的宽泛、目的性解读。这也是代理司法部长 Robert Bork 就早先的一个类似任命所说的。他写道："如果一个职位的薪水在参议员或者众议员的任期内涨了以后又减低了，宪法规定的目的就落实了。"[19]（该目的是确保立法者不会在确定行政人员的薪水时一只眼睛还盯着自己的利益，以便他们可能被任命到那个行政职位。）

对 Bork 的观点的异议是，薪酬条款的禁止是明确和绝对的。因此，Michael Paulsen 教授写了一篇文章，强烈谴责说，批准对 Bentsen 的任命，是明目张胆地违反宪法。此外，在政府结构问题上，他举出了其他几个违反宪法规定的例子。在每个这样的例子中，Paulsen 都承认有关规定是"累赘"，其执行不会服务于任何目的。但是，Paulsen 对他认为的这些背叛法治的做法表现出了极大的沮丧。

Paulsen 没有就其所提的这种非难提供任何具体理由。他并没有说社会对这种废止行为的容忍，已经削弱了其在事关重大的情形下执行宪法规定的能力。他仅仅是认为这是没有遵守法律规则的一种不证自明的错误。然而，与此同时，他注意到了一个似乎既使他困惑又使他愤怒的有趣的事实："似乎没有人在乎这些"[20]。就当前的目的而言，我们可以把 Paulsen 倍感挫折的评论作为证据，说明对这种逐渐变成废止活动的宽泛的、目的性的宪法解释存在广泛的容忍性（以及某些积极的支持）。

就制定法的解释也不难找出类似的例子。1982 年 Guido Calabresi 出版了一

---

⑱　Ibid. 478.

⑲　*Hearing on* S. 26733 *Before the Senate Committee on Post Office and Civil Service*，93d Congress，1st Session (1973)，at 11（关于尼克松总统对参议员 William Saxbe 担任司法部长的提名）。

⑳　Michael Paulsen，"Is Lloyd Bentsen Unconstitutional?" 46 *Stanford Law Review* 907，907（1994）.

本书，认为法院应当废止那些尽管合宪，但是在其制定后随着社会变迁已经过时的制定法。[21] Calabresi 宣称，他仅仅是建议法官公开做那些精明的律师知道他们经常作为"托辞"事项所做的以宪法裁判或者对制定法语言的宽泛解释为借口的事。法官不应当就制定法的废止感到羞愧。他说，因为这与法官修改普通法规则没有什么本质区别。就普通法规则而言，废止过时的制定法的判决可以被立法机构制定新的法律而推翻。与普通法规则不同的是，制定法曾得到立法机构多数人的支持这一事实不应当对实践有什么影响。很久以前的立法机构的多数人支持不足以成为现在还在支持的证据。

Ian Ayres 曾根据 Calabresi 的建议重新解释了一系列内部持股公司判例。[22] 这些判例考虑的问题是，分配董事会代表权和管理职责的内部持股公司控制协议是否与制定法关于将管理权和职责赋予选举产生的董事会的规定相冲突。早期的判例有的时候因其与制定法不一致而否决了这种协议。现代判例的显然趋势是执行这种协议。现代律师认为最好是让小型商业的参与者能够就其所希望的控制制度达成协议。那些禁止他们这么做的能力的旧的原则，不过是"累赘"而已。因此，侵蚀这种原则的判例受到了欢迎。

就我所知，Ayres 是第一个从废止活动角度讨论这些判例的人。他认为旧的原则得到制定法语言的强烈支持。另一方面，由于制定法在这样解释的情况下，与当代政策已经脱节，因而它们是按照 Calabresi 的建议进行废止的绝佳对象。此外，Ayres 指出，在州立法程序中存在一个特定的缺陷，使得它并不是小型商业利益的可靠保护者。尽管各个州彼此竞争来吸引公开招股公司以及组建公司带来的收费，但他们持有的是垄断市场，其中小型商业在州外组建公司几乎不可行。因此，他认为就小型商业的利益而言，这种对立法机构的减弱的遵从是适当的。

现在就我们的目的而言，这些主张的有趣之处在于，没有论者曾认为这些判例是一种废止行事情况，直到最有声望的主流法学学者之一就废止非宪法性制定法的合法性提出了充分理由。在这之前，从废止活动的角度对待这些判例会使它们难以站得住脚。然而人们从政策角度支持它们。因此他们将它们视为宽泛的、目的性的解释。

我们常常在不同意见中发现很熟悉的法律比喻，指责那些与其决定持不同意见的人是在改变法律——废止法律——而不是在解释法律。这种指责通常被视为不过是一种对不同意见的结论性的断言。在 Calabresi 之前（现在这仍是少数派观点），非宪法性制定法判决既可以是一种废止也可以是一种**权利**的思想，在温文尔雅的对话中是要被排逐出去的。但是事实上，一旦我们承认了解释的创新性和废止活动的原则性，就常常很难对它们进行区分。尽管对废止活动的指摘仍然会引起人们的注意，但是与其相关的实践在主流文化中已经很稳固。

不经意的废止

许多法律没有得到执行或者执行不充分，是因为人们不遵守它们，并且

---

[21] Guido Calabresi, *A Common Law for the Age of Statutes* (1982).

[22] Ian Ayres, "Judging Close Corporation in the Age of Statutes," 70 *Washington University Law Quarterly* 365 (1992).

官员们不能或者不愿意惩罚这些人。对于某些法律而言，这一事实是个灾难，它反映了行为人社会化的不充分，以及执行的实际困难。然而，就其他法律而言，它似乎在很大程度上是形式的法适应实践的一种模式，为人们所希求。在这些情况下，公民常常违反法律，但是没有任何做错事的含义，他们的行为也得到了官员们的认可。这些官员拒绝惩罚他们，即使他们有能力这么做。有的时候，这种废止采取了一种准 Calabresi 式的形式，即无视已经脱离主流社会价值的法律。反对通奸以及持有大麻的法律执行不力就是例子。

另一种变种，是为避免无目的的形式化带来的低效率这一愿望所驱动的。在某些领域，谨慎地遵守法律负担颇重，甚至会造成混乱，以至于这种遵守仅仅是作为一种抗议形式出现的。一个大家熟悉的例子就是"合法怠工"——或者是法国人所说的"消极怠工"：工人通过拒绝走事情运转顺畅所必需的捷径，使得企业不得不停止运转。例如，空中交通管制人员和航班驾驶员就能够通过坚持按照字面含义遵守规则，而使空中交通陷于瘫痪。

因为确定法律所带来的成本也会带来另一种类型的不经意的废止。我记得在我小时候的 20 世纪 50 年代，有一个电视节目叫做"世人真可笑"（People Are Funny），其中一个参赛者所接受的挑战是在本期节目和下一期节目之间不违反法律。在整整一周的时间内，一名探员陪着他，如果他这一周都守法，他将获得一大笔奖金。即使是在这种实验室实验一样的动机驱动下，该参赛者也没能做到这一点。探员看到他违反了联邦法律，而他并没有意识到这一点：在撕毁包装上的印花税票之前禁止打开香烟包装。

一个特别有趣的不经意废止的例子是高速公路限速。在时速 55 英里的限速时代，几乎每个人都会经常违反这一限速规定。许多人认为通常的执法实践允许他们超过限速 10 英里。某些专家认为，在一个更广阔的幅度内，限速对于大多数驾驶员的行为没有什么影响。"多次进行的交通研究证实，85％的驾驶员不顾矗立的限速标识而在以所谓'舒适速度'驾驶。"㉓

从分权化的标准适用意义上看，这是一种无政府状态，但是这不是从混乱意义上讲的。没有迹象表明对 55 英里限速的广泛的废止活动对安全造成了危险。许多专家认为主流的做法是最优的，几个司法辖区已经调整了它们的规则，使其与实践更为一致。

作为在其他方面是最彻底的实体主义的法学理论家的 Ronald Dworkin，反复将"加利福尼亚州的限速是 55 英里"这一命题援引为一个不存在争议的法律判断的轻松例子。㉔ 事实上，只有在我们的目标是描述立法的明示条款的情况下，这才是个轻松的例子。从义务的观点看，这是个很棘手的例子。（或者说如果这是个轻松的例子，则回答与 Dworkin 认为的恰恰相反。作为一个天真的告发者，我会举报说加州人实际上没有人感到有义务遵守时速 55 英里——而不是 56 或者 57 英里——这样的限速。当我们试图在可接受的速度和不可接受的速度之间划清界限的时候，这个案例会很棘手。）

㉓ Brock Yates, "Speed Doesn't Kill, Bad Drivers Do," *New York Times*，July 24, 1995, p. A13.

㉔ 例见 Ronald Dworkin, *Law's Empire* 266 (1986)。我的评论略去了自 Dworkin 的著述后出现的在法理上没有什么意义的事实，即该限速已经升高到每小时 65 英里。

有意的废止

我们已经指出了几个例子，说明了在民权时代原则性地不服从法律的美国光荣传统。某些这样的例子是在公民不服从（civil disobedience）这样的标题下讨论的。废止和公民不服从之间的区别仅在于相关行为的成功程度。废止是指改变或者废除制定法的成功活动；公民不服从是指取得有限成功的活动或者不成功的活动。如果 Walker v. Birmingham 案件的判定有利于抗议者，则游行就是一个废止的例子；考虑到最高法院的判决，这是一种公民不服从行为。

美国民权传统的一个令人瞩目的事实，是它充分沾染了关于法制的实体主义理想。Birmingham 和其他地方不理睬禁令和游行法规的游行者，Montgomery 和在其他地方其行为常常受到州反对贸易共谋的法律所禁止的抵制者，其行为表现为某种形式的侵入行为的静坐示威者，常常并不认为自己在公然藐视已经确立的法律秩序。他们在一定程度上为关于规定在宪法和其他联邦法律中的平等和团结价值的理解所激发。在他们看来，他们不是在违反法律，而仅仅是地方官员和地产所有人无法无天的命令。此外，他们的实体主张在法律秩序范围内得到了很大程度的支持。20 世纪 50、60 年代南方的民权运动就活生生地证明了与激进实体主义相关的无政府状态的无危险的可能性，就像更长的种族主义的私刑和民团恐怖主义的历史证明了其有害可能性一样。

在法律文化中，对公民不服从存在纠结但是强烈的容忍传统。像 Birmingham 游行这样的例子就是得到最强烈支持的例子，在这个例子中最终的裁判庭与被告共享了实体观点。但是对这样的观点也有支持依据，即对于基于善意但是错误地解释了法律的公开不守法行为而言，如果该解释并不是十分离谱，并且该行为没有造成重大的有形损失，则应当受到容忍。其观点是这样的行为是公民参与法律界定活动的具有潜在价值的形式。即使这些行为最终被判定是错误的，在将问题置于公开议程，将其作为一个具体案件而促进富有成果的思考方面，这也是有益的。更为激进的观点则会保护某些错误的、善意的、**私人**不守法行为。这样的行为并没有促进公众思考的意图，但是这涉及一种个人伦理思考，社会可能想对此加以鼓励。[25]

大众文化中的律师替天行道

尽管我们的主要兴趣在于律师的职业内部文化，但这样的文化也受到周围大众文化的影响。因此，大众文化在对待律师的问题上那种压倒一切的实体主义观是值得关注的。当律师按照优势观点所规定的那样行事时，大众文化发现律师很不招人待见，因为他们牺牲了更宽泛的正义观念，迎合了狭隘的实证主义的法制观念。

---

[25] 参见 Dworkin, *Taking Rights* 206–222；Martha Minow, "Breaking the Law: Lawyers and Clients in Struggles for Social Change," 52 *University of Pittsburgh Law Review* 723 (1991)。有一个观点与我的观点接近，该观点认为公民不服从行为的合理性与其说是一种认真负责行为的突出特点的功能，不如说是实证主义所界定的法律的伦理主张的一般弱点的功能。参见 David Luban, "Conscientious Lawyers for Conscientious Lawbreakers," 52 *University of Pittsburgh Law Review* 793 (1991)。

在律师替天行道这一主题中，激进的实体主义特别突出，这在好莱坞对律师的赞同性刻画中屡屡出现。Robert Post 用这样的格言总结了这一主题："为了维护法律，律师必须无法无天。"㉖ 例如，在电影《满城风雨》（The Talk of the Town）（1942）中，Ronald Coleman 扮演了一个哈佛大学的法学教授，该教授已经被提名到最高法院任职。为了挽救一个被陷害纵火并要被处私刑的无辜者，他绑架了他认为是真正的罪犯的那个人，并手持手枪（我们并不知道他是否有持枪证）在私刑暴众面前就尊重法制进行了演讲。

在电影《双虎屠龙》（The Man Who Shot Liberty Valance）（1962）中，James Stewart 扮演了一个初出茅庐的律师，他来到一个偏僻的西部小镇挂牌开业。在小镇为一帮恶徒制造的恐怖所笼罩的情况下，他对这帮恶徒的首领提出了挑战，要与之决斗（这当然是一种犯罪）。他看起来杀死了其对手，这使所有人大为惊愕。小镇选他出任公职，他矛盾地借其是"杀死 Liberty Valance 的人"这一声望开始了出任合众国参议员的生涯。事实上他并没有杀死 Liberty Valance，是 John Wayne 从附近一个隐蔽所在秘密射杀了 Valance。当他告诉 Stewart 真相时，Wayne 的结论是："这是个冷血杀手，但是我能承受得起。"也许根据重罪谋杀规则，Stewart 要和 Wayne 共担罪责，但是 Stewart 认为他也能承受该罪责。

在电影《大审判》（The Verdict）（1982）中，Paul Newman 扮演了一个穷困潦倒的律师，他要在一起意外致死案件中孤身对抗波士顿医疗机构和一群来自某大型公司律师事务所的律师。被告将目击其过失的主要证人转移到了镇外，并威胁说，如果她与原告合作，就毁掉她的生涯。Newman 找不到证人的下落，因为被告否认他们知道她在何处（这可能构成伪证），并威胁说要毁掉任何胆敢与原告合作的人。审判即将开始，但是没有证人，在这种情况下，在电话收费单寄出的那天之后，Newman 侵入了证人最好的朋友的信箱，盗取了她的电话收费单。他查对了收费单上最常打出的镇外电话号码，找到了证人，使案件发生了乾坤大逆转。

在所有这些情况中，律师的刑事犯罪行为都被描写得值得钦佩，对此提出否认性反对者被认为是自以为是、天真的。《大审判》是一部愤世嫉俗的作品，视腐败为无所不在、不可避免。它把关于法律义务的理想刻画为虚伪的、愚蠢的。但是《满城风雨》和《双虎屠龙》则是理想主义的作品，它们坚持法律的复杂性，对法律表现了伟大的尊重。

这两部电影的主题惊人地相似。在一开始，Coleman 和 Stewart 的角色都展现了一种因对世界的经验有限而表现出的刻板。这种刻板都是在东部城市和大学的隐遁环境中塑成的。他们的刻板表现为两种形式，电影把这都视为是类似的。一个是性：他们在女人面前都拙口钝舌。另一个是思想：他们都倾向于进行伦理实证主义所要求的那种绝对性的规范判断。他们对法律的尊崇是虔诚的、天真的。每种刻板都发生了转变。第一个是通过非凡女性（Jean Arthur、Vera Miles）的爱而发生转变。第二个是因为卷入危机而发生转变。在这个危机中，他对更广阔的正义和法治理想的忠信，要求他违反实证法。在每部电影的结尾，英雄在爱和复杂规范判断方面都具备了拥抱时宜的能力。

㉖ Robert Post, "On the Popular Image of the Lawyer: Reflections in a Dark Glass," 75 *California Law Review* 379，382（1987）。Post 的文章提到了《满城风雨》和《双虎屠龙》这两个例子。

对于律师协会关于大众对法律的尊重要求律师严格遵守法律的字眼这一传统教条而言，这些电影形成了鲜明的矛盾。就像《职业责任守则》所规定的："因律师在社会上的地位，即使是其轻微违反法律的行为，也可能贬损公众对法律职业的信心。"[27] 其含义似乎是这样的：虽然律师可能能够更为精深地理解法制，但对于公众而言，我们只能期待他们遵行伦理实证主义。当然，这是律师协会另一个未经调查、更乏证据支持的经验宣称。来自好莱坞的证据表明，律师协会已经落于人后了。大众对法律的尊重可能**要求**律师违反实证法。

此外，这些电影所反映的对法律的理解是一种颇有见地的理解。事实上，这些电影对伦理实证主义提出了批评，这体现在 Coleman 和 Stewart 的最初的形象中。这种批评是心理学性质的，类似于 Jerome Frank 对经典守法主义的批评。[28] Frank 和这些电影都认为绝对性判断倾向是一种情感和思想上的不成熟。在这种情况下，人们否认或者逃避现实世界，是因为他们害怕其复杂性和矛盾性。成熟则意味着要承认这些复杂性和矛盾性，即要放弃绝对性的规范判断，而不是变得愤世嫉俗。

在律师承认废止活动的合法性的罕见场合，他们倾向于表现得很是缺乏自信，关注的仅仅是某种类型，并视之为独具一格。因此，Bruce Ackerman 为宪法革命所进行的辩护、Guido Calabresi 为非宪法性的司法废止行为所进行的辩护、Ronald Dworkin 为公民不服从行为所进行的辩护，都忽视了其他类型的废止行为，处心积虑地宣称其所为之辩护的做法的有限性和例外性。但是当我们将这些做法与稳固地、心照不宣地扎根于主流法律文化的其他形式的废止行为放在一起时，我们能看到它们构成了激进实体主义的一个有力的主题。

■ 关于废止活动的一些澄清

我在这里的目的，与其说是为实体主义进行辩护，不如说是要说明，即使是其采取了比较激进的形式，它仍然弥漫于法律文化的主流中，尽管有些时候很是低调。因为一些人会误读这一学说，使它看起来比其本身更为怪诞，我想在这里澄清几点对它的误解。

一个误解是，对于有的时候支持适用范围过宽或者过窄的规则的有效决策的价值而言，实体主义对此漠不关心。当我到达路口的时候，信号灯变红，在路口也没有其他车辆。我受到诱惑要说的是，要求我停车的法律的目的不会因为我停车而得以实现。但是这种对目的的解释过于狭窄。这里主要的目的是减少事故。尽管我可能认为我闯红灯不会带来事故风险，但是我不是对此进行判断的最佳人选。此外，即使我的判断是敏锐的，看到我闯红灯的警察也没有办法评估我的判断的质量。因此，考虑到所有这些情况，最佳规则可能是一个范围很宽的规则，即要求我停车，即使交叉路口没有其他人。

就本案而言，在判断守法问题时，没有什么能够阻止即使是最激进的实体主义者来考虑支持适用范围过宽的规则的社会价值。约束人们不从事给他人带来风

---

[27]　EC 1–5.

[28]　Jerome Frank，*Law and the Modern Mind*（1930）.

险的可能有害的判断的需要，以及有效执行法律制度的需要，是事故减少中的社会利益的不同方面。

我们反过来看看实体主义的忠信会造成什么差别。我们把故事修改一下，在我到达路口的当时，我正载着一个严重受伤的人向医院冲，我认为任何拖延都可能给他造成严重的风险。我的判断仍然难免出错，这种危机态势使得这种可能性变得更大。但是由于新情况显著增加了不影响相关利益的停车的成本，计算现在变得更简单了。红灯规则可能对这种紧急情况有明确的例外。或者该规则及相关法律可能为蕴涵这样的例外留下了可能。然而，如果它否认了这样的例外，作为一个实体主义者，我会认为这种否认是完全错误的，可能是违宪的或者与相关的法律不谐调。在这么做的时候，我不会否认支持一般规则的社会利益，仅仅是认为挽救生命的社会利益超越了这些社会利益。

与此类似，指责实体主义忽视相对集中化和制度化的法律决策的价值也是不对的。立法和司法决策，与涉及废止活动的大众决策不同，前者可能能够更好地让公众知悉法律，因为它是公开进行的，并采取了制定规则的形式。它可能更民主，因为决策者要受制于政治责任机制。此外，决策可能更为丰富，因为它们经过了评议和辩论。

实体主义者并不忽视任何这样的因素。然而，在考虑这些因素的方式上，她与实证主义者是不同的。首先，她会以开放的心态来考虑立法和司法过程与特定情况下可能不存在的公告、民主、决策质量等价值之间的一般关联性。例如，在紧急态势下的闯红灯这种情况中，与立法的字面规定相比，这种废止行为可能与人们的合理期待和公告价值更为和谐（在相关时刻，通常的行为人不能就此进行磋商）。其次，实体主义者以开放的心态来考虑那些在特定情况下可能会被其他价值所超越的制度价值。

废止活动与改革

偶尔，有人反对废止活动的理由是它减轻了对坏法进行改革的压力。执行坏法给社会带来的痛楚要反馈到立法体系中，以加快改革。废止活动通过减少这种痛楚，减慢了反馈，因而减慢了自我纠正过程。由于废止活动很少是统一而为的，徘徊不去的坏法持续产生着某些坏的效果，自我纠正的活动的迟缓，使得这些效果旷日弥久。

如果这一观点的事实前提是正确的，则没有理由说实体主义者为什么不能在其决策中将其视为一个反对废止活动的理由。但是在统一的或者线性的风格下，这一事实前提是不正确的。有的时候，特别是在变得越来越广泛、越来越明显的情况下，不被执行增加了对法律进行改革的压力，使其与实践一致。原因之一可能是一部明显的不被执行的法律对于政府而言是一种难堪。前述对高速公路限速进行改革的例子就是个例证。

此外，即使废止活动确实减轻了改革的压力，我们也仍然要考虑，仅仅为了给某种广泛的社会利益作出微小的贡献而迫使个人屈从于不合法的命令，对她而言是否公平。在法律强加了一种严重不公平的负担，或者侵犯了重要的自由的情况下，个人的利益应当高于社会利益。

与这两点相关的一个假设是，针对相对处于不利地位或者边缘性的人群进行执法，最不可能就改革产生压力，最有可能是不公平的。在涉及这类个体的情况下，这种情况可能倾向于进行废止。

课税与禁止

在我们已经讨论的废止情形中，官员或者机构就法律的要求有一种解释，而其他行为人会根据更好的解释来拒绝遵行它。在这些情况下，不遵守或者不执行劣等解释是可取的。在某种程度的执行被认为是好事时情况就不同了，尽管如此我们还是会为某种不遵守行为找到借口，甚至使其正当化。有的时候我们说这种情况下的行为人是在视法律对其行为课税，而不是禁止其行为。

一个核心例子是违约问题。在与履约相比违约花费更低的情况下，人们通常认为有权违约并支付赔偿。尽管 Holmes 从实证主义角度对此的解释说，这么做是因为赔偿是法律规定的唯一惩罚，从实体主义角度看这一行为也站得住脚。诸如在合同救济中排除处罚、减少损失的职责、破产免责、禁止自愿性奴役等原则，都支持这样的思想，即并非绝对的职责履行最有利于实现公平和效率。另一方面，就像我在第 2 章所提出的，我们并不这么看待造成严重损害的犯罪和侵权行为，这一事实只能从实体的角度加以解释。将对殴打或者强奸的禁止视为一种对可接受行为的课税，是不公平的、无效率的，没有律师会这样为委托人提供咨询。职责和处罚似乎能够并存的以合同为代表的领域与职责要广于处罚的严重刑事犯罪领域之间，有一个范围很大的模糊、不一致的区域。这一区域包括许多规制法和税法。

在这样的领域，我们会面临进一步的问题，即如果公民将法律视为课税是适当的话，则相关的课税是全面规定的处罚（这意味着自愿支付该课税的职责），还是相关处罚因执行的可能性会打折扣（这种可能性可能会相当低，并可能因为公民所能做的事情而进一步降低）。

在许多小镇，如果我把车停在有停车计时器的区域，支付最低时间，在该时间届满后再回来往计时器中塞入硬币，这么做是违法的。如果在某个场合我违反了该规则，比如说因为会议比我预期的时间要长，我被抓住了，收到了罚单，几乎没有人认为对我的处罚不公正，或者是我有理由来进行抵制。另一方面，如果我侥幸没有受到处罚，也几乎没有人会谴责我。在许多情况下，坚持遵守法律似乎是假惺惺的或者是拜物教性质的。

优势观点不能应付这种问题，因为其所蕴含的实证主义的法制标准并没有在我们适当地视为对价（或者风险）的法律与我们视为命令的法律之间进行区分。这些区别取决于实证主义并不认为是法律的那些原则，以及优势观点否认的那种复杂判断。

法律的确定与义务

对于实证主义者而言，确定法律的要求是什么相对容易。这也就是区分法律

和伦理。然而，弄清楚法律是否值得遵守则相对困难。至少，除了其伦理主义的变种所宣称的没有证据的规劝外，实证主义者在这个问题上并没有提供什么指引。

因此，在实证主义与那些将执业活动的核心两难问题描绘为角色伦理事项或者法律和伦理之间的冲突事项的法律职业道德学者之间，存在着密切联系。㉙ 因为假定在法律要求和个人忠信之间存在无所不在的紧张关系，这些法律职业道德学者预设了——常常显然是无意的——一个实证主义的法制思想。

对于实体主义者而言，这样的冲突不那么突出。确实，对于激进的实体主义者而言，它们从没有出现过，因为所有关于忠信的理由都已经被纳入法律之中。对于实体主义者而言，最棘手的问题不是法律是否有约束力，而是它规定了什么。对于实体主义者而言，实证主义者界定为法律与伦理之间的冲突的事项，是以法律标准之间的紧张关系的形式出现的。很少有律师是激进的实证主义者或者是激进的实体主义者，大多数人将这两方面的观点都纳入其工作哲学中。因此，我们常常并不清楚什么时候一个道德纠结不再是确定法律规定了什么的活动，而成了一个确定法律在伦理上是否有约束力的活动。

我们看看《大审判》中 Paul Newman 的角色形象（我们把他修改为在道德上是深思熟虑的）。假设他为了找到关键证人的下落已经穷尽了通常的可能性。他已经找到证人的朋友进行证言存录，但是她拒绝承认知道证人的下落。他有充分的理由相信，她因为害怕被告人的报复而说了假话。他想到了电话收费单的主意。他知道联邦法律规定截取他人的信函是一种犯罪，州法规定进入他人的财产图谋盗窃，窃取他人信箱中的信件的行为构成非法侵入罪（即使你随后归还了该信件）。他认为这个问题是法律和伦理职责之间的冲突吗？

这将是一个粗陋的判断。首先，这一问题的"伦理"一面——在披露证人身份中他的委托人的利益——也充满了法律因素。首先，根据案情先悉法律，律师及其委托人在法律上有权获得这些信息，这些信息也是他们为索赔而进行证明所必需的，就此他也认为他们依法有权获得这些信息。其次，就天平的"法律"一侧而言，还需要进行进一步的分析。也许相关的司法辖区就刑事指控存在"紧急避险"（necessity）辩护，就像《模范刑法典》所规定的那样，对于"避免某个危害所必需的"犯罪行为而言，在"所要避免的危害……大于被法律界定为被指控的犯罪行为所造成的危害"的情况下，该犯罪行为是正当的。㉚ 即使他们并没有这样的立法，也还存在这样的合理可能性，即法院将暗示有这样一个。即使法院驳回了这样的辩护，或者判定它在这种情况下不适用（比如说对于该朋友在作假证的关键事实，我们并不具有确定性），也还存在这样的可能性，即如果在新的案件中提出了该问题，法院将会改变其想法。制定法可能明确禁止这种辩护，但是即使制定法完全清晰明确，也存在这样的可能性，即法院判定它违宪，或者公诉人或者陪审团在本案中废止其适用。

最后，我们到达了这样的程度，即律师确定实证法禁止其取得电话收费单。毫无疑问的是，公诉人将根据这些事实起诉，审判法官将指示陪审团说，这些事

㉙ 例见 Luban，"Legal Ideals"；Thomas Shaffer and Robert F. Cochran, Jr. , *Law Clients, and Moral Responsibility* (1994).

㉚ *Model Penal Code*，section 3. 02 (1) (1985).

实构成了犯罪,陪审团将作出有罪裁决,最高级法院将予以维持。即使到了这个地步,律师仍可以不把这种情况视为法律与伦理的冲突,而是视为合法当局(constituted authority)对法律的错误解释。律师可能仅仅认为,这些人判断在这些情况下取得电话收费单是犯罪行为,这些行为人的判断是错误的。当然,即使相信如此,他仍然可以承认为什么他应当遵从他们的理由,例如最高法院在维持对 Walker v. Birmingham 案件中上诉人的刑罚时所持的理由。但是他将继续认为这种冲突是法律之外的。在这一链条中,律师在什么点上不再认为该冲突是法律之外的,取决于其运用的哲学中实证主义与实体主义忠信的平衡。

Frederick Douglass 这位反对奴隶制的积极分子,强调了法律的确定与法律—伦理观点之间的差别在心理上的重要性:

> 当我逃离奴隶制,与那些认为宪法是支持奴隶制的工具的废除主义者直接接触,发现他们的观点得到了政府每个部门的整个历史的支持时,我认为宪法恰恰是这些朋友们所说的那样,这一点并不令人感到奇怪……但是〔此后我有机会〕重新思考整个问题,不仅仔细地研究了法律解释的公正及适当规则,还研究了政府的起源、设计、性质、权利、权力和职责,以及其与支持它的人类的关系。通过这样一个思考和阅读,我形成了这样一个结论,美国宪法——在一开始宣称要"建立更完善的联邦,树立正义,保障国内安宁,提供共同防务,促进公共福利,并使我们自己和后代得享自由的幸福"——不能也被同时设计为要维护并永续一个像奴隶制这样的劫掠和谋杀的制度,特别是我在宪法中找不到一个支持这种信念的字。[31]

Douglass 一开始认为反对奴隶制的斗争就是反对宪法秩序的斗争。在他成为激进的宪法主义者后,他认为这是一场拯救宪法的斗争。这样一个转变结果,会剧烈地影响一个人的忠信定向,以及其修辞、战略及其所追求的同盟。对于 Douglass 而言,这种转变与这种决定联系在一起,即从决定加入反对奴隶制的事业,到加入维护联邦的事业。

这样的相互竞逐的定性所涉及的问题因背景不同而有所不同。在当代美国法律文化中,这一问题有着两个重要的含义。首先,法律/法律定性(law characterization)表明,该事项的解决,要从分析方法和法律论据的来源角度来进行。尽管这些方法和来源是很松散的,人们通常认为与大众伦理话语相比,它们更成体系和更有根据。其次,法律/法律定性表明,法律职业或者其亚群体对于该问题的解决可能具有某种集体责任,这可能要求进行惩戒审查或者严肃的评估。另一方面,伦理因素被认为是决策者私下解决的事项。法律—法律问题的解决被认为与一个人的职业声望有关,而伦理问题的解决被认为是一个人在社群的"个人声望"事项,这对于大多数律师而言,社会意义和重要性相当少。

优势观点心照不宣的实证主义,赋予了法律/伦理定性以特权,特别是与"法律"有关的选择。这种特权化的心理效果就是,强化了律师对通常的回应——在委托人事项不被实证法禁止的任何情况下忠诚于委托人,在其他情况下遵守实证法——的忠信。通常情况下,通常回应被描写为"法律性"的,与之竞

㉛ Frederic Douglass, *The Life and Times of Frederick Douglass* 261-262 (R. Logan, ed. 1967). 关于一个有趣的讨论,参见 Robert Cover, "Nomos and Narrative," 97 *Harvard Law Review* 4, 35-40 (1983).

争的则是"伦理性"的。措辞意味着"法律性"的选项是客观的、与职业角色不可分割地联系在一起的,而伦理选项则是主观的和边缘性的。即使措辞表达了对"伦理"选项的尊重,它也暗含着这样的意思,即律师是自行采用它的,其无论是在思想上还是在实践上都是很脆弱的。其通常的效果是,律师和法学院学生主张"伦理"选项时在心理上更为困难。因此,说明这两个选项在事实上都可以被理解为"法律性"的,将会使替代性的立场有的时候似乎更有根据,更少主观。

初像的义务?

有的时候,认识到遵守法律的绝对义务的不可行性的理论家退而求诸"初像"(prima facie)的或者可以反驳的职责。[32] 你不能说这一思想是错误的,但是它并不是特别有用,而且会造成误导。抽象地说,它仍然回避了这样的问题——我们所说的法律是指什么。如果这一短语指的是实体主义者的概念,则其用语实属叠床架屋。如果它是指实证主义者的概念,则它就具有误导性。

如果法律具有初像的正当性(这一标题包摄了诸如秩序、公平和民主等价值),则法律就具有初像的约束力。从实体主义的角度看,法律的初像性的正当性仅仅是**来自其定义**。实体主义者坚持说,至少正义的某些维度被包括进了法律(这么做就是为了让法律具有约束力)。[33] 因此,初像职责的主张对于实体主义者关于法律的定义没有什么助益。[34]

从实证主义者的角度看,初像职责可能有两个不同的含义。它可能意味着界定法律的管辖权原则构成了一个具有内在正当性——例如民主性——的程序,因而有权获得推定性的尊重。或者它可能意味着来自这一程序的法律通常是正当的,因此存在这样的强烈的经验可能性,即它所产生的任何特定的标准都是正当的。

现在,只要人们记得为了维持这样的结论就要进行伦理和经验分析,将它们表达为"遵守法律的初像职责"就没有什么不当的。但是,这段话暗示说,相关的分析要比它们本来的样子更为抽象,就此而言就应提出异议。律师要在有着具体机构的具体地点执业(尽管他们可能分散到全国或者全世界)。因此,从法律的全球性或者全国性出发进行的推定是没有助益的。如果要让一个全球性或者全国性的推定有用的话,即使一个新手律师对其执业的地方也知之过多。对她而言,重要的问题是,是否存在初像义务来遵从地方市法院或者州税务上诉委员会,或者是某些外国的贸易与工业部。可能通常的答案是肯定的,但是并不总是这样。Walker v. Birmingham 案中的上诉人不可能总是有理由认为他们有服从州地方法院的初像的义务。

认为任何义务——初像的义务或者其他义务——的一般意义,对于执行重要

[32] 参见 David Luban, *Lawyers and Justice: An Ethical Study*, ch. 3(1988)以及其中讨论的作品。

[33] 参见 Ronald Dworkin, *Law's Empire* 109-110(1986)。

[34] 然而,回想一下,根据激进的实体主义观点,法律具有绝对的不是相对的约束力,这是因为法律包摄了所有其他相关的标准,使得反驳无据可依。

的协作制度（例如汽车驾驶规则）或者保护基本人类利益的规则（例如反对谋杀的规则）[35] 都至关重要，这是错误的。首先，习惯和处罚是保证遵守这些规则的重要措施，而没有任何规范强迫上的意义。更重要的是，恰恰是因为这些规则背后的价值如此清晰和令人信服，这些规则并不依赖于任何遵守法律的绝对性义务。有责任的人将遵守交通法规和反对谋杀的法律，是因为他们尊重这些规则背后的价值，即使他们对这些规则构成了"法律"这一事实完全无动于衷。

只有在行为人遇到的标准似乎并不立足于任何令人信服的实体价值（对此而言，习惯和处罚并不能导致遵守）的情况下，绝对性的义务标准才变得重要。在这样的情况下，是否需要绝对性的遵守义务，对此问题并没有绝对性的回答。每件事情都取决于我们对特定立法权威的信心，以及对特定公民的信心。因此，通常的话语似乎过于热切而不包含这样的职责，即使其被界定为初像的职责。

因此，实证主义者关于将法律与伦理区分开来的最有力的主张，通过迫使我们将法律确定与法律义务问题区分开来，鼓励我们要更直接地直面后者。[36] 但是伦理主义者试图在实证主义收缩的法律观念中加入一个抽象的义务推定，即使是一个可以反驳的推定，这似乎使我们不能得到这种预期的利益。在最坏的情况下，它的辞藻不鼓励我们充分考虑我们执业的地方性。在最好的情况下，它仅仅是使我们自鸣得意。

▮ 再论离婚伪证和执法建议

我们在前面讨论优势观点对待对不法行为的直接和间接参与时，举了离婚伪证和执法建议两个例子。我们现在回头再看看这两个例子。

我们先从建议问题开始，因为绝对性方法的不充分性在这里最为明显。至少在某些案件中，执法建议对近乎每个人而言都是不可接受的。例如，委托人是一个系列强奸犯，他想知道他准备实施下一犯罪的地方的警察巡逻的时间和路线。提供这样的信息可能构成刑法所规定的非法帮助，但是这远远不够清晰。如果这本身并不违法，则根据优势观点这并不是不道德的，当然这是对优势观点提出的一个异议。

另一方面，也几乎没有人准备支持对这种信息的绝对禁止。许多人强烈地感到委托人有权知道反对通奸、鸡奸、对重罪的包庇（未能举报他人的犯罪行为）、小额赌博、持有大麻、不支付兼职佣人的雇佣税的法律在多大程度上没有得到执行或者执行力度不够。

健康和安全规章、环境规制执法也抵制绝对性的处理。在规避行为对旨在进行保护的规制制度造成了严重损害威胁的情况下，促进该规避行为的建议似乎是错误的。但是有些时候，规避不仅远远构不成重大的危害，而且事实上能为执法机构甚至立法机构所接受。也许机构执法不力的原因是它认为立法的标准过于严苛。也许这种执法不力是因为立法机构在该立法的效益问题上存在分歧，因而削

---

[35]　例见 David Wilkins，"In Defense of Law and Morality: Why Lawyers Should Have a Prima Facie Obligation to Obey the Law," 38 *William and Mary Law Review* 269，287-289 (1996)。

[36]　H. L. A. Hart, *The Concept of Law* 206-207 (1961)。

减了该执法机构的预算，以限制其执法。当然，我们是要反对这种行政和立法行为的，因为这破坏了政治责任。然而，毫无疑问的是，这确实发生了，考虑到这种情况，禁止律师就这种执法做法提供相关信息看来就是不公平的、无效率的。

对执法建议的性质进行的任何言之成理的评估，都需要这样一个意愿，即就不同的实体标准的相对分量进行区分。这至少要求适用适度的实体主义方法和背景性判断。某些情况是容易的。（尽管不是每个人都会遇到同样容易的情况，每个人都会有其认为容易的情况，某些情况对于大多数人来说都是容易的。）便利暴力犯罪和大规模财产犯罪的建议通常被认为显然不当。便利适度超速、对重罪的包庇和合意性的通奸的建议，通常看起来是适当的，或者至少是可以容忍的。

其他情况就更难了。例如，"纳税博彩"的行为，即提交一份漏洞百出的纳税申报表，并知道它不可能受到核查。这种情况可能很难，因为存在这样的可能性，即仅是从狭隘的实证法的角度看，这份申报表有可能是漏洞百出，但是从更广泛、更实体的角度看，它可能更说得通。因此，"纳税博彩"的行为可以被视为对规范性很弱的实证法的适当废止。这可能看起来不可能——对我来说就是这样，但关键点是，对于一个除了规避法律外没有什么功用的建议而言，为之进行的言之成理的辩护，需要与废止行为联系在一起的原则性的实体主义理由。[37]

在律师直接参与不法行为的背景下，这一分析也同样适用，尽管这似乎更为激进。我们已经注意到，在许许多多情况下，文化接受甚至有的时候还赞扬对实证法的直接违反。然而，大多数这样的例子涉及的是普通公民而不是律师，某些律师强烈地认为，与外行人相比，他们对法律有更强的义务（因为他们公开地宣称要忠信法律，对公众有强烈的榜样作用，或者通过参与受到规制的垄断获得了特权）。因此，有人说与外行人相比，对直接参与不法活动的行为的绝对性禁止，对于律师而言更有意义。[38]

然而，这一观点是我们反复指出的法理学错误的另一个变种。我们并不能从律师对"法律"有更强的义务这一事实得出这样的结论，即我们这里讨论的这种行为对他们而言更不适当。由于与强义务最为兼容的法律概念是实体主义的，且就实体主义思想而言，对"法律"的义务可能要求违反某些法律标准，以维护更为基本的法律标准。

这一观点近乎于说明了我所指出的优势观点的法理学忠信的效果。通过采用一个实证主义的法律观念，它将支持遵守法律的因素定性为法律的，将那些不支持遵

---

[37] 当然，就这样的判断常常不可能达成一致意见。我们看看《全国劳工关系法》规定的组织权的当前状况。由于处罚甚轻，执行程序甚繁，许多雇主将该立法视为处理打击工会行为的廉价措施，实际上废止了工人组织工会的权利。参见 Paul Weiler, "Promises to Keep: Securing Workers' Rights to Self-Organization under the NLRA," 96 *Harvard Law Review* 1769 (1979). 我的观点是，如果可以为这样的行为进行辩护的话，它们不是"法律界限内的热忱诉辩"，而是废止行为。然而，毫无疑问的是，许多形成这一认识的资方的律师将继续主张该立法行为是正当的。他们认为立法是不公平的、胁迫性的，也可能是过时的、违宪的。工会的律师将会情绪激昂地表示不同意。

这一争议提出了广泛的社会问题，对此不能通过法学分析来加以解决。但是坚持让律师将实体的关注与其道德思考相结合，仍然具有意义。从律师要决定在哪里付出努力以及如何付出努力的角度看，她自己找到令人确信的实体原因就足够了，即使其他人持不同意见。此外，关于各种立场的辩论越是丰富，实体关注越是能够得到直接的处理。

[38] 例见 Wilkins, "In Defense" 290-291. 除了文中的回应外，人们可能还说律师个人的职业忠信是在压力下作出的（这是取得执业权的一个条件）；大多数律师似乎不可能从准入控制或者其他垄断做法中获得有形的利益；律师并没有对这样的利益提出要求。

守法律的因素定性为非法律的，后者可能是"伦理"的。如果我们接受这种定性，除非我们准备反对这样的有吸引力的前提，即律师对法律有异常强烈的义务，我们将发现很难支持律师在诸如离婚伪证这样的情况下的不遵守法律的行为。

但是，我们没有理由必须接受这种定性。支持不遵守法律的许多最为重要的理由，都可以用法律术语——特别是废止行为——适当地表达出来。例如，律师参与离婚伪证的最强的情况可以被描述为 Calabresian 废止。首先，立法已经老旧。它也与最近的法律发展不相和谐。最近的法律发展是，对无子女夫妇而言，与立法的预设相比，维持婚姻的社会利益更弱，建构自己的私人关系的个人利益更强。此外，显然存在机构的机能障碍，对未能取消失去当前大众支持的立法的情况，没有作出最可能的解释。也许立法仅仅得到了一小部分人的支持，这一群体在今天不能确保制定某部法律，但是因为他们组织有力，能够阻止取消该立法；因为立法的大多数反对者不是感到那么热切；因为那些受到立法可见损害的人（例如这里的委托人）不能够组织起来（因为其状况很难预测，属偶发情况）并且相对贫困（因为富裕的人可以通过利用其他州更为包容的法律来免遭其害）。

当然，我们还需要考虑的是，在需要进行废止的有力案件中，为什么必须要由律师而不是 Calabresi 所建议的法院来完成。为什么不让律师根据确实事实提起诉讼，来敦促法院予以废止并判定离婚呢？一个回答是，大多数州反对法院对立法进行废止，除非基于宪法理由，而这种理由可能并不存在。但是即使法官可以行使这种废止权，他们也可能拒绝这么做，因为他们不愿意遭到那些虽然支持立法的人数不多但是群情激奋的少数人的责怪。或者法官可能认为这些少数人的存在将使得废止权的行使不合理。然而，对于这一群体而言，立法的存在在很大程度上可能仅仅具有象征意义。它与可见度低的执法决策没有利害关系。尽管法院公开废止立法的行为因此不可能，但是可见度低的特定性的律师废止行为将是可行的。

结　　论

律师是否应当遵守法律，取决于我们所说的法律是什么。如果我们从实证主义的角度界定法律，那么我们应当承认，原则性的不遵守做法在我们的法律文化中得到了有力的支持。如果我们从实体主义角度界定法律，那么我们应当认识到，与法律职业道德讨论经常料想的相比，遵守法律的职责要求进行更复杂的判断。废止的观念，与上述两个辞藻都能匹配，它所表达的，是任何言之成理的法律职业道德的一个重要论题。

优势观点在对待法律义务问题时，倾向于在被不加区别地予以允许的可能阻碍执法的建议，与受到绝对禁止的对不法活动更为积极地参与之间进行区分。这一方法是站不住脚的。如果没有与废止活动联系在一起的那种原则性的理论根据，执法建议的更具进攻性的形式是找不到正当理由的。一个这样的有力的理论根据，能够为更积极地参与蔑视实证法的行为提供说得过去的支持。如果我们从实证主义管辖权标准来界定法律，则律师没有有力的理由来遵守它。如果我们从实体主义角度界定法律，我们将使得遵守它的义务显而易见，但是我们也抹去了法律与道德之间的界限。

5

作为有意义的工作的法律职业主义

　　对优势观点的基本反对意见是，它过分冲淡了律师对其行为所承担的责任，要求她参与不正义。我的观点的大多数采取的形式是批评通常的观点，这些通常观点为这些后果提出的辩护是，其为某些更高的但是也是更遥远的正义所必需。为什么说如果通常观点是错误的，则削弱对正义的责任和参与非正义将会很糟，对此我还没有说很多。

　　在一定程度上，我仅仅是想当然地认为这些条件是很糟的，并认为读者将会同意我的观点。这一假设似乎与大众文化的前提是一致的。大众文化认为，如果律师拒绝就其行为和参与非正义承担责任，她在人格上就毫无魅力，即使其行为得到了优势观点的支持。它与优势观点不言而喻的前提也是一致的，即其独特的气质要求有正当理由。优势观点的大多数辞藻都似乎是在回答一个不言而喻的起点，即律师应当寻求正义。这些辞藻似乎承认，寻求正义的职责是默认的立场，如果其自己进一步精雕细琢的观点不正确的话，则该默认立场应当发挥支配作用。

　　我们很容易受到这样的诱惑，即背景性方法遇到这种默示妥协即应点到为止。与建构一个肯定性的、好的观点相比，指出别人的观点中的不一致性和不合逻辑要容易得多。尽管这种类型的主张从来不是结论性的，但确实有一些有价值的主张更为直接地支持背景性方法。

　　一种类型的肯定性主张是间接性的，我们可以在文学和戏剧艺术中找到。它在为伦理理想辩护，即试图说明体现它的生活或者职业生涯多么吸引人；反之，拒斥它的生活或者职业生涯多么令人厌恶。因为缺乏运用这一方法的天赋，我请读者们参考比较好的好莱坞作品中对律师的有利描写，以及狄更斯（Dickens）和陀思妥耶夫斯基（Dostoyevsky）（实际上是大多数 19 世纪欧洲伟大的小说家）的小说中对律师的不利描述。然而，我确实想更为直接地使用两部伟大的小说，它们没有集中关注律师，但是深刻地刻画了我们在理解作品时所涉及的利害关系。这就是爱略特（George Eliot）的《米德尔马契》（Middlemarch）和卡夫卡（Franz Kafka）的《审判》（The Trial）。

　　为某个理想进行辩护的另一种类型的肯定性观点试图表明的是，它是它所针对的群体认可的某种忠信或者需要的必然结果，或者是对这些忠信或者需要的回应。我在律师协会的各种忠信于正义的辞藻中，以及杰出的律师们所广泛表达的疏离感中，看到了这种对背景性方法的支持。

　　在本章，我将适用这两种类型的观点来证明这样的直觉，即优势观点促进的是律师对其工作的令人气馁的、个人代价高昂的疏离。在一开始我要引用文献和社会理论普遍认为是现代化核心问题的对工作的疏离观念。接着我将说明职业主义的某些核心特点，特别是美国法律职业主义的某些核心特点，是如何被信奉为、辩护为对这一疏离问题的灵丹妙药的，以及是如何被信奉为、辩护为对有意义的工作的支持的。这些特点就是职业自我规制和背景性判断。对美国法律职业主义的通常描述仅仅强调第一个。我认为第二个对于有意义的工作的这种体验更为重要，对于美国律师的职业自我意识一直并且继续具有重要意义。我的目标是说明拒斥背景性判断的主流道德制度既是不正常的，也是对使得法律职业主义具有生机的最深厚的雄心壮志的障碍。

疏离问题

在大多数对于现代性的尖刻描述中，疏离感是一个症状。这一症状是这样的感觉，即对个人感到无足轻重、无能为力，对社会感到不可思议、不可渗透。在现代社会理论中，疏离似乎是从组织严密的社会向组织松散、更为个人化的社会转型过程中出现的问题。对于某些人而言，西方在过去 5 个世纪的历史不过就是这样一个漫长的转型。其他人则看到的是特定时期发生的局部的、集中的转型。例如，Robert Wiebe 就把 19 世纪后期美国现代职业主义制度的浮现时期描述为这样的转型：

> 一个时代从没有让自己那么容易受到彻底地、统一地描述：国家化、工业化、机械化、城市化。

> 然而对于几乎所有创造这些描述的人来说，这些主题仅仅意味着混乱与迷茫。19 世纪的美国是一个没有核心的社会。它缺少全国性的权威和信息中心来为这种快速转变提供秩序。美国的制度当时仍然以一种社群生活为定向，家庭和教堂、教育界和新闻界、职业和政府都能通过在一个小镇或者城市的某个独立部分彼此相适而找到它们的意义。随着一个人的活动范围距离其社群越来越远，他们试图绝望地从其狭小的、熟悉的环境角度来理解更大的世界。换言之，他们试图将已知加于未知，通过人际社会的习俗来把握一个非人际的世界。①

这一图景与将现代化描述为个人主义的幸福的胜利的那种经典自由主义描写是截然相反的。在这个描述中，对相对固定的角色和制度以及社群的相对自给自足的侵蚀，被认为是一种福祉，使得繁荣和个人的自我实现成为可能。疏离理论家发现这一观点很天真。从社会福祉的角度看，传统社会制度的衰落导致了大量问题。这些问题不能通过独立的个人行为来解决，只能要求集体性地创设一套新的稳定的制度。从个人的角度来看，新的社会并没有满足自我的社会维度。它未能提供关于位置（place）和关系的感觉，而这种感觉是自我实现的重要组成。

我们最关注的是后者。其前提是人们既需要关于与更大的社会的关系的感觉，也需要与具体的他人（不仅是与家庭和朋友，而且是在物质和政治活动上的更大的潜在合作者关系圈）休戚与共的关系的感觉。与此同时，这一观点常常承认，人们需要表达他们的个人性（individuality），将其意愿印入周遭。

对许多人而言，满足这些存在潜在冲突的关于关系和自我主张的需要，取决于有意义的工作这一思想。当工作者对工作的感觉是，这既是一种自我主张的形式，也是与更大的社会联系和休戚与共的点，则该工作就是"有意义的"。疏离理论家最常提到的就是手艺人，特别是行会制度下的手艺人。当时的手艺人具有作为重要产品的制造者的社会地位。他的技能和生产过程中的各种合作，为行业成员共享的职业共同体（community）提供了基础。与此同时，手艺产品也涉及个人的自我表达。手艺人自己工作或者与少量合作者一起工作，控制着工作过

---

① Robert H. Wiebe, *The Search for Order：1877-192012* (1967).

程，决定着何时生产、生产什么、生产多少、如何生产。此外，产品并不是标准化的，而是多姿多彩的，常常为特定的购买者量体裁衣。手艺人的技术采用的形式是通用原则和通用目的工具，可以为各种专门化的用途而进行调整。因此，手艺人的工作为创造性留下了空间，也常常要求具有创造性。

尽管疏离理论家们普遍存在对行会制度的怀旧，但许多人承认，即使该制度为自我表达提供了机会，这也是极其有限的。从垄断和技术停滞角度看，它们常常伴随着高昂的社会成本。对于大多数理论家而言，传统的手工生产与其说是一个制度理想，不如说是一套关于有意义的工作的可能性的线索。他们并没有要求回到行会制度，而是寻求采用其中某些具有生命力的原则。

在作为他们的范例的、未经改革的国家中，现代性的核心制度——市场和科层制——似乎是对有意义工作的威胁。疏离理论家们强调了这两个制度的类似性：二者的前提都是职能的专门化，涉及可能的大规模协作，并且首要的是，通常通过不讲人情的规则（impersonal rule）来进行规制。两个最具有影响力的疏离理论——对市场的马克思主义/罗曼蒂克的批评以及对科层制的韦伯氏/罗曼蒂克的批评——都强调了不讲人情的规则在界定他们所关注的制度方面扮演的角色。

马克思主义的观点将资本主义劳动市场中的工人描述为"一个机械系统中的机械零件。他发现这个机械系统已经是预先存在的、自足的，它的运转独立于他，他必须遵守其法则，无论他是否喜欢……［根据这些法则］所有的问题都要进行日益形式化和标准化的处理，在这种情况下，与'事物'（things）［这是决策的对象］的性质和物质本质的距离越来越远"[②]。

根据韦伯的观点，科层制的"特性""发展得越完美，科层制就越是'失去人性'，就越是能够从正式业务中彻底地消除爱、憎和所有不能计算的纯粹的个人性的、非理性的和情感性的因素"。科层制实现这一目标的典型方式是要求"以严格的形式概念为基础来对法律进行'理性'解释"[③]。

这么做的心理结果是，工人（或者官吏）并不把工作体验为个人的表达或者是有意义的社会参与。韦伯的观点强调第一种丧失，规则之网变成了"铁笼"，限制了意志的运用。马克思主义观点强调第二种丧失，规则使得工人活动的社会意义黯然失色。它们使工人看不到自己与同事所从事的特定行为对更大的社会秩序的贡献。社会秩序的功能发生在工人的"背后"，以至于它们的运转似乎独立于人的行为。这样的协作过程就像早期的政治经济学家用良性的术语所描述的"看不见的手"。后期的理论家看到了其巨大的心理成本。

其中一个后果就是孤立。通过使个人直接臣服于标准，并严格地规定其行为，不讲人情的规则制度消除了进行协作的需要和机会。另一个成本就是无能为力。新的制度所诱导的是对社会生活更大模式的僵化的、消极的、"默想"的姿态。它使工人得不到让自己在世界上留下某些持久的印记这样的富有反抗精神的满足感。新的工人没有进行创作的机会。手艺人有着直接制造某些有用的产品的

---

② Georg Lukacs，"Reification and the Consciousness of the Proletariat," in *History and Class Consciousness* 89，99（Rodney Livingstone，trans.，1971）.

③ Max Weber，"Bureaucracy," in *From Max Weber：Essays in Sociology* 215 - 216（C. Wright Mills and H. H. Gerth，trans. and ed.，1946）.

体验。工业时代的工人仅仅就其体制化的、专门化的活动对某些最终产品的贡献有着最为有限的感觉，甚至可能对最终产品的有用性没有什么感觉。

对我们的目的而言，最后也是最重要的是，是道德行为能力（moral agency）的缺失。新的工人缺乏道德责任所需要的自治或者理解，或者是同时缺乏二者。不论工人有什么样的伦理理解，都必须臣服于规则不折不扣的命令。可能最令人沮丧的是，工人可能不能培养出伦理理解，因为她缺少动机或者能力来理解其行为与更大的善与恶之间的关系。

这种道德行为能力的缺失，是关于律师的文学描写最突出的特点。一个令人记忆深刻的象征就是《远大前程》（Great Expectations）中的 Jaggers 不断地洗手，以至于我们注意到他的第一件事就是肥皂的味道。思考一下疏离感的伦理维度，就很容易看出为什么律师是这样一种令人感兴趣的形象。一方面，在不讲人情的规则体系中，律师似乎有着卓尔不群的权力。规则掌控是他的专长。另一方面，他同时对其行为后果强烈地否认责任，这也是卓尔不群的。这种权力与责任之间的分野驱使《荒凉山庄》（Bleak House）中的 Gridley 先生发表了一场癫狂的长篇大论，他得出结论说：

> 当林肯法学院广场那个律师图金霍恩先生摆出那副又冷淡又骄傲的面孔（他们都是那样，因为我知道，我破产，他们就发财，我说的对吗？），气得我发疯的时候，我绝不会去找他说：我已经倾家荡产了；现在不管用什么手段，我也要找个人来报复一下！他是没有责任的。事情就出在这个制度上头。可是，如果说我到目前为止还没有对他们任何一个人采取武力报复——我将来还是可能这样做的！要是有一天我被逼疯了，我真不知道我会作出什么事情来呢——那么，我将来也要在天国的永恒的法庭上，面对面地控诉每一个利用这个制度来折磨我的人！④

道德行为能力缺失的另一个方面，表现在律师对其工作背后的伦理利害麻木不仁。陀思妥耶夫斯基笔下的律师通常是政府的官吏，比狄更斯笔下的律师显然有着更多的意志，但是他们对于其执行的规则所暗含的价值视而不见。Dmitri Karamazov 和 Raskolnikov 都确切地对讯问他们的治安法官有着同样的抱怨：他对事情并不上心。两个治安法官都对程序的形式性或者环境证据问题先入为主，似乎对主人公关于核心问题的第一人称的证言漠不关心。⑤* 狄更斯在《小杜丽》（Little Dorritt）中描写兜圈子部（Circumlocution Office）的官僚时，滑稽地描写了这个趋势。

也许对绝对性规则体制下的伦理疏离最有力的描写，是卡夫卡的《审判》。特别是 Joseph K. 在大教堂听到的守门人的寓言。这发生在其梦魇般的经历快要

---

④ Charles Dickens, *Bleak House* 228 (Signet ed. 1964).

⑤ 参见 *The Brothers Karamazov* 547—548，552—553 (Penguin ed. 1958)；*Crime and Punishment* 350—351 (Penguin ed. 1966). Julian Sorel 也这样抱怨。Stendhal, *The Red and the Black* 564，574 (Modern Library ed. 1995).

除了屈尊于不讲人情的规则的恐怖外，狄更斯、陀思妥耶夫斯基、司汤达和卡夫卡对屈尊于个人的异想天开和无原则的操控的描写惊人地相似。所有这四个人都暗示这两种经历会走到一起。提出这样的思想很诱人，即背景性或者目的性判断——原则性但是非正式的判断——是这两种病状的治疗方法。很难说这些作者是否会对这一回应有同感。法学理论仅仅是它们所涉及的情感、理念和制度所构成的复合体的很小的一部分。

* 本段译文选用自 [英] 狄更斯：《荒凉山庄》上，黄邦杰等译，282 页，上海，上海译文出版社，1979。——译者注

80

了结、他在努力澄清官方程序对他启动的未名指控之时。尽管我们有的时候认为这部小说是在描写极权制或者科层制，但它是对某种类型法律下的生活的相当明确的描写。卡夫卡在一开始告诉我们："K.生活在一个法制国家里，到处都很安定，法律得到贯彻。"⑥

当看守来逮捕 K. 的时候，他们告诉他他们并不知道为什么需要这么做，但是暗示说他们的上司——监督官——将解释这些事情。他们把监督官描述为一个可怕的人。但是监督官也被证明像他们一样一无所知。这一场景——被认为有权力和令人望而生畏的人被证明是糊涂的、愚蠢的——反复发生。我们一开始将这种恐怖的感觉与个人的品性联系在一起，这种感觉反复退回到一种似乎没有人能够控制的社会背景下。

在该书中人们反复把规制规则称为"法律"、"职责"或者"权限"。后者通常用于划定官方角色的边界。我们被反复告知，人们超越其权限，或者试图通过使用个人影响求得关爱以规避规则。但是作者和角色也常常解释符合规则的行为，除了是规则的要求以外，这一行为对于 K. 和他们来说肯定是毫无意义的。有关行为对于行为人而言，像对 K. 一样毫无意义，这些行为反反复复的出现，强化了角色的肤浅和愚蠢的意义，以及社会背景的恐吓意义。

这些主题具体体现在"守门人"这一章中。K. 在进入大教堂的时候听了一位神父所讲的寓言。K. 来大教堂的目的是领一位银行的客户来参观，但是该客户并没有到。他注意到有一位神父登上了讲坛，认为神父对着几乎空空如也的教堂布道很是"荒唐"，猜测"这是否就是这位神父的职责，即在某个特定时刻，不论环境如何都要布道"⑦。然而，事实证明神父的出现是有意义的，他来这里就是和 K. 说话，告诉 K. 一个寓言，这个寓言将说明他与法律的经历。

简而言之，守门人的寓言讲了这样一个故事：一个人要去见"法"，他到达了一个显然是通向"法"的洞开的大门，发现守门人守卫着它。守门人告诉他，"现在"还不能让他进去。不久我们就知道守门人是守卫着在到达"法"之前必须通过的一系列大门的守门人中级别最低的一个。这个人在第一道大门前等候了很多年，哄骗、强求守门人，试图向守门人行贿，但是都毫无效果。最后这个人病了、虚弱了，在死亡之前，他向守门人提出了最后一个问题：为什么这么多年，除了他没有别人来求见"法"。守门人回答说："除了你谁也不能获许通过这道门，因为这道门是专为你而开的。现在我要去把它关上了。"⑧

接下来是诙谐的法律和宗教文本解释，K. 和神父讨论了这个寓言的含义。讨论关注的是守门人的角色。K. 一开始谴责他助长了不正义。但是神父说守门人可能仅仅是在遵行规则，或者就像他所说的"他在尽职责"。也许他的意思是，这个人只能在特定时间准入。也许在这个时刻到来的时候，他未能采取必要的行动来完成自己进门的权利。这可能是因为这个人没有意识到这些要求，但是对该人告知这些要求也可能不是守门人的职责。

⑥ Franz Kafka，*The Trial* 7（Vintage ed.）.
⑦ Ibid. 261.
⑧ Ibid. 269.

神父接着就守门人的表现提出了几种不同的评价方法。一种可以叫做罗曼蒂克/韦伯式的方法，说守门人同情这个人及其对法律的要求，但是受制于规则而不能帮助他。另一个，可以叫做罗曼蒂克/马克思主义的方法，说守门人并没有理解他的情况，与这个人相比，守门人"受的蒙蔽更加厉害"。他毕竟是许多守门人中最下级的一个。他自己不可能看到过"法"。尽管那个人最后看到了从大门里射出来的光，但是守门人背对着它。此外，神父提醒 Joseph K.，不管我们怎么想守门人在那个人到达后所干的差事，"这么多年来，差不多整整一辈子，他所干的差事就是空空的形式，因为他必须要等一个人到来"。

讨论快要结束的时候，神父提出了一个新的解释，即守门人根本没有"受骗"，相反应当因为从属于"法"而受到赞扬。"是法律给了他这样的职位；怀疑他的尊严就是怀疑法律本身。"讨论接着就结束了："我并不同意这种看法，"K. 摇着头说，"如果接受这种观点，那就必须把守门人所说的每一句话都当成真理。这是不可能的，你自己刚才也充分证明了这一点。""不，"神父说，"用不着把他的每句话都当成真理，只要当成必须如此就行了。""令人沮丧的结论，"K. 说，"把谎言变成了普世的原则。"

这似乎是在讽刺实证主义，但是也可能是讽刺所有的这样的观点，即当下的疏离（或者不正当）行为是实现长远的更为遥远的、抽象的目的（秩序、效益、正义）所必需的。我们可以概括一下，神父说没有必要把每件事当成真理，是在说真理和正义的当前价值必须服从于更为抽象的秩序的命令。我们可以把 K. 对神父诉诸必要性则需要信奉不诚实——（这在字面解释上是缺乏逻辑的，因为神父刚刚否认信仰真理）的回应解释为这样的主张，即守门人行为的宿命论理由要么不可信，要么不足以减轻小说人物在绝对性规则治理之下的陌生感和恐惧感。

人们通常从 Joseph K. 所代表的被压迫的公民角度来讨论《审判》。然而，小说中的大多数角色都是从制度内的各种局内人角度来确定和描写的（小说的部分内容也把 K. 描写为银行的工作人员）。我们更常看到的是，他们很怪诞、很可怜。这种印象在一定程度上是因为其活动的不透明性、他们与更大的社会目的的脱节性，小说又将这与规制他们的标准的绝对性联系在了一起。

这种对角色的控诉，不同于对角色所要求的专门化和顺从性所进行的抱怨。一些批评者提出反对意见说，角色使得人们进行表达和发展的能力变得狭窄，并预设了周围社会的很大的可接受程度。但是援引手艺人理想而对疏离进行的批评，并没有提出这样的异议。它既接受了人的能力的有限性，也接受了社会顺从主张，二者都显著体现在手艺人角色中。相反，其抱怨集中于个人对恰恰作为其角色基础的价值的疏离感体验。这种体验之所以会产生，是因为不让工人拥有根据这些价值来调整其工作的裁量权。

《审判》援用了这种疏离，例如，它设想神父有义务去进行布道，即使大教堂空空如也；守门人有义务守卫大门，即使没有人可能进来。最令人震惊的是它援用守门人的倒数第二句话："因为这道门是专为你而开的"。这句话产生了这样的效果——使得守门人本来已经荒诞的做法更显荒诞，因为这说明这些做法与其目的恰恰是不一致的。

这种批判值得与我们更为熟悉的诸如 Herman Melville 的《比利·巴德》（Billy Budd）及 Jean Anouilh 的《安提戈涅》（Antigone）等作品中的角色伦理

批判进行一下比较。这两部作品中都有这样一个人物——Vere 船长和 Creon，其所担任的政治角色要求其致力于维护秩序。两部小说都描绘了这样的情形，即秩序要求牺牲在伦理上值得钦佩的人——Billy Budd 和 Antigone，他们的行为要么有正当理由，要么是情有可原的，但是如果不予以惩罚，则会引发混乱。

这两部小说都开始于对颠覆性的英雄及其犯罪行为的同情性描写。接着小说就转向了政府官员。此后小说接着令人惊讶且使我们感到不适的是，他们至少引起了我们对 Vere 船长和 Creon 的临时性的同情。每个人都做了显然必要的事情，作者用伟大的艺术手法使我们意识到，从其角色的角度看，Billy Budd 和 Antigone 的牺牲显然是必要的。

接着第二次转向发生了。我们从对政治角色的认同回来，开始怀疑其必要性和伦理上的魅力。与其说我们怀疑的是这样的臆断，即牺牲无辜的英雄是维护政治秩序的必需，不如说我们怀疑的是这样的认识，即维护政治秩序是否值得。两部作品都没有明确地澄清这些疑问。Anouilh 的戏剧是在纳粹占领巴黎时期创作和首演的，它通常被解释为要说明一点，即角色内部伦理的预设常常使我们对这种角色所服务的更大结构的恶视而不见。因此 Creon 就是 Hanna Arendt 所说的"平庸之恶"（banality of evil）的例子。

Melville 的作品更为暧昧。它开玩笑似地既接受（从没有反对）Vere 对其角色要求的理解，也接受其所服务的更大秩序的必要性。从这个角度看，Vere（以及 Creon）的角色都存在悲剧尊严（tragic dignity）。所有的政治决定都涉及伦理成本，因此，承担政治责任的人必须愿意牺牲某些无辜者来实现秩序。这一工作在心理上困难重重，但是我们应当同情并感谢那些能有效地做到这一点的人。

需要注意的是，"平庸之恶"和"悲剧选择"的解释都迥异于守门人寓言所展示的疏离批判。《比利·巴德》和《安提戈涅》都表现了这样的决策者，即其行为与其角色的逻辑和谐一致，其决定直接体现了角色的基本目的。换言之，在这两种情况下，如果制定官吏据以运作的规则的立法者是在自己作出决定，则他会像 Vere 船长和 Creon 一样作出决策。在这两种情况下，决策的作出都是出于角色之外的价值。我们需要考虑的问题是，这种决策所帮助构建的制度是否合理。

但是守门人的故事以及马克思主义与韦伯对疏离的批判提供了不同的图景。尽管 Vere 和 Creon 直觉性地诉诸了规制其角色的标准，但是守门人并没有看到"法"。其令人震惊的最后一段话强调的是，他的行为并没有遵行任何角色逻辑。要么是他不能理解角色的逻辑，要么他不被信任能直接观察它们。最后一段话令人惊讶和觉得讽刺之处来自这样的暗示，即如果立法者在那里直接作出决策，他会作出不同的决策。这里没有提到尊严，甚至没有提到守门人的平庸。根据卡夫卡所提到的各种解释，守门人仅仅是怪诞。卡夫卡描写了一个与众不同的堕落的形象，这种堕落不是关系一般的角色，而是关系由绝对性标准所界定的角色。他还暗示这种堕落是一种极其腐朽的堕落。

当然，我并不是说仅仅因为卡夫卡反对优势观点，优势观点就被驳倒了。（也许有小说描写了对绝对性界定的角色令人满意的遵行，不过我就此想不起什

么伟大的作品。)⑨ 但是如果正确的话，我的解释将把对当代疏离感最为洪亮、最为有力的描写之一与优势观点的重要前提联系在一起。按照这种方式，它就最近描写律师服务的痛苦万分的文献中对疏离感的更为暧昧的表达背后的东西提供了一个线索。它提供了一个栩栩如生的形象来支持这样的直觉，即优势观点所规定的角色单调而乏味。

职业解决

对疏离感批判的一个回应是否认对有意义工作的需要。Sinclair Lewis 提供了这样一个令人记忆深刻的形象，即《阿罗史密斯》（Arrowsmith）中的人物 Roscoe Geake 医生。他辞去了医学教授的职位，担任了新理想医疗器械和设备公司的总裁，从而找到了自己的人生奋斗方向。他对学生的告别建议强调了有吸引力的办公设备对医生树立"提出并收取足够的诊费"的信心的能力所具有的重要性。他的结论是："先生们，不要忘了，这是我给你们的最后一句话。一个人的价值……不是白日做梦，整天谈论什么'道德'，尽管它们很美好，不是谈论什么'慈善'，尽管这也是很光荣的，他永远不能忘记的是，很不幸，判断一个人的标准是他能挣下多少现金。"⑩

另一种方法是心甘情愿地接受马克思主义者所蔑视的疏离性工作的脱离的、"默想"的一面。Oliver Wendell Holmes 将对这种情况的嘲弄发挥到了极致，无人能比。他在两次对法学院学生的讲话中对此进行了这种嘲弄。他承认法律服务活动单调乏味，被问道："不辞劳苦地钻研枯燥的技术性的制度，贪婪地盯着委托人，做着小店主的刁钻之事，就常常是卑鄙的利益发生着毫无礼貌的冲突，这如何能谋生？"他的建议是他们要通过埋头钻研（可能是在业余时间）"法律的更为遥远、更为一般的方面"，来培养"思想者的暗自、孤独之乐"。"法律是思想者的职业"，他接着说道。尽管执业活动使他们陷入繁枝细节，业余时间的钻研使得他们能够表达其"不仅见树木，更能见森林"的性情。⑪

然而，其他人对疏离感批判提出了更为豪迈的回应。他们承认市场和科层制所带来的疏离的工作是可怕的。然而他们认为，现代社会的条件允许——实际上要求——一种截然不同的生产组织形式，更有利于有意义的工作。这就是职业

---

⑨ 例如，Herman Wouk 的《凯恩舰兵变》（The Caine Mutiny）（1952）有的时候被解释为宣称即使 Queeg 舰长是个无能透顶、滥用权力的指挥官，其下属也不应当进行兵变。这一信息是由主要兵变者的辩护律师 Barney Greenwald 戏剧性、讽刺性地传达的。该律师向其委托人解释说，即使他（Greenwald）认为兵变者拒绝服从作为指挥官的 Queeg 是错误行为，Greenwald 自己作为辩护律师的角色要求他对 Queeg 进行羞辱，为兵变者进行开脱。参见 William H. Whyte, The Organization Man 243-248（1956）。需要注意的是，Whyte 推广了小说的这种解释，认为这是对 Greenwald 的观点的支持，他谴责了他认为这所传达的循规蹈矩者的信息。

一般而言，小说家似乎怀抱始终如一的热情来反对绝对性界定的角色观念。即使是 19 世纪小说界中三个最伟大的法律与秩序人物——陀思妥耶夫斯基、Conrad 和 Henry James——也对这一思想嗤之以鼻。可以看看《罪与罚》（Crime and Punishment）中的 Porfiry，《吉姆老爷》（Lord Jim）中的调查委员会，以及 James 的《在笼中》（In the Cage）中的女英雄。

⑩ Sinclair Lewis, Arrowsmith 85（1925）.

⑪ "The Profession of Law"[1886] and "The Path of Law"[1897] in Collected Legal Papers 29，30，32，202（1920）.

(profession)。现代职业的设计者和理论家，常常作为对疏离感理论家的自觉回应，认为职业主义会制造出既能进行自我表达又能遵行社会标准的工作。他们主张职业主义的制度能够并且应当不同于典型的市场或者科层制，特别是他们拒斥绝对性规则的治理。

最早表达这一观点的作品之一，也是迄今为止最有力的作品，是 Eliot 出版于 1871 年和 1872 年的《米德尔马契》（Middlemarch）。《米德尔马契》被恰当地称为"职业小说"，因为其对许多角色的描写都是在其工作背景下进行的。人物表中还包括少数在工作中只求在物质上促进自身利益的角色。杂货商 Mawmsey 就是突出的一个。一个候选人说他将以"公共精神"来运用其新获得的选票。对此 Mawmsey 回应说："在我投票的时候……我必须知道，这对我的钱柜和账册会发生什么样的影响。"⑫* 就像 Lewis 对 Geake 医生的描写那样，爱略特把 Mawmsey 描写得肤浅且愚蠢。

然而，她对于那些遵循 Holmes 的建议而寻求默想抽象的孤绝光荣的人极尽嘲弄。例如，牧师 Tyke 先生，他沉迷于教义的细微之处，对于教区居民的具体问题漠不关心。与之形成对之不利对比的是 Farebrother 先生，"教区居民中的一个牧师，他的责任是尽量改善他们的生活"⑬** 。更为出类拔萃的是怪诞的 Casaubon，他以他周围的每个人为代价，倾其一生来进行一项永垂不朽的研究，即将所有的神话思想合成在一起，这项工作被爱略特描写为枯燥无用、自负自欺的任务。

Eliot 对两种不同的职业路径表达了同情。一个人是 Caleb Garth，书中唯一快乐的男性角色。Garth 是一个自己开业的建筑商、兼职经理人，有着手艺人的技能和价值。"Caleb 所说的工作，与银钱交易从来无关，这里指孜孜不倦地从事一项工作。"⑭*** 对于他而言，工作是骄傲和友谊的源泉。但是小说默默地支持了马克思作出的强烈的预测，即手工业的萎缩。大规模、不讲人情的经济组织形式——在小说中即将到来的铁路和银行家 Bulstrode 就是这一代表——就是对手工工人的技能和自治的潜在威胁。

最使 Eliot 着迷的是 Lydgate 医生的职业抱负。他想将最新的科学发展用于救治病患。从小说的社会主题角度看，Lydgate 是一个令人振奋的角色，因为他是现代社会发展的先导，同时像 Garth 和 Farebrother 一样，致力于为具体的人提供个人服务。Eliot 一次又一次地强调 Lydgate 职业中一般与抽象的结合，以及特定与个人的结合。

> 他始终没有抛弃自己的信念：医学事业有着广阔的前途；他把科学和艺术看作相互沟通的事物，还把知识上的收获和社会的福利直接联系在一起。利德盖特的天性需要这种结合，他是一个热情的人，跟其他一切血肉相连的感觉，可以帮助他克服专门研究中一切抽象的概念，他不仅关心"病例"，

---

⑫　George Eliot，*Middlemarch* 544（Penguin ed. 1965）.

⑬　Ibid. 537.

⑭　Ibid. 598.

* 本段译文选用自［英］乔治·爱略特：《米德尔马契》，项星耀译，595 页，北京，人民文学出版社，1987。——译者注

** 本段译文选用自［英］乔治·爱略特：《米德尔马契》，588 页。——译者注

*** 本段译文选用自［英］乔治·爱略特：《米德尔马契》，653 页。略有改动。——译者注

他还关心约翰和伊丽莎白……⑮

　　小说将 Lydgate 年轻时的奋斗描写得很是不成功。对于他移居伦敦后的成功的伦理质量，小说写得并不清楚。然而医生似乎代表了作者最远大的抱负。

　　自《米德尔马契》出版后，杰出的职业人员和学术人物一次又一次地表达这样的抱负，来反驳疏离感理论家。在美国，它们是政治中的进步主义运动和社会学中功能主义运动的核心观点。也许最知名的倡导者是进步主义律师 Louis Brandeis 和功能主义社会学家 Talcott Parsons。Brandeis 和 Parsons（追随他们的还有不计其数的同盟者和信徒）用近乎相同的术语，阐述了以职业为中心的现代观。⑯* 简而言之，理论是这样的。马克思和韦伯关于无情的市场化和科层化的观点，是建立在工业生产和军事与福利国家组织基础上的。在这样的情况下，绝对性规则治理的前提可能是言之成理的，因为这样的组织能制造标准化的产品和提供程序化的服务。（笔者在下文将对这种妥协提出严重质疑。）但是现代经济的一个重要且成长中的领域，是能提供技术性和特定性的服务。这些服务的典型是福利服务、医疗服务和工程服务。护理和社会工作等大批新的服务群体将使得职业队伍日益壮大。商业管理向职业活动的转化将进一步扩大职业群体——Brandeis 和 Parsons 都提出了该主张，因为这样的服务取决于技术性知识，抵制标准化。它们难以与市场或者科层化的组织相容。市场之所以不可行，是因为消费者缺乏评估这种服务的质量的专业知识。科层制之所以失败，是因为对职业表现不能进行绝对性的规定。

　　因此，这种类型的工作在组织上要与众不同。从实践层面来看，必须给工人以自治和责任。从职业规制的角度看，需要进行集体性的自我规制。在没有市场和科层制的物质激励的情况下，这种制度能够运作，是因为按照这种方式组织的职业工作，能够为其参与者提供促进责任的满意度。准确地讲，这些都是心理上的满意度，疏离感理论家们曾对于能否在日益浮现的社会秩序中获得这种满意度感到绝望。

　　按照这种方式，故事解释说职业主义是组织特定工作时遇到的技术性问题的一个解决方案。但是尽管他们没有将伦理维度放到首要的地位，进步主义—功能主义观点的支持者至少默示地支持了 Eliot 的抱负，即职业主义将是有意义的工作问题的答案。尽管他们常常将职业主义的这一特点称为技术性发展的副产品，但他们还是对此引以为豪。例如，历史学家 Robert Wiebe 就世纪之交的美国写道：

---

　　⑮　Ibid. 174；另见 194 页的相关段落。比较一下 F. H. Bradley 为 1976 年首次出版的 "My Station and Its Duties" 所进行的辩护："如果一个人要知道什么是正确的，他就应该通过戒律、例子来吸收他所在社群的精神，其关于正确与错误的一般和特别信念，要将所有这些体现在其心中，要在任何新的案件中予以具体化，不需要经过思考性的推论，而要通过直觉性的包容（subsumption）来进行，在这么做的时候并不知道这是包容，要通过将自我实现于新的案件中来进行，在这么做时所要思考的是新的案件而不是要实现自我。是整体在进行感觉和观察，但是所看到的是以这一案件、这一点、这个事例的形式来进行的。"Ethical Studies 196—197 (2d. ed. 1927)。

　　需要注意的是，这种判断的典型的背景性风格，对于 Bradley 所辩护的角色概念至关重要。因此，我认为 David Luban 是错误的。他认为 Bradley 的观点——如果正确的话——对于优势观点是有帮助的。参见 Lawyers and Justice: An Ethical Study ch. 6 (1988)。

　　⑯　Louis Brandeis, Business—A Profession (1914); Talcott Parsons, "A Sociologist Looks at the Legal Profession," In Essays in Sociological Theory (rev. ed. 1954).

　　*　本段译文选用自 [英] 乔治·爱略特：《米德尔马契》，174 页。——译者注

随着［小镇和都市邻里］社会的崩溃，都市工业体系的专业化需要作为天赐之物，来到了城市的中间阶层。因技能而具有的身份使得他们获得了邻里的尊敬，并打开了通向全国的自然之路。通过独占保护其声望的职业的准入要求越来越形式化。专业上的共享行会使得在很大范围内可以进行内部交流，遍及各地的公共健康的支持者之间的信函往来就说明了这一点。最后，能够弄清楚他们的才干与全国范围内的其他人在多大程度上保持啮合的能力，鼓励他们自信而不是窃窃地放眼四周。⑰

这些恰恰都是有意义的工作的要素。"因技能而具有的身份"和"共享行会"为克服孤绝的合作关系提供了基础。要求个性服务的"专门化的需要"，意味着执业者在将其一般知识适用于委托人的特定情况时，有能够控制其工作和具有创造性的感觉。将个人的技能置于显然的"全国"范围内的能力，意味着执业者具有其行为与更大的社会目的联系在一起的感觉。

职业人员的伦理意志在两个层面得到了保证。一个是整个职业的层面，各个成员参与界定其所服务的更大范围的社会需要，以及贯彻这些需要的职业标准。另一个是个人执业的层面，职业人员工作的实质是将这些一般的标准适用于委托人的特定情况。当然，只有在职业人员自己的价值与更广泛的社会标准趋同的情况下，这些制度才能支持有意义的工作这一理想。进步主义和功能主义对这将会发生很是自信，在一定程度上是因为它们发现职业标准——它们实际上也在发生着演变——对于现代社会既有吸引力，也能良好地适应现代社会的相关制度环境。但是它们用进一步的思想补充了这一信念。

其中一个思想在《米德尔马契》中得到了大量展现，这就是批判和"改革"是职业工作不可分割的一部分。职业工作是一种自我重构的持续过程，这为诸如Lydgate这样的持不同意见的人创造了一种合理且富有成效的角色。此外，职业成员可能要通过职业启动过程，例如更长时间的在校学习或者学徒，经历"第二次社会化"，在这期间，他们会在不知不觉中将规制标准接受为如同自己的标准。这一思想与有意义的工作这一理想不甚契合，但是有的时候它可以用于解释在一个以充斥着各种规范冲突为特征的社会里，职业事业（professional project）如何具有可行性。

美国律师在两个广阔的方面从事着进步主义—功能主义的事业。首先，他们开发了一个自我治理的制度模式。该模式通过让执业者对新入行者的准入以及执行良好执业标准的惩戒程序承担责任，提供了集体性的控制。这些标准首先涉及为委托人提供足够的服务，其次涉及对第三方的公平。多年以来，律师们还试图建构法律服务市场，以通过禁止降价、广告和劝诱来使他们在一定程度上远离竞争压力。（Eliot将会对这种做法感兴趣，她怀疑职业事业是否能够与通过市场来购买服务相适应。Lydgate之所以郁郁寡欢，在一定程度上就是因为存在这种竞争压力。）

自我规制的事业在近些年遭遇了重大挫折。关于市场控制的努力在很大程度上已经被放弃。准入程序也被简化和放松。尽管惩戒活动增加了，但是由于通过不当执业制度、法院和立法机构制定的诉讼规则、诸如证券与交易委员会和联邦

---

⑰ Wiebe, *Search for Order* 112.

储蓄机构监管局等专业机构的活动进行的职业外律师规制的增长，其相对重要性降低了。我自己的观点是，特定的自我规制制度的相对衰落是可取的，并没有威胁到职业事业的重要方面。我将在第 8 章再论职业事业的制度问题。

对进步主义—功能主义观点的第二个、也是更为重要的表达，是对法律判断这一概念的阐述，它解释了法律工作是如何既可以抽象，也可以具体；既可以是自我表达的，也可以是社会控制的；既可以是创造性的，也可以是立足于已经确立的标准的。这些努力，包括 Roscoe Pound 和 Benjamin Cardozo 在（20）世纪之初的著作，也包括 Karl Llewellyn 和 Henry Hart 以后的著作，以及 Ronald Dworkin 最近的著作。它们是美国法学界的主要关注点和孜孜以求的目标。

这里不是对这种工作的丰富多彩进行评判的地方。就当前的目标而言，对此可以疏而不漏地总结为：抽象与具体、自我表达与社会控制、创造性与根据性都是良好背景性判断的特点，而背景性判断则是美国法律工作的明确做法。背景性标准是一个一般性标准，取决于并且通常来自具体适用的境况。由于新的、独一无二的案件不断产生，对此作出的回答要涉及创新；然而在它们具有可行性的情况下，它们似乎已经暗含在了已经存在的标准里。就律师们共享着相关的公共标准而言，其在表达自己的价值时，也是在维护公共价值。

这种法学学说通常被理解为涉及民主社会中能动司法（activist judiciary）角色的合法性问题。这当然是一个突出的关注点。但是另一个重要的关注点是要说明这样的可能性，即法律可以展示有意义的工作的优点。确实，不论其作者的意图如何，在关于有意义的工作的理想的所有社会理论中，美国的经典法理学理论最为灿烂夺目。

缺失的律师

我们现在需要看看"缺失的律师"问题。这里不是 Anthony Kronman 所讲的**迷失的**律师，而是**缺失的**律师，在美国的法律理论中——包括 Kronman 的理论中——寥寥无几的律师。

对于这类文献，一个突出的事实是，它所兴高采烈地详细阐述的法律工作，大多数是法官的工作。大多数文献的作者都是与法律服务活动联系很少的学术界人物，他们的兴趣和抱负集中在法官活动上。当这些理论家离开学术界的时候，他们通常成为法官。Kronman 的关注点，是在行政部门居于要位的"律师—政治家"，这提醒我们尽管理论家的关注点有的时候范围更广，但是这一理想对于私人执业律师的世界同样很是漠不关心，而私人执业律师服务是绝大多数美国律师的工作领域。

我曾经指出，主流美国法学理论的思想暗含了对法律职业道德优势观点的有力批判，并基于背景性判断和有意义的工作理想而提出了另外的看法。然而，一个令人震惊的事实是，大多数的理论家自己并没有明确地引出这样的内涵，或者不过是边际性地直面了律师执业活动的道德问题。

当然，也有突出的例外。Louis Brandeis 就是 20 世纪一个在执业领域影响深远的伟大的美国法学理论家。[18] 尽管你从当代法学学术中——它们仍沉迷于对

---

[18] 一些人可能也把 Thurman Arnold 归入这一类，但是无论是在理论上还是实践上，他的重要性都远不及 Brandeis。

相对徒劳无益的 Holmes 的研究——无法得知，但 Brandeis 可能是这个世纪最具影响力的法学思想家。他在早期与 Samuel Warren 合作的关于当时正在浮现的"隐私权"的著作，是关于普通法中司法创造性的经典示范和辩护。他关于银行法、公用事业管制、劳动法的著作，为进步主义运动思想提供了制度上的具体内容。他在法庭上针对合宪性指控为社会立法进行辩护，这产生了著名的"Brandeis 意见书"，开了在法律论证中使用统计资料和数据之先河。他关于最高法院的意见，奠定了法律过程学派——这一学派醒目地表达了战后的自由主义法学思想——的思想基础。他还是战后作为有意义的工作的职业主义这一思想的首要的倡导者。

1905 年，Brandeis 为一群哈佛大学的本科生作了一次演讲。"你们希望知道"，他说，"法律职业是否能为你提供特殊的机会使你成为你的同胞的有用之才。"[19] 19 年前，Holmes 对另外一群哈佛大学的本科生演讲时，曾推测他的听众将会提出一个略有不同的问题，"你所说的能说明我将能够通过这扇大门（也就是律师的生活）实现我精神上的可能性吗？"[20] Brandeis 的回答在一开始几乎与 Holmes 的回答完全一样：法律工作的主要特点，每个人都提出来，是一般和特殊之间持续不断地相互参引。但是从这一点开始，他们分道扬镳了。就像我们看到的那样，Holmes 认为日常执业活动中的特定性，是进行孤独、默想的理论化活动的原材料。对于 Brandeis 而言，救赎取决于这样的事实，即律师的活动，不论多么具有一般性，"总是要关系到某些实践目的"[21]。

在他成为法官之前的三十年，Brandeis 是一名执业律师。他承担了许多备受关注的政府任务。他在很大程度上构思形成了公共利益律师的思想。这些律师代理非政府委托人，根据其关于公共利益的观念来推进改革。他还是一名非常成功的私人商业律师。Brandeis 就其私人执业活动写作甚少，除了少数几个案件外，我们无从知道详细信息，但是我们从其言行知道，他拒斥那些他认为的当时执业活动的共同特点。[22]

首先，Brandeis 坚持认为，在所有利益没有得到平等代理的情形下，优势观点主张的进攻性律师活动不能促进正义。他看到了许多这样的情况。他对这一问题的主要回应是政府和公共利益工作，这些工作旨在通过为组织化不够的利益提供代理、遏制大型商业企业的权力来平衡竞技场。他支持并帮助成立了各种规制性机构、工会和消费者组织。作为公共利益律师的典范，他代表东零西散、多少缺乏组织的公民在立法机构、政府部门和法院进行演讲。他还提出了这样的主张，即为强力组织进行代理的律师有责任运用其影响，来阻止其委托人开展不正当的、反社会的项目。他对此身体力行。[23]

---

[19] Brandeis，*Business* 329.

[20] Holmes，*Collected Legal Papers* 29.

[21] Brandeis，*Business* 332.

[22] 参见 Alpheus Thomas Mason，*Brandeis—A Free Man's Life*（1946）。

[23] 例如："对于其一个面临着劳工麻烦的委托人，Brandeis 几乎大喊道，'你说你的工厂不能继续支付雇员们现在的工资。但是你并没有告诉我他们的收入是多少。因为工作无规律他们损失了多少，你不知道。你对这样的事实视而不见，你怎么管理你的业务，还说它能付得起多少工资。在你进入这场是非之前，这些不是你应当知道的吗？你难道不应当确保你的人知道这些吗？'" Ibid. 144.

其次，在委托人的力量大致旗鼓相当的情况下，Brandeis 敦促律师们努力引导人们远离无用的争吵，而是去搭建新的互利合作的框架。这要求律师超越法律，理解委托人的实际情况。它要求律师愿意满怀同情地考虑涉及委托人的第三方的利益。在一个著名的例子中，制鞋商 W. H. McElwain 请求帮助与其工人就工资削减进行谈判，Brandeis 对此的回应指出，尽管 McElwain 的工资率很高，但其工人的平均工资是很低的，因为他们的雇佣是不定期的。他坚持委托人研究重新组织其营销和库存做法的可能性，以使得生产和劳动力需求常态化。这种做法是成功的，使得雇主和雇佣工人都好起来的制度安排成为可能。㉔

由于第三方总是可能存在相互冲突（也可能存在相互和谐）的利益，这样的做法要求委托人愿意承担得不到互惠或者受到背叛的风险。这也要求律师有的时候处于与委托人或者前委托人的对立面。因此，Brandeis 有的时候发现自己被指责为不忠。在既代理了美国制鞋机器公司又代理了其顾客制鞋厂多年以后，Brandeis 与其顾客站在了一起来反对制鞋机器公司，并且（在不收取任何律师费的情况下）攻击了他帮助起草的有关制度，因为他发现这些制度遭到了该公司的滥用。在"Lennox"案件中，一个陷入麻烦的债务人和一个主要债权人同时找到了 Brandeis，他建议为债权人的利益将债务人的财产作出转让安排，在他们同意以后，安排其中一个人与其合伙人作了受托人。当该合伙人发现债务人隐匿财产的时候，律师事务所感到有义务尽全力迫使他交出来，这使得债务人恼怒万分。㉕

这种私人执业方法，导致 Brandeis 接受的财产安排牵涉到他要对存在潜在利益冲突的人承担职责，而这种职责界定得并不清楚。当 Brandeis 被问及他认为在"Lennox"案件中推荐这种安排时他代理的是谁时，他总结了他的方法。"我应当说我是这种境况的律师"，他回答说。㉖ 这种回应与律师协会关于代理的优势观点的精神存在极度紧张关系。该优势观点认为，通常情况下律师应当仅对唯一的利益承担责任。Brandeis 被指责貌似有好几次违反了律师协会的利益冲突规则。在他被提名为最高法院法官时，这些指摘是针对他的主要问题。㉗

为了了解 Brandeis 律师执业风格的激进性和它对律师协会构成如此威胁的原因，我们应当停下来讨论一下律师协会利益冲突标准与我们关注过的关于律师忠诚的绝对性标准之间的关系。利益冲突标准的前提是忠诚标准。由于人们期望律师能进攻性地忠诚于一个委托人，所以他不能对有着不同利益的人承担责任。就像 John Frank 所说的那样，"律师不是随境况变化而聘请的，对抗制下他们同一时间只能代理一种利益"㉘。

利益冲突禁止反映了优势观点的忠诚标准背后的实证主义和自由意志论思想。Brandeis 的"境况的律师"思想认为，存在关于公平对待和合作的策略性标准，律师在代理多个委托人时，可以诉诸这些标准来解决利益冲突问题。但是实

㉔ Ibid. 145–146.

㉕ Ibid. 214–229，232–237.

㉖ Ibid. 236.

㉗ 参见 John Frank, "The Legal Ethics of Louis Brandeis," 17 *Stanford Law Review* 683 (1965). 尽管 Frank 认为具体的指摘都没有什么价值，他还是把"境况的律师"称为"他曾经不经意说出的最不幸的言语之一"。At 702.

㉘ Ibid.

证主义者质疑这些标准的实质性，自由意志论者认为律师将这些标准强加给委托人是不合理的。综合起来，这些观点支持这样的认识，即合作性安排的合理性的唯一可信的指征，就是它是在每一方利益都得到独立代理的情况下经过公平谈判形成的。

支持优势观点的工具性主张也是利益冲突标准的基础。如果就像这些观点所主张的那样，与对方当事人共享信息的职责将抑制足够的准备，则对有着对立利益的当事人的共同代理必然会损害足够的准备。从披露的角度看，共同代理也创造了一种不可能的情形。委托人只有在彼此进行彻底披露以后，才能弄清楚他们的利益是否具有足够的一致性，从而允许共同代理。但是一旦他们这么做了，他们将牺牲单独代理所具有的重要优势。

Brandeis 不会否认他所敦促的这种合作存在成本和风险。但是单独代理也存在成本和风险。例如，重复劳动的成本，循环交流的成本，因为信息的片段化和观点偏见导致的未能发现共同获益的机会所带来的成本。从功能上分析，利益冲突规则立足于教条性的固执己见，即合作的风险和成本总是大于单独代理的风险和成本。

因此，Brandeis 的律师执业风格至少暗示地对优势观点提出了根本性的挑战。在他得到最高法院法官的提名时，律师协会的领导人似乎感受到了这种挑战的激进性。美国律师协会的六位前主席宣称，Brandeis 对委托人忠诚和利益冲突标准的背离，使得他不适合担任法官。[29] 具有讽刺意味的是，在提名之战失利后，律师协会看到他们的对手从律师执业领域退休了。

Brandeis 从没有明确提出其挑战。然而，在第二次世界大战结束后，Henry Hart 和 James Willard Hurst，当时仅有的两位对执业感兴趣的美国法学理论家，为厘清 Brandeis 思想的含义进行了某些努力。这当然不是偶然的，因为二者都曾在最高法院做过 Brandeis 的法律助手。二人的著作都充分参引了 Brandeis 的思想，他们对执业活动的理解恰恰就是 Brandeis 所讲的有意义的工作。他们看到了法律理论在司法背景中发展起来的真知灼见所具有的显赫潜能，即法律适用既可以具有创造性，也可以根植于已经确立的标准。他们主张并说明了律师具有创造力，这种创造力必然带来这样的责任，即保证它的运用与社会福祉相一致。[30]

在权力不平等的情况下，例如第 2 章所讨论的大意的铁路公司案，Brandeis 者们斥责那些允许其委托人滥用其权力的律师们。他们还提出了司法和管制上的解决方案，来对权力的不平衡进行救济，或者设定符合社会取向的结果。在权力相对平等的情况下，他们拥护的是"境况的律师"方法，在这种情况下，律师的工作是形成公平、互利的合作框架。例如，在 Hart 和 Albert Sacks 合著的《法律过程》材料中的第三个问题涉及起草一份小型商业租约。核心问题是就租户经营的利益和风险进行适当的分配。租户想在其经营刚刚起步时具有灵活性，在其成功的情况下保证续约。所有人想获得最低的回报，抵御通货膨胀，并在经营成功的情况下获得额外的回报。解决方案是一个长期的安排，租金基于租户销售额的某个百分比，但是根据固定的最低数额进行定期递增。作者向我们介绍了该百

㉙ Ibid. 685.

㉚ James Willard Hurst, *The Growth of American Law：The Law Makers* (1950)；Henry M. Hart, Jr. and Albert Sacks, *The Legal Process：Basic Problems in the Making and Application of Law* (tent. ed. 1958).

分比租约的实时标准的特点，强调该方法并不是实证性的国家立法，而事实上是由律师创造的。他们敦促对该租约的谈判和解释，应当根据像立法解释的标准一样的解释前提来进行，这一前提即"旨在保证理性和公平地运作"的标准。[31]

因此，Brandeis 关于律师执业活动的观点，具体体现了 19 世纪疏离感理论所怀念的手艺人角色的特点。像手艺人一样，律师创造性地运用社会界定的一般知识，来制造个性化的产品。与此类似，律师通过在日常执业活动中坚持质量标准，表达了对社会标准和目的的忠信。律师的角色充溢着更为明确和复杂的标准因素，这使其成为将具体实践活动与广泛价值连接起来的更为有希望的工具——而这种连接，正是我们以上所讨论的传统中的"有意义的工作"的标识。

在关于律师执业活动的讨论中，Brandeis 的观点经久不衰。它也在一定程度上反映在了现代律师职业道德守则中。例如，守则承认律师建议在严格的"法律"因素之外，考虑"伦理"和"社会"因素的适当性。利益冲突禁止在很大程度上被放松了，《示范守则》明确规定了"律师作为中间人"的角色。[32]

Brandeis 者们的逃避

Brandeis 者们从没有将其观点发展为对优势观点的全面挑战，他们从没有像他们的导师对许多其他问题那样，进行热血沸腾的批判。Brandeis 的批判中更为激进的意蕴已经被中和了，这发生在 Brandeis 及其信徒自己最初划定的场域中。

其中一个思想是，Brandeis 的观点可能仅仅与某些执业领域有关。Brandeis 开创的这一基本的区分，是诉讼与咨询之间的区分。根据自己的执业经历，Brandeis（以及 Hurst 和 Hart）认为咨询活动——他是指提供非诉讼建议和设计合作框架的活动——是执业活动中令人振奋和重要的领域。Brandeis 者们倾向于忽视诉讼，这暗含着这样的承认，即优势观点在诉讼中可能仍然是适当的。

Brandeis 的追随者们自己并没有过多地强调这种区别。他们之所以认为诉讼不重要，原因可能与某些法学理论家一笔认为私人执业活动不重要的原因一样，他们发现这是令人厌恶的。最近，许多人建议采用 Brandeis 的观点，但是这仅限于咨询活动。道德守则对这一思想只有口惠之实，在咨询活动领域，这在很大程度上仅仅是一种诱掖奖劝，而不是具有可执行性的职责。[33] 一般情况下，咨询与诉讼的区别在这样的基础上才是合理的，即在诉讼中当事人更经常得到平等的代理和法官的监督，而在咨询活动中这两个保护措施较少实现。

这一方法是经不起推敲的，其流行已趋穷途末路。在法院系统的当前危机中，似乎显而易见的是，诉讼的失灵并不都是源于权力的失衡。确实，在双方当事人均实力雄厚的情况下，某些特点会进一步恶化。迫使一方当事人从事代价高昂的活动的，仅仅是因为另一方进行了或者愿意进行"军备竞赛"。

此外，二分法方法背叛了现代法理学最基本的旋律——拒斥绝对性判断，而不是拒斥权力的失衡。这为进行背景性判断留下了空间，但是其代价是在诉讼和

---

[31] Hart and Sacks, *Legal Process* 230.

[32] *Model Rules* 2.2.

[33] 例如，Rubin, "A Causerie on Lawyers' Ethics in Negotiation," 35 *Tulane Law Review* 577，751。

咨询活动之间进行了新的绝对性的区分。即使优势观点的道德很适合于诉讼**一般而言**能够成立，二分法的方法也应当受到反对，因为它没有在这些道德不合适的例外性的诉讼情形下，让律师承担修改这些道德的责任。律师的责任主要是由经典的二分法的、非此即彼的决定所确定的，这决定了其行为有些时候是不适当的。

Geoffrey Hazard 的作为说明了这种方法所可能导致的卑劣的无知有多么深刻。Geoffrey Hazard 是《示范规则》的起草者，他在 Lincoln 储蓄与贷款银行崩盘后为 Kaye Scholer 律师事务所的律师进行了辩护。Hazard 认为，与律师作为顾问（"规制"律师）相比，律师在作为诉讼代理人（"诉讼"律师）时对公众承担的责任标准比较低。我们回想一下，这些律师当时正在为 Lincoln 银行遵行银行委员会关于审计信息的要求提供意见和帮助。人们可能会问这与诉讼有何关系。Hazard 的心照不宣的回应可能是，由于政府开始怀疑 Lincoln 银行从事了不法行为，它可能在未来发动诉讼！㉞

确实，由于政府的怀疑是正确的，诉讼多少具有确定性。按照 Hazard 的观点，委托人行为的非法性越是清晰，就越支持律师、委托人采用更低的责任标准。㉟ 幸运的是，出于律师界的尊严，这一观点并没有为人们广为接受。其荒唐性仅仅是基本缺陷的一个表征。这个基本缺陷是，它允许重要的道德决策取决于与有关情形下真正的标准关注点相距甚远的因素。

包含 Brandeis 的颠覆性的观点的第二个思想是，公共规制可能最终会提出职业责任问题。Hurst 和 Hart 认为，当商业律师未能克制其委托人的滥行时，政府最终会回应以规制约束。当然，这种回应越是可能，关于责任的观点就越可能逐渐变为关于长远自身利益的观点。Adolph Berle 澄清了这种思路的最终含义。他预测说，规制国家（regulatory state）最终将把"整个公司律师界从大多数人生活于其中的虽能够获利但是几乎平凡无奇的束缚中解放出来"，因为"［社会原则被］侵犯时刻，就是可预测的国家介入之时。在这种情况下，马上会形成一个明确的法律规则。巨大和强有力的利益担负不起在重大侵害中遭到袭击的风险，即使规则还没有被明确化"㊱。如果说除了职业责任外，Brandeis 者们还相信一件

㉞ 参见 "Summary of the Expert Opinion of Geoffrey C. Hazard Jr." in *The Attorney Client Relationship After Kaye，Scholer* 381，394—397（Practicing Law Institute，1992）。

㉟ 即使是作为对《示范规则》的解释，Hazard 的观点也是荒唐的。除了错误地把律师归结为"诉讼律师"外，他还错误地宣称在这种归结下应当适用的标准是《示范规则》3.1。该规则允许律师在诉讼中代表委托人提出任何并非没有意义的主张。Hazard 显然是在宣传只要 Kaye Scholer 律师事务所提出的是并非没有意义的主张，即其所扣压的信息并不需要，以及其所作的宣称不具有误导性，则律师事务所就很安全。但是规则 3.1 适用于诉讼情况，在这种情况下，律师要自愿遵行一种立场，而不是一种律师有义务提出信息的情形。

就对 Kaye Scholer 律师事务所的指控涉及的扣压信息而言，诉讼类比涉及的不是终局辩论，终局辩论中律师可以就证据进行任何并非毫无意义的总结，诉讼类比所涉及的是对案情先悉要求的回应。对此要求最站得住脚的标准是，律师必须遵守对该要求的合理解释（与并非毫无意义的解释相比，这是一个更为狭窄的类比）。例如参见，*Washington State Physicians Insurance Exchange v. Fisons Corp.*，122 Wash. 2d 299，858 P.2d 1054（1992）。就对 Kaye Scholer 律师事务所的指控涉及的不实陈述而言，这种情况也完全不同于诉讼中的终局辩论。终局辩论中律师的陈述被认为仅仅能提及记录中的证据，审判者可以就其总结的合理性作出自己的判断。在规制背景下，Kaye Scholer 律师事务所的陈述自然要被理解为提到的不仅是他们提供的信息，还包括他们所意识到的所有相关信息。参见 William H. Simon，"The Kaye Scholer Affair," *Law and Society Inquiry*（1998）。

㊱ Adolph Berle，Book Review，76 *Harvard Law Review* 430（1962）。

事情的话，那就是规制国家的卓越能力。后一忠信会削弱前一忠信之锋芒。如果规制国家很尽职，则法律职业道德更像是审慎问题而不是责任问题了。

但是今天几乎没有人对国家持这种程度的信任。回溯过去，我们可以清晰地看到其前提的瑕疵——储蓄与贷款银行的崩溃淋漓尽致地说明了这两个瑕疵。首先，只有在委托人具有足够长远打算的情况下，所预测的干预活动的纠正权力才能发挥作用。如果有人决定"破釜沉舟"，追求一夜暴富，或者如果有人在短期内按照规则办事则会面临近乎确定的失败，则这种介入就是无效的。储蓄与贷款银行的恶徒们面临的恰恰是这种情况。

此外，与私人秩序取决于律师的行为是否负责一样，规制取决于官吏的行为是否负责。如果律师抵制或者背叛责任，为什么官吏们应当做得更好呢？储蓄与贷款银行丑闻中官吏们的无能、懦弱和腐败蔚为大观，就是对这一命题的一个不朽的纪念，即在公司的不负责任威胁了公共利益的"时刻"之后，有效的国家干预并不必然能够适时介入。

我推测，与 Anthony Kronman 所谴责的对法律推理的理论挑战相比，使得 Brandeis 的两个回避站不住脚的实践发展更能说明律师界当前的不适。围绕着诉讼的危机感，以及律师界与巨大的经济丑闻之间闪烁着利润光泽的联系，被各种规制制度的不足所进一步恶化，这都说明责任问题在任何执业领域都不是模拟案件讨论。对于许多愿意接受职业责任的律师而言，职业责任仍有用武之地。尽管这一作用呼应了许多律师的最为远大的抱负，它也是一个可怕的作用，律师协会的制度对此没有提供什么支持。⑰

■ 自我背叛

有意义的工作这一理想令人恐惧的一面与其令人充满希望的一面同样重要。法律职业主义的历史中令人震惊的事实是，律师对该理想的背叛和他们对该理想的拥护一样绵延不绝。职业救赎的思想属于一类价值，包括基督徒的爱、弗洛伊德的成熟性、马克思主义的自我实现，人被描绘为既是奋斗的目标，也是背弃的对象。

尽管这种肯定与否定的辩证关系看起来令人困惑，但对此还是有着我们所熟悉的解释。有的时候人们由于懦弱、短视，高估眼前的短期满意度，如物质财富或者社会和睦，而摒弃更为重要的但是不易实现的目标。有的时候他们习惯于其堕落状态，使得人们对更好的事物的可能性冷嘲热讽，或者诱导了一种对自我的微不足道但是熟悉的舒适性的迷恋。有的时候人们缺少勇气来接受在实现其崇高目标的过程中相伴左右的失败危险。

当然，人们可能会将这种对理想的弃绝归结为一个人的计算，即努力实现该

---

⑰ Kronman 和其他人还提出，私人律师事务所组织上的最新发展，使得 Brandeis 风格的律师执业活动的范围狭窄了。竞争侵蚀了律师对其委托人一度拥有的影响力。此外，律师的狭窄的、短期的工作的增长，使得他们很少有机会来理解委托人的背景，或者是从委托人那里获得像 Brandeis 那样的角色所需要的尊重。

对于各种各样的律师事务所而言，这种提法似乎站得住脚。但是就公司内部律师而言也存在相反的趋势，公司内部律师的数量和权力都在增长。无论如何，这些发展都太新，不能说明为什么 Brandeis 事业一开始所获得的进展甚微。

理想的成本可能会超过其所带来的利益。然而，在法律职业内很少有人宣称这样的观点，至少是没有公开如此宣称的。更为常见的回应，是以我们已经审视过的优势观点来为法律职业的闪避进行辩护。在基督教、弗洛伊德学说和马克思主义传统中，常常将这种观点的回避、不实陈述以及不合逻辑性视为对它们所否定或者限定的理想的一种支持。这种观点越是站不住脚，它们表现出的恶意越强，似乎就越能表现出它们对其理想的敬意。就我们的目的而言，我们足以坚持的是，我们不能将律师对职业理想的一贯颠覆视为对该理想的深思熟虑的抵制。有关记录所表现出的是矛盾，而不是抵制。

■ 结　　论

　　进步主义—功能主义社会理论所表达的有意义的工作理想，以及暗含在许多关于职业主义的文学作品中的描写，支持了对优势观点的批评，为职业内无所不在但是表达暧昧的伦理焦虑的基础提供了线索。

　　许多律师的志向与"有意义的工作"这一理想是共鸣的。这一理想表明，个人的满足取决于对工作的这样的体验，即在特定的背景中维护一般标准，落实与此同时的社会责任和自我表达，维护作为创造性来源的根据。有时候法律职业主义承诺提供这样的体验，对这一理想的重要回应就是参与性的自我规制和背景性判断。与其他人相比，Brandeis 和他的信徒们在表达围绕背景性判断来组织职业工作的承诺时，更显雄心勃勃。

　　但是"有意义的工作"的支持者倾向于避开与优势观点的正面交锋。Brandeis 者们显然希望职业外的社会趋势将通过促使法律职业朝着维护该理想的方向前进，来消除这种需要。然而他们是错误的。"有意义的工作"这一理想并不是历史的必然。它充其量只是一种政治可能性。

6

作为背景性判断的法律职业道德

考虑到特定案件的相关情况，律师应当采取那些看起来能够促进正义的行动。这是背景性观点所建议的准则，以解决律师职业道德的核心问题，即委托人的利益与第三方或者公共利益相冲突的问题。

"正义"在这里是指法律制度的基本价值，它包含许多层次的更为具体的标准。就正义作出决定，不是要宣告个人的取向，也不是适用普通的伦理。它们是基于职业文化的方法和权威来源而作出的法律判断。我使用的"正义"一词，是可以与"法律上的是非曲直"互换的。后者可以提醒我们，我们所关涉的材料，是通常法律分析的材料；前者可以提醒我们，这些材料包括许多规定含糊的追求性标准。

对正义的责任与遵从诸如立法机构和法院这样的权威机构通常宣布或者制定的标准并非不能相容。相反，正义常常（也许通常）要求有这样的遵从。这样的责任也不排除在争议案件的解决中遵从裁判程序。再次重申，正义常常要求而不是不要求这样的遵从。对正义的责任也与在许许多多情况下代表委托人目标进行的热忱诉辩是一致的。正义理念要求律师在忠信于当事人性诉辩的同时，要充任"法院的职员"，以在认同委托人的同时，又超脱于他们。

律师应当如何决定正义问题？对这个问题有一个初步回答，即她应当像法官一样对此进行思忖。这一回答的好处是，它援用了法律文化的一部分，在这一部分法律文化中，对法律上的是非曲直和正义的背景性判断，通常被认为是可能的和适当的。但是该回答应当受到限定，强调像法官那样思考并不必然意味着像法官那样作出同样的决定。这里所指的是一种判断的风格，而不是特定的决定或者实体责任。正义常常是通过不同职能的分工来实现的，不同角色的承担者就某个情形的不同方面承担着责任。

法律职业道德问题的结构

从某些经常性的紧张关系角度来考虑职业道德问题，有助于说明背景性观点。这些紧张关系是：实体与程序、目的与形式、宽框定与窄框定。大多数法律职业道德问题对这三个问题都统统涉及，但是通常情况下其中一个似乎特别突出和棘手。

实体与程序

实体与程序之间的紧张关系之所以会产生，一方面是因为律师感到其就事务的实体是非曲直进行的判断具有局限性，另一方面是因为律师感到现行程序对于确定有关事务具有局限性。我们可以告诉律师仅仅关注实体，还可以接着说她应当工作来仅仅促进她确定应当胜诉的主张和目标。对这一方法最重要的异议，不是律师就案件的实体是非的决定将会存在争议，法官、陪审团和行政官员的决定也会存在争议。主要的反对意见是，与各个律师相比，相关公共程序内的法官、陪审团和行政官员通常能够就案件是非曲直作出更为可靠的决定。

但是这些扮演其他角色的人的相对能力，取决于律师如何扮演其角色。此外，即使在评估案件是非问题时，其他角色扮演者**通常**能够比律师处于更好的地

位，也还是存在着他们并不比律师强的重要场合。也许对方当事人或者官员缺少启动、实现或者决定某个主张所需要的信息或者资源；也许某个官员腐败了，或者在政治上受到了恐吓，或者不适格；或者解决有关事务的相关程序在设计上不合理；或者对必要的当事人不能行使管辖权，或者不能在保护某些紧急利益时在相当短的时间内确定某事项；或者不能在执行判决时找到有关财产。

背景性观点对实体—程序紧张关系的最基本的回应是：相关程序和机构越是可靠，律师对争议解决的实体正义需要承担的直接责任越少；相关程序和机构越不可靠，律师对实体正义需要承担的直接责任就越多。

这意味着从一开始，律师就需要形成一套做法，以在其工作的背景中为公正解决争议作出贡献。这些做法通常就是那些公共利益观点推荐的做法——促进相关信息的提出，放弃欺骗与操弄。背景性观点的最突出特征是，律师应当将其对这些做法的忠信视为一套弱推定。一旦律师形成了其自己的一般服务风格，她就必须对某些指征保持怵惕，即其关于这种风格所包含的某种做法是良好做法这一判断的某些前提，并不适用于特定案件，当她发现这样的指征后，即相应修改其做法。

律师对程序缺陷的回应应当是尽力减少这些影响。通过要求律师首先尽力改善程序，背景性方法尊重了传统的前提，即尽最大限度保证公正解决，是产生这种解决结果的程序合理性之所在。但是如果律师不能消除相关程序的缺陷，她应当对决定的实体合理性承担直接责任。她应当就争议的适当实体解决形成自己的判断，并采取合理措施来实现它。

不知情的原告律师。[1] 假设贫穷原告提起了一个侵权诉讼，他因为被告毫无争议的过失受到了严重伤害，但是他也可能对这种伤害负有一定责任。在谈判中，进行辩护的保险公司律师发现，原告的律师没有意识到最近的立法废除了共同过失的辩护手段，而这一立法可以追溯适用于本案。原告的律师在谈判时还持有这样的想法，即存在因委托人过失而完全不能获得赔偿的重大可能性，而事实上不存在这样的可能性。辩护律师接着完成了该谈判，而没有纠正这种错误认识。

Gary Bellow 和 Bea Moulton 讲了这个故事，他们在这里倾向于公共利益方法。优势观点的支持者们可能更喜欢这样的场景，即不披露行为的受害者不是穷人，受益者也不是保险公司。为此，我们可以回忆一下 Monroe Freedman 讲的离婚律师的故事，该律师要反对的是被称为所谓的"投弹手"的律师，这个律师"除了榨干丈夫的每一个便士和每一件物件外，他在生活中一无所求，不论这会给人际关系、孩子或者其他带来什么代价"[2]。主流方法和公共利益方法将通过绝对性规则来解决这样的案件，优势观点是不进行披露，公共利益观点是进行披露。

背景性观点要求进行更为复杂的判断。在人身伤害案件中，辩护律师最应当关心的是，在不进行披露的情况下，可能发生的和解是否是公正的。就给定的事实而言，似乎该和解不可能是公正的。原告律师因为误解了法律，其设定的底线

① Gary Bellow and Bea Moulton, *The Lawyering Process* 586-591 (1978).

② "A Gathering of Legal Scholars to Discuss 'Professional Responsibility and the Model Rules of Professional Conduct'," 35 *University of Miami Law Review* 639, 652-653 (1981).

可能将大大低于原告主张的适当让步价值。在这里，辩护律师的责任是使案件达成一个公正的结果。这么做的最好方法可能是进行披露并重启谈判。这个职责是由这样的事实所引发的，即没有辩护律师的某些帮助，我们就不能指望程序能够产生公正的解决方案。原告律师的错误，是程序中的一个重要瑕疵，在案件将要在审判前进行和解的情况下，律师、法官或者陪审团将没有进一步的机会来对该瑕疵进行补救。

辩护律师还应当评估这样的可能性，即披露会适得其反，导致更不公正的结果，因为原告的律师可能利用该信息，通过某些进攻性的策略试图取得比其有权取得的利益更多的利益。但是如其场景所示，如果被告律师比原告律师有更多的经验，后者还没有进攻性，在原告有机会发动新的策略之前，案件似乎就可能终结，则这一风险似乎很小。在 Freedman 的离婚案件中，情况则不同。向"投弹手"披露其丈夫的实际收入可能会促使妻子进一步提高已经不公平的高要求。如果是这样，则披露可以推迟，直到进一步的发展表明，如果没有这种披露案件能够有可能公平解决。然而，律师的职责直到她进行了披露，或者案件在其没有进行披露的情况下得到了公正解决后，才算履行完毕。③

避税Ⅰ。我们看一个案件，在该案件中，瑕疵源于官方机构的不称职。假设一位经验丰富的税务律师想出了一个新的避税方法。她自己确信这个工具不会被允许，但是也有并非毫无意义的理由来支持其合法性。④ 律师可能认为国内税务局和法院最适合解决这样的问题。她可能认为这些机构和法院比她有更多的专业知识，它们能够以一种统一适用于类似案件的方法来更好地解决问题，并且它们受到各种民主控制。然而，这样的观点仅仅在这些机构和法院事实上在这些事务上作出了明智决定的情况下，才具有相关性。在有关机构和法院不能有效进行审查的情况下，律师的前提并不能证明其使用该方法的正当性。这种情况可能发生，因为有关机构可能缺少足够的资源来识别该问题，或者是将该事务诉诸法院。

在这样的情况下，律师应当对程序缺陷作出回应。她可以试图通过对此进行补救来这么做，例如她可以将该问题提请国内税务局，引起他们的注意（例如在申报材料中做上标记）。如果该做法不可行（例如委托人不允许这样做），或者这么做不足以弥补程序缺陷（例如有关机构资金短缺，不能对这样的信号作出回复），则律师必须对实体解决承担更多的直接责任。如果她认为该方法会被判定不合法，就应当拒绝为此提供帮助。在这些情况下，她是处理该事务的最合适的决策者。

在有关程序具有足够的可靠性，律师不需要就实体上的是非曲直承担直接责任的情况下，律师仍然有职责来使程序尽可能有效，不采取会减弱其效率的行动。即使她自己不需要考虑实体上的是非曲直，也应当尽其所能来为裁判者这么做提供方便。

---

③ 知悉有关信息的律师还应当考虑的是，其委托人是否还有独立于诉讼主张实体是非曲直的利益来支持不进行披露。在某些情况下，可能存在妨碍披露的隐私或者财产原因。然而，在个人伤害案件中，如果信息涉及的是法律规则的状态，则很难看到这样的利益。法律规则处于公共领域。在离婚案件中，信息涉及的是丈夫的财产情况，在这种情况下，他不存在与其妻子冲突的隐私或者财产利益。

④ 用某些税务执业人员的行话来说，她认为该工具存在"合理基础"，但是她不认为存在这样做的"重要渊源"，或者这样做"说不定"会被允许。参见 Special Committee on the Lawyer's Role in Tax Practice, Association of the Bar of the City of New York, "The Lawyer's Role in Tax Practice," 36 *Tax Lawyer* 865（1983）。

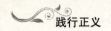

笔迹专家。我们来看一个欺诈性的弹劾策略问题。律师在对笔迹专家进行交叉询问时，偷偷地将该证人已经鉴定过的笔迹替换成与之不同的笔迹，期望着证人没有注意到这种偷梁换柱行为，而继续坚持这种光天化日下的错误鉴定。律师这么做是否合适？优势观点倾向于允许这种策略，而公共利益观点则倾向于对此进行谴责。⑤

根据背景性观点，对该问题需要进行研究，确定该策略是否可能会影响裁判者公平处理该案件的能力。如果律师在听证时没有什么知识要予以隐瞒，则道德问题就不是那么紧迫，因为如果该策略没有影响到对问题的公平理解，则裁判者会对此进行适当的处理。但是如果律师的所知所晓不能形成具有可采性的证据⑥，道德问题就可能很重要。假设律师有理由认为该证人是称职的，鉴定也是正确的，但是该策略会奏效，因为证人在大庭广众之下容易紧张和糊涂。这样该策略就可能阻碍而不是提高裁判者进行公平决定的能力。另一方面，假设还有法院记录之外的信息来表明证人不称职，并且鉴定是错误的。她确定该策略将会有助于公平的决定，这样也是站得住脚的。⑦

在这类案例中，道德关切来源于这样的事实，即即使在相对可靠的程序中，律师也通常有机会以某种方式来提高其委托人取得成功的机会，而这种方式不会促进裁判者就案件是非曲直作出决定。优势观点依赖于法官借助对方律师的提示来制约这种策略。然而，即使法官听取了双方意见，但是与律师相比而言，也常常更欠缺对具体事实问题的知晓。在这种情况下，律师不能将她在自己不认为有助于公平决定的策略问题上，将责任推卸给法官。由于她在评估该事务问题上具有优势，她应当运用自己的判断，并在适当的情况下进行自我约束。这远远不是要让律师的角色退变为法官的角色，背景性观点设想的是，能够对关于法官角色的普遍接受的理解加以补充的律师角色。在不能指望法官维护实体是非曲直的情况下，律师应当承担该责任。在其他情况下，律师的责任仅仅是促进法官作出明智的决定。

---

⑤ 参见 *In Re Metzger*，31 Haw. 929 (1931)（明确地谴责了这种策略）。

⑥ 为什么具有证明力的信息不提交为证据？最重要的原因是它对唯一意识到它的一方不利。然而，即使是在信息可以为双方律师平等获得的情况下，律师也可能对不能作为可采证据提出的特定事实事项有着重要的洞察力。

首先，具有证明力的信息可能会被证据规则所排除。某些规则，例如特免权规则，是基于证明力以外的因素制定的。此外，大多数规则，特别是传闻规则，涵盖范围极其广泛。它们排除某些具有证明力的证据，是为了特别消除某个证据的证明力。规则认为这样的判断是不可靠的，或者是无效益的。然而，即使对于法官和陪审团而言也是如此，对于律师而言常常并不是如此。例如，我们已经认识到具有证明力但是不可采的证据在公诉人决定是否指控和撤回案件时，发挥着有价值的作用。Samuel Gross，"Loss of Innocence: Eyewitness Identification and Proof of Guilty," 16 *Journal of Legal Studies* 395，407-408，432-440 (1987)。

律师有的时候有着更大的洞察力的第二个原因，是律师对特定的证据相对熟悉。律师可能花费数年来准备案件，而审判者对此必须在几天或者几周内消化吸收。在案件准备过程中，律师可能对某些不能充分表达的事实有着策略性的理解或者直觉性感觉，或者他们可能吸收了许多项碎细小但是具有相关性的信息，而由于审判者在短时间内吸收信息的能力较为有限，这些信息不能有效地提交给审判者。尽管或者由于这种差别，审判者常常处于更好的地位来判定整个案件——她可能能够超越树木之局限而见森林——但是律师常常在细节问题上更胜一筹。

⑦ 在其关于诉讼实践的开创性著作中，Robert Keeton 提出了一个与我的观点很类似的结论："允许使用在法律上得到支持的任何诉求或者辩护，来支持你认为公正的立场，不论你的信念的基础是什么，尽管这是一个令人惊讶的举动。" *Trial Tactics and Methods* 4-5 (1973)。有趣的是，Keeton 把这叫做"流行做法中暗含的回答"，这表明对于优势观点而言，背景性观点的某些方面并不像我所描述的那样陌生。我怀疑 Keeton 在这里是否正确，尽管如果他是对的将是件好事。

当然，人们可以设想一个程序背景，这个程序非常可靠，以至于这里所敦促的这种责任成为附赘悬疣：争议将通过裁决得到迅速解决；称职的决策者在听证后通常能够识别和处理困惑和过度的进攻性行为；双方都能够得到有力的代理和足够的经济支持；规则和程序能够保证证据和问题的充分展示；在这些程序中，可以获得有效的救济。但是在现实世界中，即使接近该理想的例外情况也很少见，而不是像优势观点所暗示的那样，是个经验标准。背景性观点的优势之一，就是它承认程序的不完美性，并对此作出回应。

目的与形式

实体与程序之间的紧张关系的某些情况，看起来像是目的与形式之间的紧张关系的变种。当律师弹劾她明知是诚实的证人的时候，当她对她明知准确的传闻提出异议的时候，当她要求对方当事人证明一个其委托人没有合法理由来争辩的事项的时候，她利用了旨在促进准确、高效作出决策的程序规则，而她的这种利用方式有悖该目的。当法官适用规则的时候，我们期待他们考虑这些规则背后的价值（目的或者原则）。但是法官常常缺少足够的知识来确定在适用规则时，相关的价值是否得到了实现。然而，律师常常确实有足够的知识这么做。因此，对优势观点的一个很重要的异议是，它没有为律师设定责任，使律师保证她所援用的规则在适用时考虑到了这些规则的目的。

到目前为止的观点表明，律师在程序规则的目的与形式方法之间作出抉择时，应当取决于哪个方法看上去能更好地澄清相关的法律是非曲直。在大多数背景下，对是非曲直的考虑支持目的方法。然而背景性方法也要求律师对目的方法可能不会促进这一目标的指征保持怵惕。

在许多情况下，特别是当律师必须对实体是非曲直的考虑承担直接责任时，对目的与形式的考虑非常棘手。在我们的文化中，法律被视为具有正当性，原因之一是它体现了权威立法者制定它的目的。这些权威立法者包括合同当事人、制定法的立法者、宣布普通法规则的法官、采纳宪法的人民。但是法律的正当性也取决于这些目的能否体现在规则形式中。通过在立法意图和在具体案件中的强制贯彻之间充当媒介，规则形式使得法律不同于一个个人臣服于立法者的制度。如果不考虑其目的，规则的适用就不能入情入理。但是，只有参照其在规则中的表述，其目的才能得以适当贯彻。

如果律师有机会设计某活动或者交易，其方式与规则的表面解释似乎一致，但是破坏了其目的，则这种紧张就会反复发生。例如，离婚的丈夫在分居时同意在五年内将其收入的一定百分比支付给其前妻，但是他现在想通过与其雇主进行某种安排来推迟支付其收入，直到支付扶养费的期间届满，以便省些钱。或者是出租车队的所有人为了避免其商业财产遭受侵权责任，通过独立的公司来持有每个出租车。

优势观点倾向于允许操弄形式，以挫败目的；尽管公共利益观点说法不是那么清晰，其倾向于禁止这样的操弄。背景性观点对目的与形式的紧张关系的回应，是这样的准则：相关的目的越是清晰、越是根本，律师越是应当考虑受其约束；相关目的越是不清晰、越是存在问题，律师形式化地对待相关标准的做法越是具有正当理由。形式化地对待它们，意味着按照优势观点对所有法律标准适用

的方式来对待它们——理解它们，使委托人的目标不为其语言所简单限制。

之所以讲到"根本"和"存在问题"的目的，就是要运用这样的已经确立的实践，即支持与法律文化所赋予强烈重要性的价值相一致的法律背景解释，反对威胁这些价值的解释。"根本"目的维护基本价值，"存在问题"的目的威胁这样的价值。在合同和立法解释中，通常情况下，通过改变试图获得这些解释的人所承担的进行形式说明的负担的方式，来支持前者，反对后者。法院尽力避免以判定不公正结果的方式解释合同，避免以违反宪法规定的重要利益的方式来解释制定法（即使被摒弃的解释不会被宪法所禁止）。⑧ 面对规则含糊表述的目的，律师在决定赋予其以何种分量时，应当以此类推。

避税 Ⅱ。这里有一个例子，涉及清晰、不存在问题的目的。委托人是一个收入颇高的酒店经理。律师确定该委托人可以在税收上省一大笔钱，即重新与其雇主进行谈判，减少现金薪金，而同意住在酒店的设施里。律师必须决定是否就此向委托人提出建议，或者如果委托人提议这么做，她必须决定是否贯彻。假设由于某些制度上的局限性，使得不能依赖于国内税务局来确定这个案件，这样律师必须就该案的实体是非曲直承担直接责任。

假设在所得税法中对这种做法存在授权，即制定法中有这样的规定，对雇主为"雇主便利"且"为雇佣条件所要求"而在其设施提供的住宿的做法进行免税。⑨该规则似乎允许这种预期安排——可以在起草的雇佣合同中加入上述"要求"。

假设律师将该规定解释为表达了一种认识，即对这种实物偿付利益按照全部市场价值进行课税是不公平的，因为它们对于雇员来说可能并不值这么多，因为她把这与工作联系在了一起，她不能用它们来交换其他她可以用现金交换的东西。实物偿付利益对于雇员而言肯定有些价值，但是在每个案件中对于这种价值进行评估，在管理上是不可行的，因为没有站得住脚的一般性的推定能准确到在相当比例的案件中支持这么运用。因此，在理论上，制定法要对这种收入免税，因为这是最公平的方法。

假设律师确定，对纳税人已经启动的这种做法进行免税与制定法的目的不一致。在这种情况下，推定纳税人认为该利益与商定扣减的数额价值相当，或者相当于市场价值，是更为合理的。此外，在这样的情况下，这种交易更可能的动机纯粹是省税，而不是商业效益。因此不鼓励这种做法不会带来效益上的成本。这样，律师得出的结论是，对于这种准备进行的交易，不应当进行免税。

然而，我们进一步假设，相关司法辖区的法院已经驳回了国内税务局对纳税人发起的实物偿付交易的指控。⑩ 律师的机构称职性（institutional competence）

---

⑧ 例见 *Kent v. Dulles*，357 U. S. 116（1958）；Alexander Bickel and Harry Wellington，"Legislative Purpose and the Judicial Process：The Lincoln Mills Case，" 71 *Harvard Law Review* 1，22—35（1957）；Richard Posner，"Statutory Interpretation—In the Classroom and in the Courtroom，" 50 *University of Chicago Law Review* 800，819（1987）。

当目的存在问题时，正式对待规则是适当的，因为一个存在问题的目的会对具有特殊意义的委托人目标或者受到法律特别保护的更多的一般自治利益（如隐私）构成威胁或者负担。当目的只是不够清晰时，这种处理方式符合一种残留的背景推定，即不侵犯公共目的（或者私人权利）的私人行为是被允许的。参见 *Papachristou v. City of Jacksonville* 405 U. S. 156（1972）（其以语言模糊为由宣告一部流浪管制法无效）。

⑨ 26 U. S. C. section 119（a）（1982）. This example was suggested by Mark Kelman，*A Guide to Critical Legal Studies* 35（1987）.

⑩ 参见 *Caratan v. Commissioner* 442 F. 2d 606，609—611（9th Cir. 1971）。

理论认为，在实体是非曲直问题上，法院的决定比她自己的观点更具有权威性。因此，她倾向于搁置自己的观点而继续进行交易。但是该分析还没有终结，她仍应当考虑法院裁决的目的基础。

假设她得出的结论是，该裁决不是基于这样的判断，即这样的做法与立法的目的相一致，而是基于另一种信念，即判断每个特定的交易是否是纳税人事实上选择或者发起的，将过于高昂。这个时候律师应当审查其机构称职性理论。法院和国内税务局作出这样的决定可能不可行，但是税务律师作出这样的决定是行得通的，特别是在律师自己有了这样的想法，但是还没有就此与委托人进行交流的时候。由于律师认为相关的目的是清晰、不存在问题的，她不应当继续实施该计划来挫败其目的。

福利最大化。我们现在考虑一个案件，在这个案件中相关目的更不清晰、更存在问题。委托人是根据对有子女家庭补助计划（AFDC）而接受公共帮助的人。她和她的孩子住在其兄弟所有的不要房租的房子里。根据相关规章，他们接受的"无偿"住宿可被视为"实物收入"，需要在福利补助中扣减150美元。[11] 律师必须确定是否建议委托人向其兄弟支付小额房租，比如5美元，以便她不再接受"无偿"住宿，从而避免在补助中扣减150美元。

我们再假设某些制度性的缺陷，要求律师对实体是非曲直承担某些责任。在审视之后，她不能像税收案件那样，对合法目的有清晰和一贯性的感觉。一方面，利益扣减似乎旨在反映接受补助的人的需求的减少，财务上的规划就能使得该规定无效这一事实表明，该规划并不是处心积虑。另一方面，该规章并没有明确排除这样的做法，即规定就房租和150美元的默示住所补助之间的差额进行利益扣减，尽管它这么规定将会非常简单。（与税收案件的情况不同，福利当局已经以一种可能的可行方式解决了评估问题。）

假设背景判例法和立法历史表明，该规章是这样的一种妥协，即补助应当反映有着低房租的人的更低需要的原则与需求确定应当仅考虑现金收入和家庭规模等基本、容易确定的因素的"统一补助"原则之间的妥协。[12] 在这种情况下，律师并不清楚哪种行为与立法目的最相一致。这种不确定性偏向于形式化地对待该规章。

即使律师发现了禁止这种策略性规划的更强的目的指征，如果她认为这存在问题，她不理会该规定也是有正当性的。如果危及了根本价值，则目的就存在问题。律师可以确定，主张者在最低限度的足够收入上的利益，是一个具有非同寻常的法律重要性的利益，有子女家庭补助计划的补助水平显著低于最低限度的足够收入，而有关策划则可能使其接近这样的收入水平。

这些判断是可以讨论的，但是所有这些都有一个重要的渊源。尽管最高法院已经在某些背景下否决了获得最低生活费用的权利是"根本性"权利，

---

[11] 参见 *Code of Massachusetts Regulations* title 106，section 304. 510 (1987)。

[12] 参见 Arthur LaFrance，*Welfare Law：Structure and Entitlement* 351–365 (1979)；Jane Hoey，"The Significance of the Money Payment in Public Assistance," *Social Security Bulletin 3*（September 1994）；Robert Rabin，"Implementation of the Cost-of-Living Adjustment for AFDC Recipients：A Case Study in Welfare Administration," 118 *University of Pennsylvania Law Review* 1143，1148 (1970)。

但它在其他背景下认识到它们具有非同寻常的重要性。[13] 关于最低收入足够性有几个公共标准，可能最具权威性的是联邦贫困标准。如果相关州的补助标准低于这些标准，联邦标准将支持律师的判断，即其收入水平是不足够的。[14] 律师可能根据这些渊源得出这样的结论，即我们不应当认为存在禁止这种租房安排的目的，除非立法对此有明确规定。

宽泛框定与狭窄框定

道德思考的一个重要方面，是对问题的描述或者框定（framing）。如果我们从当事人及其争端的少数特点的角度来框定问题，与对之进行更广泛的描述相比，看上去常常是不同的。

一方面，法律理想鼓励对问题的狭窄界定，以限制国家对公民生活的入侵，并简化决策过程。另一方面，为了有效地执行权利，有时要求对问题进行宽泛界定。当问题被狭窄框定的时候，它们的解决常常受到诸如财富与权力等因素的影响。当我们被迫面对这些因素的时候，它们似乎是专横的。对于这些相互竞逐的因素，律师倾向于在不同的法律领域强调不同的因素。在合同中，他们倾向于相对狭窄的框定；在家庭法中，他们倾向于相对宽泛的框定。但是在其他领域，就框定问题则存在许多争议。[15]

框定问题很少受到直接讨论，但是它们在讨论法律职业道德问题的时候发挥着重要作用。例如，在主张优势观点中的最低坦诚义务的时候，Monroe Freedman 假定的情况是，因为某些其他程序缺陷，坦诚可能会阻碍实体上的适当解决。一个著名的例子是，控方证人准确地说明被告在犯罪现场附近，刑事辩护律师是否应当就该控方证人的视力缺陷进行交叉询问。[16] 在 Freedman 的场景中，尽管证言是准确的，因而准备进行的弹劾似乎是不相关的，但被告事实上是清白的，只是缺少不在犯罪现场的证据，其是某些不幸的情况证据的受害者。因此适当的解决——无罪开释——可能取决于对诚实证人的弹劾。与此类似，在 Freed-

⑬ 比较 Dandridge v. Williams 397 U. S. 471（1970）（就平等保护目的而言，福利利益并不是"根本性"的）与 Goldberg v. Kelly 397 U. S. 254（1970）（就程序的正当程序目的而言，福利利益是根本性的）。也见 Thomas Grey, "Procedure Fairness and Substantive Rights," in 18 Nomos: Due Process 182−202 （J. Pennock and J. Chapman, eds. 1977）（主张 Goldburg 案仅仅在这样的假设下才有意义，即某些福利权利是受到实体保护的）；Frank Michelman, "Welfare Rights in a Constitutional Democracy," 1979 Washington University Law Review Quarterly 659（主张最高法院所认可的权利，例如投票权，如果没有最低限度的经济支持都不能有意义地行使，福利权利也是如此）。

需要指出的是，尽管 Dandridge 案反对全面的实体宪法性的福利权利，但它与那种给予福利以足够的重视，以形成一个反对对立法标准进行将会破坏它们的解释的推定的做法并非不一致。确实，在 King v. Smith 392 U. S. 309（1968）案中，法院尽力采用了一个有利于福利接受者的立法解释，这可以被理解为心照不宣地适用了这样的做法。

⑭ AFDC 立法要求各州为该项目的估算贫困标准，然后允许各州的支付低于它们自己确定的标准的资金。因此，判断足够性的另一个可能的根据，就是比较各州自己的 AFDC 贫困标准与其资助水平。参见 United states Department of Health, Education, and Welfare, The Measure of Poverty 5−7, 14−17（1976）；Sar Levitan, Programs in Aid of the Poor for the 1980s 2−3, 29−32（4th ed. 1980）。

⑮ 关于框定的一般问题，参见 Mark Kelman, "Interpretive Construction in the Substantive Criminal Law", 33 Stanford Law Review 591, 611−642（1981）。

⑯ Monroe Freedman, "Professional Responsibility of the Criminal Defense Lawyer: The Three Hardest Questions," 64 Michigan Law Review 1469, 374−1375（1996）.

man 的离婚案件场景中，隐匿的收入将加剧可能的解决方法的不正义，因为妻子的律师将利用该信息继续其进攻性的策略。

在这些讨论中，Freedman 所做的，就是扩大框定。问题一开始被框定为关于特定的信息（证人的视力、丈夫的收入）的坦诚问题。接着 Freedman 坚持从整个程序背景和披露对案件解决的可能产生的影响角度来看待该问题。但是，这种类型的扩大框定，在 Freedman 关于各个律师的自由裁量权的观点中并不存在。在这个问题上，他采用了一般自由意志论者的狭窄框定做法。他支持进攻性弹劾和保密的绝对职责，不论背景如何。只有在考虑这些情形下规则制定者是否决定要求或者禁止交叉询问或者披露的时候，Freedman 才采用了更宽泛的框定方法。

相反，背景性观点让各个律师承担重大责任，来决定在特定案件中宽泛或者狭窄框定方法是否适当。它表明，律师应当根据三个关于相关性的一般标准来框定道德问题。首先，某个因素如果与相关实体法最站得住脚的解释相适应，则具有相关性。在规制范围很窄的法律中，道德问题应当框定得很窄，例如交通法的规制范围往往窄于家庭法的规制范围。

其次，某个因素如果对问题解决可能有重大的实践影响，则该因素具有相关性。就不可能影响问题解决的不相关的实体因素而言，道德问题可以框定的更为狭窄。在第二个标准中，资源的平等性和信息的可获得性都是倾向于狭窄界定的更为重要的因素。最后，框定应当考虑到律师的知识和机构的称职性。宽泛框定的问题往往要求更多的知识和更为艰难的判断。当律师缺少必需的知识或者称职性时，狭窄的框定变得更为适当。

工会代表选举。[17] 这里有一个引申的案例。一个富裕的私立大学与代表大学职员和技术工人的地方工会有一个集体谈判的协议。工人们以前被组织为单一雇主的地方工会，仅在最近的合同谈判之前，他们与更大的地方工会合并了，这个地方工会代表几个雇主的工人。然而，合并并不成功，大学工人的领导者和更大地方工会的官员商定，大学的工人恢复为单一雇主地方工会。因此，更大地方工会宣称将其代表职能移交给了重新组建的大学地方工会，并放弃了对大学工人的任何利益的代表。几个星期后，重新组建的地方工会就谈判部门成员进行了选举，新的安排得到了五比一的批准，尽管只有 55% 的有资格的人参加了投票。大学地方工会没有就内部会员权利或者现行集体谈判协议的任何条款或者提议进行更改。

根据律师的建议，大学根据集体谈判协议的"核对"（check-off）规定，拒绝认可重新组建的地方工会并拒绝缴费。它宣称，更大的地方工会未经选举不能移交其代表权，在更大地方工会宣布不再代表大学工人后，这些工人的已经被停止代表。由于在进行批准选举的时候，大学地方工会还不是工人的合法代表，它无权进行选举，因此投票无效。大学进一步提出，在更大工会宣布弃权和选举之间有间隔，因重组导致单位规模、官员和内部程序上发生了变化，这表明没有足够的"代表连续性"来支持这样一个推定，即工人希望被该地方工会所代表。在没有这样的推定的情况下，地方工会必须通过全国劳工关系委员会进行的确认选举来证明其地位。[18]

---

[17] 这个例子受 1984 年发生在斯坦福大学的事件的启发。因为我修改了事实，这里仅仅是个假想案件。

[18] 参见 Comment，"Union Affiliations and Collective Bargaining," 128 *University of Pennsylvania Law Review* 430，440—453（1979）（讨论了"代表连续性"原则）。

工会认为这一要求是一种选举负担，不仅仅是因为这是对已经进行的内部选举的重复，还因为从时间、精力和金钱角度看，这将导致相当多的花费。与内部选举不同，全国劳工关系委员会的确认选举将给雇主更多的机会来发起针对地方工会的游说，并存在其他工会就确认选举进行竞争的可能。地方工会因此必须投入许多资源来进行自己的竞选。此外，大学可能会通过对全国劳工关系委员会进行的确认选举进行质疑造成更多的拖延和耗费，这个程序可能会耗费数年才得解决。[19] 另一方面，针对大学拒绝缴费的行为，地方工会的唯一可行做法是向全国劳工关系委员会进行投诉，这在获得有效救济之前，也要耗费大量的时间和金钱。

我们能够从实体与程序及目的与形式的角度来审视大学律师的道德问题。全国劳工关系委员会程序的拖延，源于程序上的瑕疵，这引发了大学律师的某些职责，即要评估大学提出的主张的实体是非曲直。这一主张并非毫无意义，但是其仅得到了程序因素的支持，而这些因素削弱了相关的立法目的。大多数的主张本可以在大的地方工会宣布弃权前的选举时提出，这似乎存在这样的强烈可能，即这时进行的选举与随后进行的选举结果是一样的。

选举拖延的显见原因是大学地方工会领导人的疏忽，但是这种疏忽似乎没有损害到任何人。伴随脱离而进行的内部变更是很重要，但是这只是回到附属前的状态，对此大多数工人都很熟悉。没有迹象表明工人对此不满。《全国劳工关系法》的目的是使工会成为谈判单位的真正代表。在这种情况下，大学关于确认选举的要求并没有得到《全国劳工关系法》这一目的的强烈支持。此外，这似乎还妨害了另一个重要的立法目的，即使得雇主对工会事务的干预和干扰最小化。[20]

但是，从这个路径描述该事务，忽视了许多对于当事人及其律师而言最为重要的一些因素。尽管律师在其诉状中从以上描述的事件的顺序角度对问题进行了框定，但他们及其委托人从更广的角度理解了道德问题，即复杂而长期的关系已经变得越来越尖刻和缺乏信任。

从大学及其律师的角度看，地方工会处于脱离其会员的狂热者的掌控中。这些领导人热衷于采取夸夸其谈和空想的姿态来实现普通会员的关切。他们在大量不成功的苦情问题上浪费了大学的资源。他们在与会员无关紧要的问题上促成了代价高昂的罢工。他们围绕集体谈判激起敌意，这毒害了大学内的人际关系，而对工会的谈判地位没有任何实际的改善。他们的会员不能让领导人承担责任，因为他们已经为领导人的欺骗说法所蒙蔽，以及某些会员担心受到领导人的报复，很少有会员能够投入必要的时间和精力来对已经确立的工会权力结构提出挑战。从这个角度看，全国劳工关系委员会的选举将在能够给大学机会来反击工会领导人的欺骗的背景下促成会员重新考虑其自身利益，同时全国劳工关系委员会的在场将减少工会内部的恐吓。

工会领导人及其律师的看法则不同。他们认为，大学的行为等于是强迫式的、家长作风般的打击工会的行为。对工人需求的偏见，以及自己对精英职业人

---

⑲　参见 Paul Weiler，"Promises to Keep：Securing Workers' Right to Self-Organization under the NLRA," 96 *Harvard Law Review* 1769，1795-1797（1983）（讨论了全国劳工关系委员会执行程序的拖延对工会组织活动的削弱效果）。

⑳　参见 *NLRB v. Financial Inst. Employees* 475 U. S. 192，203，209（1986）。

员拥有不受约束的裁量权的非正式工作环境的偏爱，蒙蔽了大学官员。因此，他们未能认真对待工会的非金钱要求（例如，进行更严密的工作分类，让工人对日程有更多的控制），未能认识到可能会约束管理权力的改革需要。他们对工会领导层的敌意，来自于对工会角色的理解，即排除各种形式的战斗精神，将工会限定在狭窄的经济和惩戒角色上，而这与大多数工人对工会的理解不一致。在集体谈判中，大学的谈判态度是咄咄逼人的，竭尽全力反击苦情陈述，而毫不顾及其是非曲直。强迫工会进行新的确认选举，将恶化其先前行为的效果。虽然有工会，但是获得和维持每个权利都将是令人筋疲力尽、代价高昂的斗争，这一不容怀疑的信息，将会使许多会员人心惶惶，做鸟兽状散。

如果将问题进行宽泛框定，如果接受了大学的观点，支持大学咄咄逼人的做法就似乎更有力。在是非曲直问题上大学的行为获得成功的机会很小，当然工会也要承担很重的负担。然而从更广泛的观点看，这一负担是有缘有故的，因为受到威胁的代表结构从法律上看似乎是不当的。

在某些方面，对立法的更宽泛解释得到了前面所提到的三个相关性标准——实体关系、实践影响和机构称职性——中头两个的支持。从一开始，事务就受到了规制范围很宽的立法的调整。劳动法旨在形成并保护劳动关系。保证工会结构的代表性是其主要目标之一。此外，大学的解释表明，其咄咄逼人的策略可能会中和对争端解决在法律上具有专制性的因素的影响，例如地方工会领导人的操纵，许多工人不能在工会政治中投入许多时间。

然而第三个框定标准对这种思路提出了严肃的异议。对于大学而言，依赖于这种宽泛的观点似乎与立法关于机构称职性的前提不一致。相关法律赋予现行工会一个代表权推定，雇主必须以"客观因素"来加以反驳。全国劳工关系委员会不会将大学广泛解释所依据的任何印象视为反驳。即使这些印象对于全国劳工关系委员会的目的而言还不足够，大学的律师也可能认为依据它们来决定是否利用工会程序上的失误是适当的。大学可能认为这种方法类似于公诉人在决定是否起诉时考虑不可采证据的做法。

然而，这种类比并不有力。大学律师应当认识到她在该事务上有偏见，以及在关于工会的知识上存在局限性。与公诉人在判断上的劣势相比，这更严重。此外，刑事审判中不可采证据规则主要是基于对公诉人判断的不信任之外的因素，例如对警察不端行为的关注、希求保护秘密关系以及对陪审团的有限信任。

相反，要求雇主通过"客观因素"证明怀疑工会代表地位的基础，这似乎旨在通过禁止依赖于其更宽泛观点所立足的这种印象，来防止雇主从事其现在从事的干扰行为。因此，经过权衡，大学律师应当从相对狭窄的角度框定问题，去除其不适合作出的判断。就像我们看到的那样，他们咄咄逼人的策略似乎与更狭窄的框定不相适。

对于工会律师而言，框定问题似乎不重要。对于大学律师而言，问题源于他们有机会利用全国劳工关系委员会的耽搁和耗费给工会造成的负担。对于工会律师而言，无论该问题是宽泛框定的还是狭窄框定的，适当的回应都是要求全国劳工关系委员会作出尽可能快速的、成本低廉的决定。进行全国劳工关系委员会的程序，是工会保护其对抗雇主策略的最佳办法，目前为止的场景表明，没有理由说这一行为会威胁到雇主的合法利益。

为了说明框定问题可能会变得与工会律师有相关性，我们将问题复杂化，即

假设对全国劳工关系委员会的程序的可靠性存在额外关切。回想一下，除了就地方工会的脱离情况所提出的并非毫无意义但是很弱的主张，大学不能就其怀疑工会的多数地位的合理根据提供规定的"客观因素"。就像我们已经指出的那样，这种对雇主引发选举的能力的约束反映了这样一种认识，即在缺乏客观证据的情况下，雇主和全国劳工关系委员会都不能可靠地确定工会是不是还具有代表性。然而，在某些情况下，雇主可能缺乏这种证据，但是工会律师可能处于作出这种确定的最好地位。

如果律师与工会有着紧密、长期的关系，则不会具有雇主的偏见，并可能有足够的知识来自信地确定雇主关于工会不具代表性的主张事实上是否正确。"客观因素"要求将排除全国劳工关系委员会作出这一结论。在这种情况下，机构称职性偏向于广泛的框定。工会律师不应当满足于依赖雇主关于工会脱离问题的狭隘主张的弱点来反对确认选举。她应当推动地方工会领导人诉诸代表性检测，确认选举可能是最好的办法。

实证法律根据与实体法律根据

我们所讨论的这三套紧张关系的每一个，都与第4章所讨论的实证法律根据与实体法律根据的对立有关。一般而言，实体主义法学观点强调实体重于程序、目的重于形式、宽泛框定重于狭窄框定；实证主义法学观点则强调程序、形式和狭窄框定。在前面的章节我提出，因为秉信实证主义的强立场，优势观点是站不住脚的，且与法律职业道德领域之外的主流法理学立场没有联系。这一观点也适用于优势观点对程序、形式和狭窄框定的强有力的推崇。

一旦人们放弃了这些令人怀疑的忠信，可能就会受到诱惑而冲向另一个极端，拥抱绝对性的内容、目的和宽泛框定。背景性观点反对这种动向。对于这些对立面，它并不提供一个简单的一般性或者理论性的解决方案，它仅仅是提出，对通常法律决策方法的进一步思考，常常能够引导我们如何就特定背景下这些相互冲突的因素进行平衡，并作出足够有力的结论。

■ 某些异议

我们现在考虑背景性观点常常引发的三个实践性的异议：与律师通常的做法相比，它所号召的决策要求更多的时间和努力；背景性决策可能会与通常的做法不一致，因此效果不佳；背景性制度将威胁"不得人心的委托人"的利益。

时间和努力

某些职业道德问题似乎极其复杂。背景性观点的优点，是敦促并允许律师探索这种复杂性，但是它并不要求她这么做时毫不顾及时间和资源限制。[21] 决策常常需要快速作出，要么是因为某些迫在眉睫的时限，要么是因为有关利害不值得

---

[21] 关于对背景性标准将带来更多的时间和努力的观点的认可和批评，请参见第3章。

花费进行深入分析所需的资源。在这样的情况下，律师可以适当地依赖不完全的分析和标准，进行适用于大量情况的推定性回应。

背景性制度完全能够像绝对性制度所做的那样节省资源，即使用规则。但是，它在使用规则上，完全不同于绝对性制度的做法。在背景性方法下，律师并不将自己局限于统一的绝对性分析，只有在就抑制进一步充分分析的时间和资源限制作出判断后，才进行进一步分析。如果时间充裕，利害攸关，她将进行更为广泛的分析。此外，即使律师必须迅速作出决定，她也是将其依赖的推定视为可反驳的推定，这样当其意识到支持非常规回应的因素时，她仍能虚怀若谷地接受它。

背景性的道德决策在这方面很像策略决策。在时间允许并且利害攸关时，律师必须就策略选择进行微妙的、详细的分析。但是有的时候他们必须作出迅速、仓促的决定。例如，交叉询问者对证人的不利回答感到猝不及防，可能必须在几秒钟内决定是否要求休庭（这存在表明她对回答感到不安的风险）、进一步提问（这存在恶化第一个回答的效果的风险）或者转移到另一个话题（这存在失掉减弱第一个回答的效果的机会的风险）。

在这些情况下，律师在作出决策时，要借助许多规则，例如"不要提出你并不知道答案的问题"。尽管这些规则有的时候在教给新手时是一种绝对性的标准，有经验的律师总是将其视为可反驳的推定，在情况表明抛弃该推定有利于委托人利益时，将抛弃该推定。（一本重要的诉讼实践教科书列举了许多情况，在这些情况下，交叉询问者提出其不知道答案的问题可能是有利于委托人利益的。[22]）衡量律师的技术能力的标准之一，是他有能力识别在什么时候最好是背离这些标准的要求，特别是出于压力情况下。这些观点也适用于道德决策。

惯例

某些律师感到，在实践中，道德分析常常被惯例的力量所压倒。当一个人要对问题作出回应时，他们会遇到习俗或者制度化例行做法的力量，一旦发生了这种情况，律师会多少不假思索地遵循这些做法。

这一思想既是对优势观点的挑战，对背景性观点的挑战，也是对弘扬道德思考重要性的整个职业主义的追求传统的挑战。然而，如果惯例更经常与优势观点的要求一致，而不是与背景性观点的要求一致，则对于后者这可能是更大的问题。优势观点对委托人忠诚和保密的强烈关注，是与惯例性标准存在重合的。

由于实践和规范的力量，律师为惯例所吸引。在实践层面上，在律师就委托人进行竞争的市场中，如果律师抵制有利于委托人的惯例，则在吸引委托人上将处于不利地位。（然而，对此也可能存在制衡力量，我们将在第8章看到这一点。）此外，律师拒绝为委托人从事律师在惯例上为委托人从事的行为，也常常是无关紧要的，因为委托人将能找到另外一个律师来做这件事。在规范层面上，某种做法是一种惯例，这一事实本身在一定程度上证明了其合理性。某个做法的广泛使用，可能意味着大多数律师相信其价值。对于公开的、可见的做法，这尤

---

[22]　Paul Berman, *Trial Advocacy in a Nutshell 184-229* (1979).

其如此。做法越是得到广泛的传播，当局评估和管理它的能力就越强，因而律师对其承担责任的需求就越少。最后，对委托人拥有的获得惯例做法之益的权利加以否定，意味着在对待他的问题上，与其他律师对待其委托人是不同的。这可能是不平等的。

所有这些理由，都支持背景性决策对例行做法的惯例地位予以积极肯定。但是将这种惯例视为对最后的分析有必胜的把握，则是站不住脚的。某些支持惯例做法的价值，在某些情况下可能是显然缺失的，某些则显然会被竞争性因素所超越。如果律师不承担特定的服务将不能赚取一份合理的生活，这一事实将支持他接受该业务，但是在经济上无忧无虑的律师将不会看重这一点。如果拒绝采取特定的行动将是无足轻重的，因为已经有其他人磨砺以待，则这又支持律师继续行动，但是这并不意味着仅仅因为这一事实就可以忽视抗衡因素。如果讹诈者要求我安排杀掉控方的主要证人，没有人会认为我继续行动是有正当理由的，即使我确定她还会雇用其他人去做这件事。

当然，谋杀证人不是惯例所接受的做法。但是惯例性并不能确保规范上的合理性。在执行即使是最常见的法律标准——"合理关照"的侵权职责——我们也反对将惯例作为一个结论性的辩护。就像 Learned Hand 在一起判定拖船公司因无视经常被其他这样的公司所无视的安全措施而承担责任时所说的，"某些预防措施是如此重要，即使它们受到了普遍无视，也不是他们失职的借口"[23]。

与此类似，大众伦理判断对惯例行为赋予的似乎不过是推定性的合法性。例如，我们看看 1987 年提名 Douglas Ginsburg 到最高法院之前关于吸食大麻的流行做法，或者在 1993 年提名 Zoe Baird 担任司法部长之前为家庭工人支付雇佣税的做法。这两项提名之所以失利，是因为公众谴责了被提名人所从事的当时是惯常做法的行为。在 Ginsburg 案例中，在提名时关于大麻使用的惯例已经发生了变化，但是公众仍感到可以随意地惩罚先前的惯例做法。在 Baird 案例中，为兼职佣人支付雇佣税的惯例仍然有效——大多数人并没有支付这些雇佣税——但是公众仍感到可以随意地惩罚惯常行为，作为鼓励改变惯例的途径。

最后，强惯例主义观点夸大的不仅是惯例的伦理力量，还夸大了其确定性和综合性。惯例并不能为许多道德问题提供清晰的回答。在许多场合下，律师就其他律师的所作所为缺乏良好的信息（这在一定程度上是因为许多相关信息要受到保密标准的约束）。一个地方和另一个地方的、一个执业区域和另一个执业区域的例行做法常常差异很大。就惯例进行界定常常需要就地理区域和相关社群的实质范围进行充满争议的判断。

在 Lincoln 储蓄与贷款银行案件中，Kaye Scholer 律师事务所的律师强烈主张其受到联邦储蓄机构监管局处罚的做法是惯例性的，但是一些律师对此持强烈不同意见。一些人暗示，因为 Kaye Scholer 律师事务所的律师缺少银行业务经验，他们不假思索地重复了纽约诉讼律师在其他背景下——银行检查——的惯常做法，而在其他背景下这并不是惯常做法。他们的辩护律师回应说，由于相关检查具有异常的对抗性，相关背景是一般民事诉讼的相关背景而不是银行检查的相关背景。事实上，对相关的惯例是什么并没有清晰的回答。

㉓　*The T. J. Hooper* 60 F. 2d 737 (1932).

不得人心的委托人

对扩大律师道德责任的做法经常出现的异议涉及"不得人心的委托人"形象。一旦律师对委托人的目标或者主张的是非曲直进行了些微审查，"不得人心的委托人"——持不同政见者、不遵守传统生活的人、流氓无赖——是不是会发现他们得不到代理？在谈到律师勇敢地为红色恐怖、宗教迫害、大众暴力的受害人等进行辩护的著名事件时，人们常常提到这一点。㉔

我们看它所引用的两个著名的事件，就能就这种担心的局限性有所察觉。一个是 19 世纪 60 年代 Erie 铁路控制权之争中 David Dudley Field 对 Jim Fisk 和 Jay Gould 的代理。新闻记者 Samuel Bowel 批判 Field，认为其行为损害了铁路、其股东和经济。Field 回应说，他为 Fisk 和 Gould 所做的，不过是"给他们提供法律意见，为他们在法院辩论案件"，他负有这么做的职责，这样他们将得到"根据这块土地的法律进行的判决"而不是"公众喧闹"的判决。

Field 引用了 Erskine 勋爵在《人的权利》（The Rights of Man）中面对公众的谩骂，为 Tom Paine 所受的煽动性诽谤指控进行的辩护。Erskine 面对大众的嘲弄而宣称："我将不顾任何危险，永远维护英国律师的尊严、独立和适正性，没有这些，公正的司法……就不能存在。"Field 认为这一原则也同样适用于他对 Fisk 和 Gould 的代理。㉕

这两个代理之间是有所区别的，优势观点往往忽视这一点。激起针对 Erskine 的公众喧闹的行为涉及存在争议的书籍的出版，而激起针对 Field 的委托人的公众喧闹的行为则涉及的是对 Erie 铁路公司的掠夺和对其股票的欺诈性操控。这至少是许多消息灵通、地位超然的论者所看到的。需要承认的是，Field 看这个问题的视角可能不同，因为他代表 Fisk 和 Gould 所提出的某些主张在纽约法院得到了支持。根据纽约的某项立法，争议的解决实质上是有利于其委托人的。然而，支持这些主张的司法人员是高度政治化的，在一定程度上是腐败的，其组织方式也使得其不能有效地解决该事项。许多立法人员也收受了 Gould 的贿赂。

Field 似乎并没有卷入对立法者的贿赂行为㉖，但是他可能知道这一点。他还是在下级法院发起臭名昭著的禁令之战的主要策划者。Field 的委托人及其对手 Commodore Vanderbilt 轮番求助于对其友好的法官。根据其要求，这些法官迅速作出偏袒的命令，宣告其他法官根据对手的要求作出的先前命令无效，并根据申请人的意愿对其对手作出新的命令。州《民事诉讼法典》促进了这种乱局，它赋予不同地区的审判法官以全州性的管辖权，而没有就解决判决之间的相互冲突规定足够的方法。

㉔　参见 ABA Model Code of Professional Responsibility EC 2-27（宣称"律师不得因为委托人或者案件不得人心或者社群有不利反应而谢绝代理"）。

㉕　参见 the correspondence between Bowels and Field reprinted in Andrew Kaufman, Problems in Professional Responsibility 424-444（2d ed. 1984）. 关于 Erie 铁路公司斗争的一般描述，参见 Charles Francis Adams and Henry Adams, Chapters of Erie and Other Essays 1-99，135-191（1886）；M. Klein, The Life and Legend of Jay Gould 81-98（1986）。

㉖　Field 被指责向当时支持 Vanderbilt 阵营的某法官的一位政治密友提供了 5 000 美元，以诱使该法官修改某项禁令。该指控并没有得到解决。参见 Adams and Adams, Chapters of Erie 36-37。

从背景性观点看，这似乎是一个程序失灵引发评估实体是非曲直责任的突出案例。考虑到法院的人员和组织情况，认为法院能可靠地公正解决有关事项，这是站不住脚的。因此，Field 错误地认为他对于评估委托人主张的实体是非曲直不承担职责。那些进行了这种评估的人得出的结论是，这些主张根本没有任何价值。[27]

这一分析与"不得人心的委托人"观点的相关性，是要说明一个人是否应当关注委托人的不得人心，取决于这种不得人心性的来源是什么。如果该不得人心性反映了一种对委托人主张和目标的法律上的是非曲直的合理评估，则对此根本不应当担心。当然，律师不应当接受对法律是非曲直的消极大众判断，但是当其自己的判断与公众的判断一致时，委托人的不得人心性不是对他进行帮助的理由。[28]

就 Erskine 的情况和他自己的情况的许多区别中，Field 无视的是，Erskine 的委托人在法律上有相当大的价值。它们深深扎根于言论自由的法律标准。其他对不得人心的委托人进行民事代理的经典例子，例如涉及民权示威者或者红色恐怖受害人的案例，也是引人瞩目的，因为委托人的主张也常常具有重要的价值，其主张常常基于第一修正案。根据背景性观点，这一价值为接办案件提供了强劲的理由。

此外，优势观点似乎不可能对律师界在公民自由案件中接办"不得人心的委托人"案件的意愿产生任何实践上的贡献。在公民自由领域，通常情况下，"不得人心的委托人"不能够支付代理费用，因而依赖于律师出于公益而代理这样的案件的意愿。然而在公益案件中，律师总是要就实体上的是非曲直进行判断的。调查证据表明，与外行公众相比，律师总是更忠信于公民自由的实体价值。[29] 正是这种实体上的忠信，而不是优势观点的道德，说明了为什么律师界愿意为那些提出有价值的公民自由主张的不得人心的委托人提供令人钦佩的服务。

律师执业活动伦理场域的再思考

我们现在再思考一下在第 1 章中所提到的三个例子。

无辜的罪犯。委托人就某个谋杀作了自白，而该案一个被错误定罪的人在等待执行。这样一个戏剧性场面，可以说是程序（保密）与实体（清白）发生极端冲突的例子。[30] 显然，目前为止一般的程序制度是不奏效的，在没有律师某些介

---

[27] 参见上书；Kaufman，*Problems* 431－433，440－444（转载了 Bowels 与 Field 之间的通信）。

[28] 有的时候有人提出，如果律师是委托人代理的唯一希望，或者如 Murray Schwartz 所说的那样，如果她是"镇子上的最后一位律师"，则律师在是否代理委托人问题上会感到更大的压力。"The Zeal of the Civil Advocate," 1983 *American Bar Foundation Research Journal* 543，562－563。如果律师拒绝的原因是判断委托人的立场缺乏价值，则这种提法就是错的。在这种情况下，代理委托人将是浪费和破坏性地使用稀缺资源。

然而，这种情况可能会涉及一个突出的问题。如果该律师不是"镇子上最后一位律师"，而是镇子上唯一的律师（或者是可能考虑该事务的唯一的律师），则其决定会涉及更多的责任。这并不是不论案件是非曲直而接办案件的理由，而是要求在评估案件是非曲直时要格外认真。

[29] John Heinz and Edward Laumann，*Chicago Lawyers* 145－146，149－151（1982）；Herbert McCloskey and A. Brill，*Dimensions of Tolerance* 245－247（1983）。

[30] 从启发式教学目的出发，我假定该信息来自真正的凶手，尽管 Powell 的说明在这一问题上是很模糊的。Arthur Powell，*I Can Go Home Again* 289－292（2d ed. 1943）。

入的话，该案似乎不可能自我纠正。因此，律师有某些责任来评估实体上的是非曲直，似乎显而易见的是，一个可怕的不正义即将发生。

与无辜的罪犯的利害相比，委托人保持沉默的合法权益似乎无足轻重。当然，他对律师付出了信任，但是就像"盗亦有道"所表明的那样，并不是所有形式的"道"都特别有价值。真凶对律师在面对极大的不正义时保持消极的意愿的信赖，似乎无足轻重。最重要的考虑因素，不是委托人保持沉默的权利，而是进行披露在阻却有着更大合法利益的人寻求法律建议方面的效果。

在第3章，我表达了对律师协会的观点的怀疑，律师协会的观点是，绝对性的保密保证对于诱使人们寻求法律建议至关重要。在适用于本案时，这种观点似乎特别虚弱。如果律师可以进行匿名披露来帮助无辜的罪犯，则这对律师保密的一般信赖并没有什么削弱效果。即使是高度宣传的披露，似乎也不可能有很大的效果。公众对该披露最可能的解释，不是律师对保密的忠信的不加区别的削弱，而将是本案极端情况下造成的一个例外。外行意识到保密标准不是绝对的，许多人已经（不正确地）认为标准已经就这种案件规定了例外。[31] 就此而言，公开披露对公众寻求法律意见的意愿根本没有什么影响。[32]

如果进行披露将会发挥作用，并且规则给了律师进行披露的裁量权，则本案就很容易处理。当我们认识到律师协会的惩戒规则（它们因为被法院所采纳而具有法律效力）禁止披露时，该案就变得困难了。本案至少不在这些规则的明示例外之内。[33] 也许这些规则可以被解释为暗示了这样的例外，但是对这样的解释存在强烈的异议。起草者对《示范守则》的注释不鼓励默示的例外，讨论无辜的罪犯这一案件的论者则倾向于将这些规则解释为灵活性的规则。[34]

因此，律师可能不得不认为披露是一种废止行为（nullification）。一般而言，可以说律师协会的保密标准至多被视为具有很弱的约束力。律师协会支持这些标准的理论基础是教条性的、不连贯的。这些标准似乎与职业责任规则领域之外立法机构、机关甚至是法院在类似情形下对待保密的做法不相和谐。这些标准的制定过程，受到了职业协会的强烈影响，该协会无论是从历史角度看还是从结构角度看，都更倾向于狭隘的自身利益，这并非出自偶然。

即使是支持绝对保密措施的观点也不是很强有力。我们得承认，许多人接受了它们，包括对该事项有权威的人。对于大多数最近制定的标准而言，常常都要经过相当的公众辩论。尽管与关于类似事务的某些立法不一致，律师协会的规则在重要的方面，与证据法中律师—委托人特免权的规定是一致的。尽管律师协会有巨大的影响，但是职业责任标准最终是由法院制定的。

---

[31] 参见 Fred Zacharias, "Rethinking Confidentiality," 74 *Iowa Law Review* 351，344-345 (1989)。该文报告说，小量抽样调查表明，42%的调查对象表示在无辜的罪犯这种情况下，相信规则允许律师进行披露，80%的人支持这样的规则。

[32] 我在假定律师可以进行的某些披露将大大增加洗清被定罪的无辜者的罪名的机会。并不必然如此。不能允许律师就委托人自我归罪的陈述作证。但是将这些报告给当局或者辩护律师则会截然不同。例如，该陈述可能会暗示重要证据的所在地点。如果这种披露没有什么用处，则进行这种披露当然会缺乏吸引力。

[33] 如果该交流涉及未来的犯罪行为，这可能包括破坏对先前的犯罪行为进行调查的活动，某些惩戒规则将允许披露进行该行为的意图。此外，律师—委托人证据特免权并不适用于关于如何对关于过去犯罪行为的调查或者抓捕进行规避的信息要求。

[34] *Model Rules* 1，6，Comment，paragraph 19；Zacharias，"Rethinking Confidentiality" 390-391.

然而，当这些规则适用于无辜的罪犯这一特定情形时，在实体上产生的荒唐性，似乎超过了这些考虑因素。如果事实是，披露将可能挽救一条无辜的生命，也不会（通过限制其未来获得法律服务）给其他人的权利造成可见的威胁，则不对这些信息进行披露是令人发指的。虽然禁止进行披露的规则对于任何行为人来说都是不体面的，对于律师来讲尤其如此，因为这是在强迫他对极大违反其角色核心义务的行为进行默认。该规则不应当被解释为要求这样的不体面。如果这样的解释是不可避免的，则律师应当不遵守该规则，这不是一种无法无天的行为，而是一种与那些支持该规则的人相比，在原则上更根本地忠信于法律价值的行为。

农业综合经营福利。这一案件很容易被框定为形式与目的之间的冲突。通过为每个农民提供供水福利，这个立法允许富裕的农民将其持有的财产分散到信托和公司中，让这些各个"农民"获得利益，实现利益最大化，这至少是言之成理的。然而这种解释似乎与显而易见的目的是不一致的，该目的是防止富裕的人比不富裕的人主张更多的利益。进行这些安排的土地所有者在开始的时候都是富裕的，尽管这种转让分散了正式的控制权和享用利益的权利，但是转让者仍非正式地拥有这些大部分或者全部权利。从以上讨论的意义看，限制富人的这种转让这一目的并不"存在问题"：它并没有威胁到任何基本价值。因此，没有理由对此保持怵惕。

当然，只有在我们发现公共执行程序存在某些瑕疵的情况下，形式与目的的冲突才变得棘手。如果该程序是可靠的，律师以一种促进当局决定的方式提出主张，也是对制定法细化作出的贡献。许多人在这些交易很流行时是农业政策方面的学生，他们说这一程序并不可靠。他们宣称执行机构被大型农业组织"俘虏"了，而这些大型农业组织则是被富裕的农民所控制的。农业组织控制着流向上述机构的信息，直接或者通过其在议会的影响向他们施加压力，向离职的官员提供工作，向在职的人提供旅游和发放报酬，所有这些都旨在促使他们关注这些最有权的成员的利益。这些学生将这些机构对有关交易的接受解释为一种功能，不是对法律是非曲直进行公平判断的功能，而是因为他们被那些从交易中获益的人所"俘虏"而发挥的功能。[35] 一个律师如果同意该结论，将在评估该交易的实体是非曲直方面，担负更大的责任。在许多情况下，他可能应当得出这样的结论，即交易不应当进行下去，因为它们与立法的目的不一致。

当然，贯彻这一结论对律师而言，可能代价高昂。一旦这些交易多多少少变得标准化，拒绝与那些人为伍的律师将很难在该区域吸引到委托人，甚至可能使自己遭受不当执业之诉。因此，律师不得不在谋生与这种交易之错之间，权衡自己的利益。该错误的确定性和重要性似乎都没有大到他决定继续行动将是不合理的程度。

经济压力有的时候压倒了对法律是非曲直的关注，然而这一事实并不意味着去思考该是非曲直。在其他情况下，压力可能没有这么大。例如，如果律师正在考虑该做法，还没有进入一般使用阶段，委托人并不期待她采用这种做法，她就可能忘掉它，而无须付出重大成本，她也应当这么做。此外，如果律师还没有进

㉟　Paul Taylor, "Excess Land Law: Calculated Circumvention," 52 *California Law Review* 978 (1964); Grant McConnell, *The Decline of Agrarian Democracy* (1953).

入相关领域，但是正在考虑这么做，则应当将迫使其从事不当做法的压力视为避免进入该领域的有力理由。即使在该领域的律师认为她有借口屈服于该压力而从事该行为，也应当意识到其令人怀疑的价值。我们可以把这种意识本身视为一种善，是道德自治的一种构成特征。我们还可以认为评估个人行为的伦理成本的做法，是一种需要保持和培养的性情和技能。一个律师如果允许自己对她感到她必定会承担风险的行为的伦理成本麻木不仁，则正在失去在其有着更大裁量权的情况下评估这种成本的能力。

桀骜的储蓄与贷款银行。 就 Kaye Scholer 律师事务所的律师对银行委员会所做的误导性的不完整披露，有许多讨论都涉及框定问题。Kaye Scholer 律师事务所的辩护律师将问题框定为诉讼，认为在这种背景下，律师没有职责避免误导性的不完整陈述（与明确的虚假陈述不同）。联邦储蓄机构监管局将该问题框定为银行规制，认为在该背景下更高的坦诚职责是适当的。[36]

在这些问题上，联邦储蓄机构监管局大体上是对的。银行系统，作为 Lincoln 银行债务的担保人，在其合理性问题上有着巨大的利益。此外，当 Lincoln 银行破产的时候，保险系统是 Lincoln 银行财产的有效的最后主张者，因此有权取得对该银行的控制权。因此，银行委员会在任何时候都强烈要求获得所需要的信息，以确定银行是否破产。从实践来看，《银行法》给了规制者不受限制的权力来要求获得信息，特别是禁止具有误导性的不完整陈述。不可否认，对 Lincoln 储蓄与贷款银行的检查是一种规制程序，要遵守这些法律。诉讼在预期之中这一事实，不是降低所要求的坦诚标准的理由。此外，即使是该事项被框定为通常的诉讼，根据该背景下通常适用的标准，许多所称的行为也可能是错误的。[37]

除了这一背景问题外，还存在进一步的、很大程度上被忽视了的我前面所强调的框定问题，这就是关于框定的适当宽度问题。在这些事件发生时，储蓄与贷款行业及其规制体系正处于危机中。最初的新政规制制度的固有缺陷已经为开始于 1979 年的紧缩银根政策所恶化，随后又为 20 世纪 80 年代早期和中期的放松规制约束的做法所进一步恶化。事实上，这个制度为操作者创造了使用公共保险资金来进行高风险投资的强烈动机，一旦成功则获利，一旦失手则由政府来承担损失。在有关机构濒临破产的时候，对操作者的投机诱惑——以及给公众带来的相应风险——呈几何级数增长，在这个时候操作者完全是在用公共资金来赌博。系统性的不端行为、对该系统承担监督责任的行政和立法部门偶然发生的彻头彻尾的腐败，更是使这一危险雪上加霜。

从这一更广的角度看，要求强有力的坦诚职责就变得更为必要了。首先，银行委员会在获得关于 Lincoln 银行合理性方面的信息的利益，不仅仅是很大，而且是很急迫。银行的不合理行为给保险系统造成的风险会因为拖延而放大。银行陷得越深，它为了拼死一搏而需要承担的风险就越大。此外，在这一背景下，反对高度坦诚职责的观点尤其站不住脚。当然，这样的观点是基于对抗制的观念，即每方当事人因分工而专心促进分派给它的利益的时候，将会出现最佳结果。但

---

[36] 关于对于不同的执业领域，不同的标准是否适当（集中在 Kaye Scholer 律师事务所问题上）的讨论，参见 David Wilkins, "Making Context Count: Regulating Lawyers After Kaye Scholer," 66 *Southern California Law Review* 1145 (1993).

[37] 参见 William H. Simon, "The Kaye Scholer Affair," *Law and Social Inquiry* (1998).

是这些主张的前提是，代理其他利益的人正在有效和负责地履行职责，在本案中显然不是这样。例如，银行委员会人手严重不足，而关键的联邦立法者，因为从 Keating 银行和其他操作者那里收取了选举献金，而反复恐吓银行委员会及其员工。

总之，以上所提到的因素表明，对于 Kaye Scholer 律师事务所的律师而言，从更广阔的角度框定道德问题是其正确途径。首先，《银行法》规制的范围很广。其次，有关机构的失灵，是对可能结果的产生影响的重要实践因素。第三个框定考虑因素——专业知识——的相关性更难评估。Kaye Scholer 律师事务所的辩护律师在开始代理 Keating 银行的时候没有经验，但是人们会期望他们迅速获得某些经验。（律师事务所在代理 Lincoln 银行的五年间收取了 1300 万美元的律师费，因此他们应当学会很多。）细心的读者阅读了关于银行问题的相关文献后，即使没有银行的内部人员了解这种优势，也能够对银行系统的缺陷获得相当准确的印象。

事实上，Keating 银行——也许还有其律师——确实很广泛地框定了问题，尽管与我在这里所提出的方式不同。在 Keating 银行看来，规制者是傲慢的、无理性的，无情地蔑视了 Lincoln 银行的合法商业利益，坚持超过联邦银行政策所要求的形式和戒备措施。从事后来看，这种观点在当时并不是站不住脚的。在 Kaye Scholer 律师事务所开始代理后不久，福布斯将 Lincoln 银行排名为全国第二最具营利性的储蓄与贷款银行，联邦银行政策制定者连续多年发出了混杂的信号。当时他们鼓励银行通过结算工具来夸大其合理性，如果它们没有得到明确的授权，这将会是欺诈行为。在这些自由化的条件下，它们不向银行委员会提供关闭储蓄机构的资源，即使这些储蓄机构已经破产。毫无疑问，某些政策制定者也在赌博，妨害介入，以希望储蓄与贷款银行自己能够走出破产，免除关闭它们给政府带来的耗费与痛楚。

但是，即使从这种广阔的角度看问题，对于 Kaye Scholer 律师事务所的律师而言，认为自己在扣压重要信息或者作出误导性陈述方面有正当理由，也是站不住脚的。Lincoln 银行从保险系统那里取得的政府利益，不是什么银行可以独立于立法和规制机构的政策而主张的基本权利或者根本利益（在这方面，其情况不同于上面所讲的农业综合经营福利接受者，他们可以就其福利利益主张更强的宪法地位，即使就该主张可能存在高度的争议）。即使公共政策非常含混，以至于允许人们认为 Keating 银行满不在乎、高度风险的活动是适当的——这本身也是值得讨论的命题，一旦检查者对此提出了质疑，很重要的一点是要澄清公共政策，这么做就需要有准确的重要信息。

尽管框定问题不是决定性的，但由于即使在更狭窄的框架下，坦诚问题也很重要，更广阔的框架进一步强化了这样的结论，即联邦储蓄机构监管局所称的误导性的不完全陈述是不适当的。

7

刑事辩护迥乎不同？

　　某些和我一道反对优势观点的人，就刑事辩护设定了一个例外。他们认为，这个领域的执业活动在许多方面是独特的，因而使得优势观点在这里不同寻常地站得住脚。① 我同意刑事辩护的某些特点对于法律职业道德而言具有重要的意义。然而，这些特点并不是其辩解者所大张旗鼓强调的那些。此外，与优势观点内的相容性相比，背景性观点与它们更能相容。

■ 争长论短的问题

　　在一开始，我们应当明确要讨论的内容。我认为理所当然的是，律师可以在认为其委托人事实上有罪的情况下，适当的代表委托人进行无罪答辩，并以各种方式为这些委托人进行辩护。当然，原因之一是将争议的问题交由法院决定而不是律师单方、私下来决定更为可取。通过坚持由审判者作出决定而不是她自己作出决定，律师可以作出更大贡献。此外，法律明确赋予了刑事被告许多权利，这些权利独立于有罪或者无罪而存在。这些"固有的程序权利"包括被告私下承认有罪但是进行无罪答辩的权利、由检控方进行证明的权利、排除非法取得的证据的权利以及不受残忍与非常惩罚的权利。

　　我们所关注的问题涉及这样的策略，这些策略既不能被视为有助于审判者作出明智的决定，也不能被视为有助于维护特定的固有的程序权利。为方便起见，我们关注律师具有某些裁量权的策略，也就是说这些策略既没有被明确禁止（至少是有效禁止），也没有被律师的有效帮助标准所明确要求。

策略性拖延

　　辩护律师有机会通过有意安排日程，要求不断延期审理，来拖长诉讼。这么做的好处是让检控方的证人筋疲力尽，并使其记忆日渐丧失。②

欺骗

　　有的时候，被告要求辩护律师提出伪证。他们发现能够通过对他们明知诚实的检控方证人的记忆进行弹劾，来使其委托人受益。有的时候他们能够通过向陪审团主张说，就他们所知，证据所说明的事实推论是虚假的，并以此来获得优势。例如：

　　　　我的委托人 Norman，以及共同被告 Steve Thomas，都被指控接受被盗财物。在一个小巷中，Norman 和 Steve 从一辆旧车中把一套立体声音响和

　　① David Luban, *Lawyers and Justice: An Ethical Study* 58-66 (1988); Richard Wasserstrom, "Lawyer as Professional: Some Moral Issues," 5 *Human Rights* 1, 12 (1975); Deborah Rhode, "Ethical Perspectives on Law Practice," 37 *Stanford Law Review* 589, 605 (1985).

　　② 根据曼哈顿一位地方助理检察官的说法："总的来说，辩护律师在做游戏。这种游戏叫做拖延，你的案件越是拖延，对于检控方而言案件就越是力度不够。" Steven Brill, "Fighting Crime in a Crumbling System," *The American Lawyer 3* (July-Aug. 1989).

电视机搬到一辆白色的庞迪克牌汽车后座时，警察碰巧遇到了。

本案的关键是，我们的委托人是否知道（或者应当知道）这些财物是偷来的……

Norman 告诉我们，当他从他堂弟那里借来庞迪克牌汽车时，他仅拿到了点火钥匙，没有后备箱的钥匙。但是当所有证据都齐备了以后，这些证据并没有提到这一事实。就像 Steve Thomas 的律师所说的，我们现在要做一个对于我来说也是新颖而令人震惊的主张：显而易见，Steve 和 Norman 都不知道这些财物是偷来的，否则为什么这些财物被装进了庞迪克牌汽车的后座，而不是藏匿在后备箱中？③

灰色讹诈

偶尔，律师会发现披露或者威胁披露那些他们知道不会有助于就案件是非曲直作出明智决定的信息是有好处的，因为这样的披露对检控方或者证人有杀伤力。我们可以看看"灰色讹诈"做法，涉及各种政府官员的伪证罪辩护开这种做法之先河。例如，中央情报局局长 Richard Helms，他在中央情报局是否卷入了推翻智利总统 Salvador Allence 的问题上，向国会撒了谎。辩护方要求披露大量会有损于政府或者至少使政府感到尴尬的信息，这么做的目的仅仅是迫使政府放弃起诉。我们也可以看看这样的做法，即向不利证人提出令人尴尬但是不具有相关性的信息。例如，辩护律师威胁强奸案件中报案的证人，要就其先前的性史进行交叉询问，即使被告并没有说她作出了同意。④

我们把这种只要有利于委托人就绝对地从事这些活动的方针，称为"进攻性辩护"。这里的关键问题是，刑事领域是否有什么迥然不群之处，从而使得那些不赞成在民事领域使用进攻性辩护（对于原告方也是如此）的人赞成在刑事辩护中使用这种进攻性辩护。

在讨论人们已经宣称的迥然不群之处之前，我们先讨论两个异议，如果我们承认这两个异议的话，则会引发更多的讨论。第一个异议是，在以上提及的每种情况下，在道德上有问题的策略之所以被允许，仅仅是因为法官允许这么做。法官批准了延期审理的动议，驳回了关于误导性询问或者主张的异议，就相关信息批准了案情先悉要求。第二个异议对这样的前提提出了挑战，即律师足够确定地"知道"会造成真相和诉辩之间的紧张关系的信息。即使是委托人自己的归罪性陈述，也可能是一时糊涂或者变态心理的产物。进行复杂的事实判断，是审判者而不是律师的工作。

第6章的总的观点似乎对这些异议作出了回应。只有在法官或者审判者掌握

③ James S. Kunen, *How Can You Defend Those People? The Making of a Criminal Lawyer* 117 (1983). 这种类型的观点似乎被大多数辩护律师认为是合理的。相反，提出委托人的伪证陈述并对诚实的证人进行弹劾的适当性则存在争议。比较 Monroe Freedman, *Lawyer's Ethics in an Adversary System* 43-58 (1975)（为这些做法进行了辩护）与 Harry Subin, "The Criminal Defense Lawyer's 'Different Mission': Reflection on The 'Right' to Present a False Case," 1 *Georgetown Journal of Legal Ethics* 125 (1987)（对这些做法进行了批判）。

④ 参见 Joe Trento, "Inside the Helms File," *National Law Journal*, December 22, 1980, p.1（关于敲诈信函）；Subin, "Criminal Defense" 129-136（关于在强奸案件中使用先前性史）。

了所有相关信息的情况下，遵从他们才是合理的。通常情况下，进攻性辩护的问题之所以会发生，是因为律师掌握了与其策略是否正当相关的信息，而她对审判者扣压了这些信息。她知道其提出延期审理动议的目的是拖延诉讼，她知道检控方证人的证言是准确的，她知道要求进行案情先悉的材料与辩护无关。

说她"知道"这些事情，并不是她就必须具有无比巨大的、前海森堡式（pre-Heisenbergian）的确定性。我们仅仅需要得出这样的结论，即考虑到其知识（以及她并没有就此与审判者进行分享这一事实），与审判者相比，她处于作出相关判断的更好地位。如果委托人可信地但是秘密地告诉她，他当时在犯罪现场，则与审判者相比，知道指证他在犯罪现场的检控方证人视力不佳或者先前受过伪证罪判决的辩护律师，能够更好地确定该证人是不是有助于确定案件的是非曲直。

但是，这些异议确实指出了刑事辩护的一个重要的特点，即无罪推定及其必然结果——检控方承担证明到排除合理怀疑的负担。在很大的范围内，刑事程序在解决事实不明情况时要有利于被告。这就意味着辩护律师不能"知道"不利于其委托人的事实，直到她获得了比在民事案件中获得的确信程度更高的确信（排除合理怀疑）。

■ 支持进攻性辩护的薄弱观点

应当对刑事辩护中律师的进攻性活动予以更大的容忍，就此最经常提出的理由，是经不起推敲的。

国家之魔

自由意志论者宣称，进攻性诉辩特别适合于刑事领域，因为它有利于制衡"国家"的压迫。这样的观点援引了这样的形象，即"孤立的"、"孤独的"、"无亲无靠的"、"赤裸裸的"个人面对着"有着巨大权力和资源的国家"。进攻性诉辩被认为能够使竞技场更加平等，使诉讼变成"平等竞争"，或者至少是表达法律制度的忠信，即尊重所有的公民。[5]

这还被认为有助于防止国家权力所固有的腐败性，以及随之而来的国家官吏的进犯和贪婪。进攻性辩护律师通过增加作出有罪判决的难度，抑制了这种权力滥用。用 David Luban 的话说：

> 我们想让国家在运用权力时让分（handicap），即使是合法惩罚我们的权力，因为我们相信作为政治理论和历史经验，如果对国家不事先予以羁绊或者不予以约束，我们的政治和公民自由就会处于危险中。权力拥有者不可避免地受到诱惑来滥用刑事司法制度，以起诉政治对手，过度热忱的警察将

---

⑤ 参见 Luban, *Lawyer and Justice* 58-66; Barbara Babcock, "Defending the Guilty," 32 *Cleveland State Law Review* 175 (1983-84); Charles Fried, *An Anatomy of Values: Problems of Personal and Social Choice* 128-132 (1970).

以防止犯罪和以秩序为名践踏公民自由。⑥

这种辞藻在那么长的时间没有受到认真反思，因为即使这样的只言片语也足以令人怀疑。首先，面对利维坦的孤独的个人这一形象，是具有误导性的。我们姑且认为个人是孤独的，尽管某些被告有许多的朋友。但是国家呢？自由意志论者的辞藻所暗示的是，被告一个人在同整个国家进行较量。但是理所当然的是，除了被告之外，国家还有其他关切之处。从国家的角度看，被告不过是它刚开始着手对付的庞大的刑事被告和嫌疑人队伍中的一分子。

把通常的被告描述为在面对少数懊恼不堪、过度劳累的官僚，这可能更说得通。当然，国家可以将其资源集中用于特定的被告，如果他们这么做，其力量将是可怕的。但是国家不可能对所有的被告或者大多数被告这样调兵遣将。然而进攻性辩护在对待所有被告时，都好像他们所面对的是国家倾巢出动的权力。⑦

其次，在自由意志论的图景中没有被害人。刑事诉讼被称为是国家提出的惩罚性救济主张。但是事实上它们常常是代表特定被害人发动的。被告侵害了这些被害人的权利，这些被害人与结果（这不必然是关于有形赔偿的主张——尽管某些刑事诉讼涉及赔偿救济——但是可能是期望因对被告进行处罚所可能会带来的正义伸张、报应或者保护）有着强烈的个人利害关系。

过去20年的"被害人权利"运动的兴起，旨在改变大众关于刑事审判中辩护律师的形象，即从国家与被告之间的竞赛，变为被害人与被告之间的竞赛。对于刑事处罚的效益，无论是在阻却未来罪错还是在帮助被害人方面，该运动都常常是天真的或者盲目的。但是其形象像辩护律师的形象一样，似乎是站得住脚的。

我们现在看看这样的建议，即最好是让检控方与辩护方的能力平等，或者让竞技场旗鼓相当。如果我们真的想这么做。我们就要让国家官吏"让分"（用Luban的话来说），就像我们在良种马比赛中让马匹让分一样——要求更强壮的马匹负重。让公诉人或者警察在腰带上添附40磅的铅块，他们当然会慢下来。如果我们想要追求平等，我们就必须增加这种负重，我们就必须与定罪的可能性相匹配来增加负重。如果被告在一群证人面前被当场抓获，则公诉人可能需要拖曳着几百磅重的锁链。

这听起来是很愚蠢的，理由是对检控方与辩护方之间的不平衡进行**绝对性的**救济本身存在利益这种说法的前提，本身就是愚蠢的。我们想让检控方在给有罪者定罪方面能力强，给无辜者定罪方面能力弱。在这些目标相互冲突时，我们就进行折中，更多的情况不是有利于后者。但是不加区别地削弱国家的权力，没有

⑥ Luban, *Lawyer and Justice* 60.

⑦ 在回应本章的早期版本时，David Luban 分析了在公诉人和辩护人的比较资源上所能获得的数据，承认这些数据表明二者没有巨大的差别。公诉人有"或少或多"的人事上的优势，但是"与公诉人相比，更多的钱可能花在了辩护律师身上。"91 *Michigan Law Review*，1729，1732-33 (1993).

Luban 强调，这种比较遗漏了警察，这是公诉人在准备案件时可以使用的巨大的资源。这说得非常好，但是我想补充的是，这种比较也遗漏了三个有利于辩护的因素：(1)公诉人有证明负担，这是一个很高的证明负担。公平性要求在资源上要有利于承担证明负担的一方；(2)因为 *Brady v. Maryland*，373 U. S. 83 (1963) 所确立的规则要求公诉人将开罪性材料提交被告，检控方的某些调查是有利于被告的；(3)并不是公诉人所有的活动都与起诉有关。某些检控资源用于调查和分析那些从没有被起诉的案件。对于辩护方而言，并不存在可与这种"筛查"活动相比的重要资源耗费。

专注于任何程序目标，根本不会服务于任何目的。进攻性辩护存在的问题是，它妨害了国家给有罪者定罪的能力，但是没有给无辜者提供任何有意义的保护。

进攻性辩护提出的以国家为针对目标的观点，是被所谓的自由意志论的教条所驱动的。自由意志论教条的右翼说法是，对自由唯一重大的威胁，是国家。自由意志论教条的左翼说法是，对自由唯一重大的威胁，是国家以及诸如商业公司这样的拥有权力的私人组织。在后者看来，就像 David Luban 所说的，诉辩者角色的中心目标是"保护个人免遭机构侵害"⑧。非正式的、弥漫扩散的暴力或者压迫可能会对自由造成威胁，这一思想与这两个教条版本都是不相容的。

自由意志论的教条通常要提到缺乏刑事辩护权利的极权体制，例如纳粹德国或者苏俄。⑨ 这些例子被认为说明了权力过大的国家给自由造成的危险，以及刑事辩护在制约这种危险方面存在的价值。这一观点具有价值，但是并不完整。它忽视了羸弱国家给自由造成的危险。无论是纳粹德国还是苏俄，都源于羸弱国家（魏玛共和国和临时政府），这在一定程度上是由于这些国家不能制约非法的私人恐怖主义和准军事组织的进攻。在殖民主义结束之后，拉美有许多这样的例子，即羸弱国家没有能力来制约大地主或者毒品走私者的准军事组织所造成的恐怖性的压迫。

此外，作为支持刑事诉讼中被告权利的主张，自由意志论的教条忽视了刑事执法人员除了会带来滥用国家权力的威胁外，也是防止这种滥用的重要**保护措施**。某些羸弱的拉美国家不能有效地起诉其军人罪行的悲剧，就是个说明。在美国，Oliver North 的许多朋友转变为了刑事辩护的支持者，就是对许多自由主义者的完美嘲弄。但是现在《宪法》第五修正案阻挠了就他近些年来最惊人的滥用国家权力的罪行之一进行的起诉，自由主义者应当将其主张的角色作用限定为防止这种滥用的措施。

自由意志论教条的左翼版本至少承认诸如魏玛时期的纳粹党或者意大利的黑手党等私人组织对自由的潜在威胁。但是它也进行了武断的区分。David Luban 试图更新该教条，承认强奸和性虐待对女性自由造成了有力威胁。这一观点看起来难以与自由意志论的教条一致，因为强奸者和虐待者通常并不是国家或者组织的行为人。但是在主张限制对强奸案件的报案者进行交叉询问时，Luban 解决了这个问题，他宣称，在这种情况下国家要反对另一个具有威胁的制度——"父权社会"。

这一策略证明过及。由于所有的行为都位于社会结构和过程之中，并受其影响，你可以将几乎所有的行为具体化为制度行为。我们设想，公诉人敦促对毒品起诉进行辩护时要节制，理由是国家正直面着毒品文化之风；公诉人敦促对抢劫者进行辩护时要节制，理由是国家在同下层阶级进行斗争；公诉人敦促对无足轻重的骗子的起诉进行辩护时要节制，理由是被告代表的是资本主义。推而广之，这一策略将形成这样的认识，即正式的制度不仅仅是对自由的唯一重要威胁，我们所经历的各种各样不能具体说明的社会程序也是无所不在的能够形成这种威胁的暴力。但是这一策略的要点是否定这种认识，使强奸看起来是出类拔萃的国家

---

⑧ David Luban, "Partisanship, Betrayal and Autonomy in the Lawyer-Client Relationship: A Reply to Stephen Ellmann," 90 *Columbia Law Review* 1004, 1028 (1990).

⑨ Freedman, *Lawyer's Ethics* 2.

行为，以便对此进行有效禁止所带来的自由利益能够得以承认，而不需要就更广泛的刑事检控承认这一观点。

Luban 主张进攻性辩护能"过度保护"自由免受国家权力的滥用之苦。这提出了一个问题，即与所造成的对私人权力滥用的过低保护相比，为什么反对国家权力滥用的过度保护物有所值。如果人们能够找到一个答案的话，这就是通常自由意志论者的主张（通常并不伴有任何被认为是政治或者历史分析的东西），即极权体制的危险要大于无政府混乱的危险。

如果我们将上面提到的问题（即这些危险并不是那么突出）搁置一边，对该观点还有进一步的异议。这一观点认为我们必须在防止一种危险的刑事司法制度与防止另一种危险的制度之间进行绝对的选择。但是，事实上，在作出相关的选择时应当考虑边际量。我们全都赞同一个能为证明无辜和主张某些固有的程序权利提供充分机会的制度。这样，问题就变成了增加一个包括积极欺骗在内的绝对性的对抗性辩护，是否能获得收益。

尽管在刑事辩护的辞藻中，强有力的、贪婪的国家形象是最突出的一个，我们偶尔也能从羸弱的、无能的国家形象角度找到支持进攻性辩护的理由。就这一形象而言，问题不是公职人员的恶意，而是他们的怠惰与无能。进攻性的辩护旨在使得他们保持警醒，在实践中执行更高的标准。

按照这种辞藻口吻，John Kaplan 提到了洛杉矶的一个著名的检控案件，即警察诱骗卖淫行动。在该案之前，这类行动通常在诱骗者的钱包内安置一个麦克风，能将信号传输给附近隐匿的警察，但是并不能记录劝诱性的话语。辩护律师强调警察通过录音可以很容易地获得更为可靠的证据，因此经常的"不能补强"的证据令人怀疑。律师赢得了无罪开释。作为该案件的结果，警察通过常规性地对劝诱性话语进行录音，改善了其做法。[10]

这里的思想是，对有罪者进行辩护能够通过提高警察和公诉业务标准，帮助无辜者。如果警察和公诉人知道获得有罪判决很难，将会收集更多的证据，进行更为彻底的准备。这将促进对无辜的嫌疑人和被告权利更为一致的维护，因为这些公职人员将发现更多的开罪性证据，更好地理解表面上很铁的案件中的含混之处和弱点。[11]

作为支持进攻性辩护的观点，这一主张遭到了几点异议。在一开始，我们可能会问，对公职人员的奉献冷嘲热讽的人，为什么会期待他们对进攻性辩护所导致的无罪开释，回应以其业务标准的提高？他们为什么不会松垮懒散，认为他们的错误在于法院不进行合作？也许与这一观点的预期相比，他们可能会更缺乏建设性来增加努力，花更多的时间来从事其误导性和胁迫性的策略。[12] 也许他们会让立法机构对获得有罪判决的日益增长的困难性进行补偿，增加处罚的严厉性，给他们更多进行辩诉交易的空间。

---

⑩ John Kaplan, "Defending Guilty People," 7 *University of Bridgeport Law Review* 223，231–32（1986）.

⑪ 这一观点在下文中得到了详细阐述：John B. Mitchell，"The Ethics of the Criminal Defense Attorney：New Answers to Old Questions," 32 *Stanford Law Review* 293（1980）.

⑫ 警察和检控方对联邦法院关于搜查与扣押的严格判例的一个广为传播的回应是，用警察伪证来规避有关判例。Myron Orfield，"Deterrence，Perjury，and the Heater Factor：An Empirical Study of the Exclusionary Rule in the Chicago Criminal Courts," 63 *University of Colorado Law Review* 75（1992）.

确实，最近围绕犯罪控制问题的蛊惑——各个政治派别都在利用对刑事暴力的恐惧，努力号召公众支持报复性的、徒劳无用的惩罚性措施——表明，这一观点可能反过来宣称对有罪者的可靠判决是对无辜者的重要保护措施。与没有进攻性辩护的世界相比，在一个进攻性辩护具有合法性的世界里，无罪开释更不像是一个清白无辜的表征。这更可能被视为是拖延、欺骗或者恐吓的辩护获得的结果，这可能进一步使公职人员和公众气馁，恶化公职人员的不端行为和选民的报复性的非理性行为。

此外，这一观点错误地认为任何扩大对检控方证明上的要求都是可取的。但是这里提出的这种辩护会增加成本。与这些成本相比，增加检控方的负担所获得的收益总是会在某些问题上得不偿失。一些人必须代表社会就这种平衡会在什么地方形成作出判断。致力于进攻性辩护的律师拒绝进行这样的判断，他也破坏了法院（法官和陪审团）作出这种判断的能力。

为了评估 Kaplan 的故事中的律师的行为，我们需要知道他没有告诉我们的一些事：辩护律师是否误导了法院？如果律师仅仅因为警察的做法不充分而主张法院应当作出无罪开释决定，他所做的没有什么疑义，但是他也没有从事什么进攻性的辩护。另一方面，如果律师在知道被告进行了劝诱的情况下，向陪审团暗示说被告并没有进行劝诱，则他就对警察做法作出明智决断没有什么贡献。

这一观点进一步认为，面对进攻性辩护给检控方带来的负担，社会将增加检控方的资源。这似乎是不可能的。这样的资源很少，要同许多其他社会需要进行竞争。在某个点上，增加的负担肯定会要求对扩张进行限制。在这个时候，进攻性辩护的关键效果，就是迫使在案件之间进行资源的重新分配。这种重新分配更可能不利于无辜的被告。

理想情况下，除了保护固有的程序权利外，我们会期望将检控方资源集中用于解决嫌疑人或者被告的有罪疑问。但是进攻性辩护迫使检控方将资源重新分配给了他们和辩护律师对于有罪问题都没有疑问的案件（以及案件内没有疑问的问题），或者是用于澄清那些对有罪的可靠决断没有贡献的问题。在资源固定的情况下，这意味着更少的资源被用于就是否有罪存在疑问的案件和问题上。因此，无辜的被告会受到伤害。

尊严

与进攻性辩护能够制约国家的贪婪这一思想经常相伴的是这样的思想，即它表达了对"个人尊严的尊重"[13]。

对个人尊严表达尊重可能有两种途径。一种是通过独立于有罪或者无辜的权利一般性的表达尊重，例如获得指控通知的权利和不受残酷与非常处罚的自由。辩护律师通过执行这样的权利以及在同委托人进行对话时遵守礼仪，来表达对委托人尊严的尊重。但是这种意义上的尊严绝不存在拖延、欺骗和恐吓的问题。相反，这种一般意义的尊严适用时，无关乎特定人员的个性特点，但是必须与关于他人尊严的可比较的措施相一致。为某人的尊严利益要求他人进行拖延、欺骗和恐吓，这似乎是说不通的，也是前后不一的。

---

[13] Freedman，*Lawyer's Ethics* 2.

更为具体的尊重要在人与人之间，因为他们是谁以及他们做了什么而有所不同，这似乎与进攻性辩护不相兼容，这出于两个原因。最显而易见的是，进攻性辩护对所有的被告一视同仁。它就是要为作出有罪判决制造障碍，无论被告是否有罪。此外，进攻性辩护促使被告按照与其自己判若两人的方式展现自己。这不仅把犯下罪行的被告描述为没有犯下这些罪行的人，还导致律师精心安排委托人在法庭上的行为，以便与法官和陪审团关于守法公民的言谈举止的范型相一致。当然，如果这是获得无罪开释的最好做法，则大多数被告会希望获得这样的辩护，但是很少有人获得这种作为对其个性的确认的无罪开释。

通过欺骗或者程序上的操控来帮助被告逃脱实体上适当的有罪判决，可以维护个人尊严，这一思想很难与定罪判决后的处罚的合法性保持一致。一个可行的尊严理想，必须为尊重他人的权利留下空间，并且在侵犯了这样的权利时接受处罚（至少是在我们的制度中）。

平等机会

辩护律师常常认为，自由意志论的道德是对富裕被告和穷困被告的境况进行平衡的方法。他们说，穷困的被告获得的辩护应当与富裕被告所获得的辩护一样。由于富人能获得拖延和欺骗所带来的利益，穷人也应当获得这些利益。[14] 这种观点徒有其表的可信性，在很大程度上取决于其在"与……获得的辩护一样"这句话中，将"证明一个人无辜（以及维护一个人固有的珍贵的程序权利）的一样的机会"与观念上完全不同的"逃脱有罪判决的一样的机会"融合在了一起。

并不是所有的不平等都是不合理的。更为重要的是，并不是所有不合理的不平等都能通过扩大境况较差者的优势而加以减轻。与穷人相比，富人有更好的机会进行谋杀，因为他们可以买得起昂贵的武器，可以雇用专业打手来帮助他们。然而，这不是可以通过扩大穷人的优势来加以纠正的不平等。日益增长的侵犯被害人实体权利的犯罪所造成的损失，将吞噬更大的平等所带来的任何收益。

富人就其罪行逃脱有罪判决的更大能力，在伦理上类似于其在一开始犯罪时的更大能力。这是有罪判决的大量任意性决定因素之一。在犯罪人中，与精明者、身手敏捷者和专心致志者相比，聋人、笨人和神经过敏者更可能被拘捕和定罪。这些不平等是不正义的，但是与许多犯罪本身造成的不正义相比，它们是微不足道的不正义，对此进行救济将会得不偿失。

不用说，这一点不适用于富人在证明其无辜方面对穷人所享有的优势。此外，我们应当在富人因独立于刑事司法程序的社会环境而享有的优势，与刑事司法程序本身制造或者提升的优势之间进行区分。关于后者的一个例子就是将检控活动过度集中用于穷困被告的官方决定所制造的优势。下面我还会回到这个问题上。

自我归罪

宪法上反对被迫自我归罪的特免权是刑事诉讼不可否认的一个特色。只要该

---

⑭ 在与辩护律师的交谈中，我常常听到这种观点。

特免权适用，并且被告希望利用该特免权，则辩护律师就应当帮助他这么做，这一点毫无争议。然而，就一系列辩护问题而言，该特免权的适用是很模糊的。此外，对于大多数辩护律师而言，这个特免权体现了一个一般性的原则，即使不能作为宪法、制定法或者普通法规定而明确适用，也应当对辩护律师的道德决策有启发作用。

该特免权对于辩护律师的道德义务这个更广泛的问题的重要性，取决于我们如何理解它与获得律师帮助权的关系。一方面，我们可以把这种关系解释为它意味着不过是被告在面对官方的讯问主张沉默权时，有权获得律师的帮助。另一方面，我们可以确定该特免权和获得律师帮助的权利，要求被告不因为向律师进行披露而遭受任何不利后果。就像我们已经看到的那样，这一结论将要求律师在因为委托人对她的告知而知道特定的策略将是欺骗性的情况下，默从许多欺骗的形式。[15] 如果要从这一谱系中选择一个立场，则需要对该特免权是关于什么的进行某些解释。考虑到该特免权在法律文化中根深蒂固的地位，找到一个站得住脚的解释真是令人惊讶的困难。[16]

在英美的自由历史中，该特免权发挥着突出的作用，最引人瞩目的是代表发生在 16 世纪、17 世纪英格兰的反对宗教起诉的斗争和美国麦卡锡时期发生的反对政治起诉的斗争。然而，在这两个时期，它的支持者将其与一些原则联系在一起，而这些原则现在看来与其当代核心含义仅仅具有间接联系。其中最基本的一个关注点，是信仰和表达的刑事化问题。被告不得被迫自我归罪这一主张，通常多多少少与这样的明确观点联系在一起，即有关活动不能被合法地予以处罚。另一个关注点是程序性的。该特免权被用来反对"漫游讯问"，即警察在讯问时没有明确的指控，也没有独立法官的监督。

现在，美国的法律制度用信仰和表达自由来解决第一个关注点，用正当程序解决第二个关注点。这些原则为信仰的刑事化设定了各种直接的限制，就刑事诉讼中的指控和司法监督设定了一系列明确的要求。如果说这些措施还不充分的话，可行的办法则是直接加强它们。我们与该特免权联系在一起的当代做法，似乎是解决这些问题的迂回路径。

为了促进讨论，我们必须要问这样一个问题，即对于已经被合法确定为犯罪的行为，对于一个存在公平告知、明确指控并且某些司法判断确定指控有某些根据的程序，该特免权要发挥什么样的作用。对该特免权的四个辩护与这个更为狭窄的讨论有关。

第一，有人说该特免权阻却了不负责任的起诉。如果没有该特免权，公诉人可能不经足够的调查就提起诉讼，希望他们能够通过对被告的询问来证明他们的案件。这一观点也同样可以用于反对传证权。在审判时对获悉证据予以限制，似乎不足以鼓励更多的调查。我们可以设想，要求公诉人在询问被告之间要说明他有足够的初像（prima facie）证据，就足以解决该问题。

---

⑮ 这一观点在下文中得到了极力推崇：Freedman, *Lawyer's Ethics* 30。进攻性辩护是确保委托人向律师进行足够披露的重要方式，这一主张在第 3 章受到了关于保密问题的批判。

⑯ 支持和反对特免权的观点在下文中得到了全面审视：Eugene Wigmore, Ⅷ *Evidence sections* 2250 - 84（MaNa-ughton, rev., 1961），以及 David Dolinko, "Is There a Rational for the Privilege Against Self-Incrimination?" 33 *UCLA Law Review 1063*（1986）。Dolinko 的这篇优秀文章认为该特免权缺乏可信的理论基础。

第二，常常有人宣称，强迫某人"承认其罪行"是毫无理由地侵犯自治或者自由。这种意见的有限可信性完全取决于这样的可能性，即"承认罪行"就意味着"**承认处罚是有正当理由的，而不仅仅是承认法律界定为犯罪的行为**"。禁止被告对程序或者她所面临的处罚的合法性提出质疑，将侵犯宪法第一修正案的重要价值。但是确切而言，如果是这个原因，则我们并不需要该特免权来保护被告免受该危险。该特免权的真正问题是，是否可以要求她来说明其行为（达到第三方证人被毫无争议地询问时所达到的程度）。

对于某些人而言，即使要求参与这样的导致处罚的程序也是对个人不可容忍的攻击。这一观点促使 David Luban 措辞激烈。他写道，"让我成为毁灭自己的积极工具，这是使自我完全屈尊于国家。"[17] 如果我们暂且把这个将处罚与"毁灭"融合在一起的令人怀疑的问题搁置一旁，剩下的问题就是，刑事实体法本身最强烈地代表了个人对国家的屈尊。对于大多数人而言，如果法律是正当的，则该屈尊是可以容忍的。就自己的罪行提供事实信息的职责，与犯罪本身的禁止相比，除了使得执法更为有效外，似乎并没有过度强化这种屈尊，其同样应当得到容忍。

第三，该特免权有的时候与隐私价值联系在一起。这一观点似乎是这样的：为了处罚目的，利用一个人的知识来反对她，这是违反其主观的。但是我们得面对这样的问题：整个刑事诉讼都是对隐私的巨大侵犯（William Faulkner 认为，谋杀是一个人可以进行的最为隐私的行为[18]）。此外，与使责任取决于主观意图（即使是通过第三方证言证明的意图）的实体规则相比，就自我归罪的行为强迫取得证言似乎远不是什么严重侵犯隐私的问题。例如，意图常常是许多欺诈和贪污起诉的关键因素，这个问题必然要求调查被告的主观方面，从而使得其许多行为和生活方式都可能具有相关性。然而对于这种主观规则，侵犯隐私很少被认为是反对该规则的严肃意见。[19]

第四，该特免权的基础是自我归罪陈述的不可靠性。自白常常反映了警察的胁迫或者是故意而为的心理压力。这个问题提得很好，但是它是否能够支持这个特免权这样的绝对性标准，是令人怀疑的。其他类型的证据，例如与被告

---

[17] Luban, *Lawyers and Justice*, 194.

[18] William Faulkner, *Intruder in the Dust 57* (1949).

[19] George Fletcher, "The Metamorphosis of Larceny," 89 *Harvard Law Review 469* (1976).
偶尔有人就该特免权提出了另一个观点，即要求一个人提出会给其带来处罚的证据，具有不合宪的残酷性。这种残酷在于该人遭受了两方面的心理痛苦：知道其如实陈述将遭到处罚，与撒谎的诱惑进行抗争。例如，参见 Luban, *Lawyers and Justice* 194。
就像 David Dolinko 所指出的那样，这一主张与许多法律实践是不一致的。这些法律实践对那些未能进行心理上困难但是伦理上适当的选择的人进行了处罚。人们在避免进行性虐待、殴打或者偷窃时也要经历无数的心理困难，但是很少因为未能就这些事项进行正确的选择而免除处罚。Dolinko, "Is There a Rational" 1090–1117.
此外，我们通常在评估处罚的残酷性时，不仅从处罚造成的疼痛的量这一角度进行考虑，还从疼痛与社会利益和处罚的正义之比例的角度进行思忖。自我归罪的特免权与后面这两个标准很是相配。这在执法中常常是相当有帮助的，这也可以视为一种补偿正义。无论是大众伦理还是许多道德理论，都认为一个人承认犯罪是对那些受到伤害的人进行补救的很有价值的第一步。此外，自我归罪能节约犯罪所导致的额外的公共执法成本。如果这些额外的成本再次发生，则将加重犯罪本身最初带来的不正义。
最后，考虑到这种两难仅仅影响到有罪的被告，我不能够理解这样的直觉：在一个接受死刑和恶劣条件下长期监禁的世界里，这种观点所说的这种心理痛苦特别令人难以承受。

并不熟悉的目击证人的辨认证据，也是不可靠的。但是我们通常在处理这个问题时，通过个案来评估其可靠性，而不是整体排除。另外，可靠性是该特免权最站得住脚的理由，并且与其他理由相比，它涉及的范围更为有限。[20] 就可靠性而言，该特免权支持排除具有强烈误导性的自我归罪的证据。另一方面，可靠性关切并不支持这样的主张，即委托人永远不应当因为自我归罪陈述而遭受不利后果。如果一个陈述没有什么不可靠的可能性，或者它能导向可靠的独立证据，则可靠性理论根据并没有提供什么理由来说明为什么这些材料不能用于反对委托人。

因此，按照这个看法，特免权并没有为进攻性辩护提供支持。向律师所做的归罪性陈述不可能是胁迫的结果。律师应当处于很好的地位来评估这些陈述是否反映了其内在的心理压力，坚持在采取任何不利地影响委托人的行动之前，对这些陈述的真实性的确信达到排除合理怀疑的程度，这将足以防止这种压力。当然，这并不是授权律师自己去披露委托人的这些陈述。但是可靠性解释并没有为这个问题提供理由，即律师为什么应当使用那些既不能维护固有的权利也不能有助于案件是非曲直的裁判的策略，即使律师的评估是建立在来自委托人的信息的基础上的。

证明负担

我早先承认，辩护律师因检控方没有满足证明负担要求而寻求对实体上有罪的委托人进行无罪开释，是适当的。一些辩护律师认为这一妥协会滑向积极的欺骗。实践中，在主张没有达到证明负担要求和积极欺骗之间保持界限，确实存在困难。

Norman 和借来的庞迪克牌汽车案就是个很好的例子。辩护律师主张，"**显而易见**，Steve 和 Norman 都不知道这些财物是偷来的，否则为什么这些财物被装进了庞迪克牌汽车的后座，而不是藏匿在后备箱中?"[21] 事实上律师知道他们之所以没有把这些东西装入后备箱中，是因为他们没有后备箱的钥匙。这听起来像是欺骗。律师至少是在强烈地暗示，他们本可以打开后备箱，尽管律师知道他们打不开后备箱。

但是许多辩护律师感到这一观点相当于指出检控方指控中的疏漏，即检控方没有提出足够的证据证明 Norman 本来就打不开后备箱。因此，任何反事实主张都可以被视为是在暗示检控方未能履行证明负担来抵消有关推论。

我认为这走得太远了。赞成这一观点的辩护律师承认，陪审团并不把这种观点理解为证明负担问题，而是一种暗示，即开罪性推论是正确的。尽管道德规则禁止律师宣称其关于他们向陪审团主张的事项的"个人意见"[22]，律师常常在形式上违反这一禁止性规定。许多人认为律师要有效，则必须违反这些规定，至少在精神上是这样。就像 Monroe Freedman 所写的，"有效的审判诉辩要求律师的

---

[20] 参见 Akhil Amar and Renee Lettow, "Fifth Amendment First Principles," 93 *Michigan Law Review 857* (1995)。

[21] 参见前注 3 及其相关说明。

[22] ABA Model Rules of Professional Conduct 3.4 (e).

每个字、每个行动、每个态度都与其委托人无罪这一结论保持一致"[23]。因此，在辩护律师知道该推论虚假的情况下，这种类型的主张只能被视为欺骗。然而，这并不必然意味着这么做没有正当理由。辩护律师感到陪审员一般不理解或者会低估程序标准，他们在天性上是以实体为导向的。如果欺骗是让陪审团考虑证明负担因素的唯一办法，则这种道德成本就值得付出。这种观点存在的问题是，误导陪审团不是让其考虑证明负担问题的唯一方法。在我们不相信陪审团就某问题作出的决定的情况下，通常的程序是把这个问题交给法官。确实，在检控方未能提出陪审团据此能够合理作出有罪推论的证据的情况下，法官现在有责任根据辩护方的动议来驳回起诉。[24]

为什么没有欺骗性的主张，这种做法就不足以解决证明负担问题？有三个相关的关切点。第一个是反对被迫自我归罪的特免权。这在一定程度上是通过为检控方设置证明负担（推进的证明负担维度）来贯彻的。但是在前面我认为这并不要求进攻性辩护。证明负担（未能说服的风险维度）所要解决的另一个问题是通过鼓励在解决疑问时有利于无罪开释，来将关于错误无罪开释和错误有罪判决的相对伤害的社会判断制度化。[25]但是，在这里，进攻性诉辩作出的仅仅是最为间接、范围最为宽泛的贡献。它仅仅是通过减少任何有罪判决的可能性来减少作出错误有罪判决的可能性。允许提出欺诈性证据将具有同样的效果，尽管几乎每个人都承认这将是不适当的（委托人伪证的争议案件除外）。就像我前面所主张的那样，进攻性诉辩能够通过其对警察和公诉实践的长期影响来保护无辜的思想是错误的。

最后，让检控方承担证明负担（推进的负担）将服务于这样的目的，即阻止官吏在没有足够调查和思忖的情况下，期望被告的证据将帮助他们完成其案件，从而使公民免受起诉所带来的成本和焦虑之苦。但是通过规则要求法官在检控方未能提出支持有罪判决的证据时驳回起诉，似乎就能足够地解决这一问题。就像我们前面所看到的那样，进攻性辩护会带来更高水平的准备，这一点并不是那么判然不同。即使它能带来更高水平的准备，额外的准备所带来的利益值得付出这样的成本，这一点也并不是那么判然不同。

处罚

一些人认为刑事诉讼绝对不同于民事诉讼，是因为前者涉及的是处罚而不是赔偿。当民事诉讼当事人无论案件的是非曲直如何而胜诉时，结果通常是对另一特定的公民的不正义。当刑事诉讼当事人无论案件的是非曲直如何而胜诉时，成本则更为抽象和弥漫。不正义的被害人是整个社会。此外，损失的性质很难界定。考虑到在处罚的合法性和效益方面广为人知的不确定性，人们可能会认为我

---

[23] Monroe Freedman, "Professional Responsibility of the Criminal Defense Lawyer: The Three Hardest Questions," 64 *Michigan Law Review* 1469, 1471 (1966).

[24] Charles Wright, *Federal Practice and Procedure*, section 461 (1982).

[25] 证明负担中"推进的负担"规定的是启动并提出最低限度的证据的职责。如果承担该负担的一方未能做到这一点，对方有权要求驳回，而不需要提出其自己的证据。证明负担中"未能说服的负担"决定中，如果审判者未能认定任何一方的证据比对方的更有说服力，则那一方败诉。如果审判者认定"持衡"，则承担该负担的人败诉。

们应当对错误开释的成本高度容忍。㉖

我随后将详细地承认，我认同这一观点有些内容，但是它作为支持进攻性辩护的绝对理由是不成立的。首先，在界定处罚的实体条款以及诸如获得律师帮助的权利、刑事案件中的很高的证明负担等对被告的程序保护时，这一观点已经被考虑了。此外，刑事诉讼常常是民事诉讼的替代者。在被告和被害人要进行持续接触的情况下，刑事诉讼常常被用于明确阻却在原则上可以提起民事诉讼的错误行为，如果对该错误行为提起民事诉讼，则成本过于高昂或者民事救济不够充分。（此外，某些刑事诉讼涉及被害人赔偿，除了执行起来相对容易外，这与民事救济没有什么区别。）

社会工作、正义和废止

目前为止，支持在刑事辩护中要达到特定程度的当事人性的观点似乎是很弱的。然而，我们必须考虑一种观点，这在支持进攻性辩护的公开理由中并不是很突出，但是事实上反映了许多辩护律师的重要的道德动因。Barbara Badcock 把这叫做"社会工作者理由"，她还用一个故事对此进行了说明，即她如何使用一个牵强附会的精神病辩护使得一个持有海洛因的贫困的黑人委托人免遭 20 年强制监禁。㉗

"社会工作者理由"关注的是当代刑罚实践中的严苛性，以及对少数族裔和穷人的过度严苛处罚。有关做法似乎传播广泛、经久不衰。若干年前，得克萨斯给一个犯有 3 起欺诈罪行的人判了累积 200 年的有期徒刑。㉘ 在加利福尼亚，一个年轻人三次进班房，但是从没有被指控犯有暴力犯罪，但是最近因为持有 5.5 克可卡因被判处终身监禁，且不得假释。㉙ 这些都不是奇闻异事，只是不计其数的严苛量刑中的几个例子。其中许多是公众和官方对毒品问题的歇斯底里，再加上具有煽动性的政治火上浇油所促成的。现在与世界任何国家相比，美国身陷囹圄的人数都是最多。在 20 世纪 70 年代和 80 年代，其监禁率超过了近乎所有极权国家。㉚

这些处罚过度地适用于少数族裔和穷人这一事实，当然说明这些做法是受到政治力量支持的解释的重要组成部分。（年龄在 20 至 29 岁的美国黑人中，近乎1/3 处于羁押、保释或者假释中。）㉛ 此外，至少在某些司法辖区，这些做法是针对少数族裔社群和有色人种——特别是年轻人——的警察制度的一个不可分割的组成部分，因为密集的、常常被滥用的监视和惩戒措施，一定程度上旨在将这些人排除在种族和经济群体有特权的区域之外，在一定程度上是为了强化他们对排

㉖　Wasserstrom，"Lawyers as Professionals" 12.

㉗　Babcock，"Defending the Guilty" 178－179.

㉘　*Rummel v. Estelle*，445 U. S. 263（1980）（驳回了关于处罚是不合宪的残酷与异常处罚之主张）.

㉙　Mike Davis，*City of Quartz：Excavating the Future in Los Angeles 299*（1990）.

㉚　Fox Butterfield，"U. S. Expands the Lead in Rate of Imprisonment，"*New York Times*，Feb. 11，1992，p. 16；Elliott Currie，*Confronting Crime 28*（1985）.

㉛　Marc Mauer and Tracy Huling，*Young Black Americans and the Criminal Justice System：Five Years Later*（The Sentencing Project，October 1995）.

除他们的地方权力结构的卑屈。㉜ 当然，这种对当代刑事执法实践的归纳是存在争议的，但是对于那些我们相信其是正确的人而言，它能为进攻性辩护提供什么支持，这一点值得评估。

首先我们看看 Babcock 把这种观点称为"社会工作者理由"。乍一看，这似乎是对关于法律职业道德的观点的奇特的归纳。这里指的是不同的职业。此外，它回避了与法律职业相关并且在这里适当的辞藻，最显然的就是"非正义"。Babcock 的总结似乎反映了这样的事实，即该观点与法律文化实证主义的文风存在紧张关系。

通常情况下，有关的处罚实践都涉及立法所规定的处罚和运用立法所赋予的官员的裁量权。此外，宪法学说长期以来限制了对这些做法进行宪法审查的主要途径。这几乎排除了根据正当程序或者残酷与非常处罚条款对处罚的公平性或者比例性所进行的审查㉝，只有在罕见和极端情况下，才允许根据平等保护条款对检控方滥用自由裁量权的行为进行救济。㉞ 即使是在联邦法院到处开庭来审查警察的讯问、搜查与扣押做法的整个时期，也是如此。

因此，努力工作来反对过度和歧视性处罚的律师发现，他们这么做的时候，在很大程度上只能间接地利用定罪的程序障碍。特别是在缺少充分的宪法基础的情况下，许多律师感到对于那些实质上旨在颠覆那些做法的努力而言，他们被剥夺了自己职业文化内的直接支持。由于立法机关已经授权进行处罚（授予了警察、公诉人和法官就此问题所享有的裁量权）这些处罚获得了国家的授权，因此在法律上是合理的。

然而，这种看法反映的是职业责任话语中极端的实证主义定向。它忽视了在更广泛的法律文化中对辩护律师的关切作出了回应的实体主题。从实体的角度看，立法机关已经授权并且法院拒绝谴责或者对有关做法进行救济这一事实，并没有终结其法律合理性的问题。对于法律行为人而言，仍然有空间来确定立法机关和法院是错误的，即它们在批准相关做法时误用了有关的法律标准，并在其具有相关实践能力的情况下，进而在其认为是正确的决定的基础上前行。这就是在第 4 章所讨论的废止问题。

我认为与通常提出的其他理论根据相比，建立在废止思想基础上的观点将为进攻性辩护提供更好的支持。这一观点是，进攻性辩护之所以是正当的，是因为它颠覆了从法律文化更为一般的标准来看尽管有正式的规定但是过度严苛和歧视性的处罚。此外，这样的事实进一步说明了这种处罚的不合理性：它似乎是各种政治故障的结果，包括在政治上剥夺穷人的权利，在选举过程中煽动人心的蛊惑。

然而，即使作为这一观点的前提的当代刑事起诉的做法被人们所承认了，这仍然不能成为进攻性辩护的足够理由。问题在于，只要人们承认对大量被告的处罚是正当的、适当的，这一观点就涵盖不足。进攻性辩护是一种绝对或者完全废止的做法，它并没有集中于颠覆那些因过度和不公正而应受到反对的检控和警察的做法。

㉜ 参见 Darryl Gates 任职洛杉矶期间的骇人描述，见 Davis, *City of Quartz* 267-322。
㉝ 参见 *Rummel v. Estelle*, 445 U. S. 263 (1980); *Solem v. Helm*, 463 U. S. 277 (1983)。
㉞ 参见 Stephen A. Salzburg and Daniel Capra, *American Criminal Justice* 665-670 (1992)。

　　如果"社会工作者"或者废止观点要发挥作用，进攻性辩护就必须改造为一个特定的或者零敲碎打的废止。进攻性辩护应当仅限于那些带来了过度和武断处罚的威胁的案件，并且应当仅限于可能制衡这种威胁的情形。进攻性辩护的做法应当是更大的策略的一部分，这个策略旨在将资源和精力集中用于带来最大的不正义威胁的案件。

　　律师采用这种方法的实践能力，将因律师在执业中的自治程度不同而有所差别。一些律师发现，继续绝对性地从事进攻性辩护更容易一些，但是在接办委托人案件时适用选择性标准，将业务限于存在过度或者歧视性处罚的危险的委托人。其他律师则发现与接办那些案件相比，他们在如何处理案件问题上有更多的裁量权。其他律师则不能影响其律师事务所采用该方法，但是对他们自己的案件仍然有很大的自由裁量权。律师们也许最好是集体制定临时性废止的标准并公布——通过公共辩护人计划或者是专业化的律师协会来进行。（这样的标准应当采用通用标准的形式，不是对个案的临时性的制度管理。）但是如果这不可行，最好是个案性地、私下地制定标准，而不是根本没有标准。

　　辩护律师会受到律师协会和法院规制其业务的各种压力，以及来自介绍案件者、资助来源和委托人的压力。在这些关系中，一些律师有足够的自治权来公开采用临时性的废止方法，并将其与公众对过度和歧视性的处罚的反对联系在一起，甚至能与各种旨在进行制度改革的各种律师协会和非律师群体形成同盟。其他律师可能会缺少公开采用该方法的自治权，但是在将这一方法策略性地适用于其案件方面有足够的裁量权。律师拥有的裁量权越多，她越能雄心勃勃地使用该方法。很少有律师完全缺少这种裁量权，以至于完全不能有意义地使用该方法。

　　当然，一些人可能会质疑，是否存在什么可信的标准，律师可以据此来区分过度的和歧视性的处罚。"社会工作者"的观点预设了这样的标准，因此任何支持该观点的人都应当有这样的标准。此外，尽管关于量刑和歧视的法律学说并没有明确将这里所建议的律师决策合理化，但它提供了大量的示例，说明想要就比例性和歧视性进行判断的律师如何能够在考虑了社会价值和实践理性的基础上做到这一点的。

　　毫无疑问，特定的律师废止判断会产生争议，但是这本身并不是对这种做法的一个异议。警察关于何时进行逮捕的判断，公诉人关于何时起诉的判断，以及法官和陪审团关于何时作出有罪判决的判断都会存在争议。在决定是否支持让这些行为人承担责任时，我们并不询问他们作出的每个决策是否都会获得广泛的一致支持，而是总的来看：从我们认为相关的价值角度看，他们的决定是否将会作出积极的贡献？

　　我们不可能预测广泛地、公开地采用特定性的废止是否会改善刑事司法制度，而无须让我们信守某个评估该制度的标准，以及就辩护律师将会采用并实施什么样的标准进行假设。但是我想，任何支持对当前这种易于系统性地产生过度和歧视性处罚的制度进行批评的人，都应当对这种方法的潜力持乐观态度。我猜想大多数理想主义的辩护律师都会支持这种批评。特定性的废止方法将允许他们在其业务活动中进行更为直接的表达。这可以使得诉辩决策更好地与经常用于进攻性辩护的价值相适，消除许多律师感受到的基本规范忠信与日常业务之间的疏离感，从而改善律师业务。

　　一些人担心，由于在辩护律师之间标准必然不同，被告将获得不同的辩护，这取决于他们最终遇到的律师是谁。然而，在目前的道德制度之下，这种情况已经存在：我们界定进攻性辩护时所依据的策略并没有受到明确的规制。此外，这似乎是另外一个情况，在这种情况下，对横向平等的关注远没有对实体正义的关注重要。

对律师在民事领域所做的这种决策的合理性而言，一个标准的自由主义的回应是社群控制的法律服务办公室。社群控制这一思想并没有那么被热心地扩展适用于公共辩护计划，这令人感到奇怪。社群控制思想存在严重问题。例如，没有显而易见的方法来界定和代表社群，公平性要求律师在代理其委托人时总是要免于各种形式的政治干预。但是许多关于警察和起诉实践的公平性和人道性的判断，各种犯罪的相对社会危害以及对它们的调查（这是任何理性部署辩护资源都需要做的），最好是由一个通常代表一个有意义地界定的地方群体的组织来进行。在民事领域有大量的判例和例子，尽管有关记录鱼龙混杂，但是其思想仍然有很好的前景。

可能会有这样的担心，即公开采纳特定的废止会使得辩护人因为看上去使其业务政治化而易受攻击。特定的废止可能同时会激怒犯罪控制的蛊惑者，并疏远根据以上所批评的错误但是在思想上强有力的观点而支持刑事辩护的自由意志论的自由主义者。但是我们可以证明的是，与自由意志论的自由主义相比，对过度和歧视性处罚的实体批评将会为反对犯罪控制的蛊惑者提供更为有利的思想基础。

自由意志论的自由主义在思想上的吸引力已经逐渐淡去，特别是在律师界之外，它对责任与处罚持唯信仰论的蔑视，它偏执性地反对国家主义，它对被害人的冷漠，它以实体正义为代价对程序执意着迷。犯罪控制蛊惑者确实已经从大众对这些做法的反感中受益匪浅。与基于自由意志论的自由主义的先入之见的呼吁相比，许多担心犯罪控制的人更愿意接受呼吁，支持基于实体人道和公平理想的刑事辩护。

利害关系

针对我的批评，某些刑事辩护的支持者宣称，总的来看，进攻性辩护未能阻碍对有罪被告的起诉，实际上并没有什么实践效果。[35] 他们说，即使根据我的规范假设，严重的问题也不是进攻性辩护，而是辩护不足。考虑到资源局限性以及刑事检控案件的爆炸性增长，大多数被告并没有引起注意并获得他们有权得到的帮助，即使是根据关于刑事辩护的适当范围的最有限的观点也是如此。

这是个重要的观点。然而，优势观点在刑事领域的提法的意义，并不完全取决于其对当前实践的效果。这也关系到我们从改革和大众合法性角度出发，如何评估该制度。我们是否能够就辩护资源的增加获得支持，在一定程度上取决于人们就额外的资源会被如何使用的想法。如果把额外的资源将被用于善意的事实辩护，与这些资源被用于寻找对诚实的证人进行弹劾的证据相比，许多人的想法会截然不同。

---

[35] 例如，参见 Luban, "Are Criminal Defenders Different?"。

如果进攻性辩护没有什么实践意义，则支持它的主张不过是作态而已，但是这一姿态对大众对辩护制度的态度有着重要的影响。辩护律师通常使有罪的被告无罪释放，这一大众看法可能是错误的，但是这是一个合理推论。这一推论来自于这样的观点，即把进攻性辩护描述为对国家的有力阻碍。这一观点涉及的另外一个利害是辩护律师的伦理自我观念及其在工作中表达其伦理忠信的能力。我的方法将使辩护律师将最站得住脚的忠信与其日常工作更为直接地联系在一起。这应当被视为是一种重要的好处。

■ 结　论

我们开始于这样的问题，即为了批判关于对抗制诉辩的标准概念，刑事辩护是不是应当获得不同于民事诉讼的对待。支持这种区别的最常提出的理由证明是站不住脚的。但是，与优势观点要求的对进攻性辩护策略的绝对性支持相比，有些理由可以支持选择性地使用进攻性辩护策略。选择性的或者特定性的方法，是背景性观点通常要求的方法。因此，在最一般的水平上，刑事辩护的道德不应当有所不同。另一方面，这一方法需要留意执业背景，并且过度和区别性适用刑事处罚的问题，无论是在严重性还是在规模上都非常突出。从这个意义上看，刑事辩护事实上是与众不同的。

8

职业道德的制度化

关于法律职业道德的讨论有这样一种倾向，即失为关于律师规制的讨论。当人们认为只有在对律师法律服务活动的道德批评像惩戒规则那样易于表达和执行才算是可信的时候，就会发生这种情况。

我们应当抵制这种倾向。尽管这得到了律师协会和考官们许多现行做法的支持，它与职业辞藻所表现出的追求性传统的核心潮流相悖。"道德"一词之所以被用于我们的学科，就在于要准确地表明它涉及的不仅仅是强制性的规则执行。它在一定程度上是一种集体努力，以界定良好的律师服务活动的含义，并划定为律师实现个人满意和社会尊重的路径。因此，其最为重要的用途之一，是作为律师行使自由裁量权时的指南。尽管处罚在这个方面发挥着作用，非正式的批评也是很重要的。

我之所以将律师职业道德的制度化这一话题放在最后，是因为我们只有在先行思考了我们要贯彻什么之后，才能思考贯彻问题。我并不是要提出一个综合性的计划。目前的惩戒制度以及可能采纳的替代制度，都给律师留下了大量的自由裁量权。在不进行任何制度变革的情况下，背景性观点可以作为律师自由裁量权行使的指导和评价根据。

但是，制度是很重要的。抵制制度化的道德项目是有缺陷的。因此，背景性观点要易于制度化，这一点很重要。特别是，这样的反对意见值得回应：任何诸如背景性观点这样的道德项目，因为要依赖于非正式的标准或者坚持对委托人承担不只是最低限度的责任，都会受到经济压力的困扰。我们已经在前面的章节中思考了这些异议的某些方面，在这里我将详细说明对它们的回应。

背景性观点所要引发的执行结构，将有两个主要特征：主要是由背景性标准构成的惩戒制度，以及一套旨在鼓励自愿性的道德承诺和强化对该承诺进行非正式执行的力量的规则。

这样一个项目，可以由诸如美国律师协会及与其对应的州律师协会这样的接纳性（inclusive）的律师协会来承担，但是它有一个重要的特点，即它并不要求得到这些协会的支持。它也可以由法院、立法机关和公共规制机构有效地施行，专门化的自愿性律师协会也能发挥重要的作用。从背景性观点看，接纳性的律师协会在职业责任事务中的作用几乎是减弱了。我们在第5章讨论的职业化视野认为，其伴生的对背景性判断的忠信，以及通过接纳性的职业组织而实现的自我规制，都是补充性的。事实上，接纳性的律师协会一直倾向于使用其规制执业活动的权力，以去除职业视野中的追求性方面，用绝对性标准取代背景性标准，使对非委托人的责任最小化。①

与背景性观点最为兼容的职业规制方面的最新发展，依然是法院、规制机构和专门化的律师协会等其他机构实施的。尽管法院作为道德规制者，多多少少倾向于在整体上采纳全国性律师协会的守则，它们在其他背景下选择了不同的路径。在运用刑法和侵权标准打击欺诈、帮助非法活动的行为以及案情先悉程序的

---

① "接纳性"的律师协会既包括要求司法辖区所有律师都参加的强制性的或者整合性的律师协会（大约三分之二的州有这样的律师协会），也包括自愿性的律师协会，如有志于招募全国律师并代表整个律师界的美国律师协会。

接纳性的律师协会的不足，因为其会员成分更趋于多样性，它们在达成一致意见上有着更大困难，更容易受到压力而达成"最低限度的共识"。Michael Powell, *From Patrician to Profession Elite: The Transformation of the New York City Bar Association* ch. 1 (1988).

自由化方面，几个法院根据相对的背景性标准扩大（或者重新发现了）律师对非委托人的职责。某些规制机构也是这样，最突出的就是证券和交易委员会，以及联邦储蓄机构监管局（后者在 Kaye Scholer 案件中），它们对在那里执业的律师适用了它们的披露标准。[②]

此外，排他性的或者专门化的自愿性律师协会，偶尔也就职业责任问题采取前景看好的行动。我们举三个例子：纽约城律师协会是一个古老的组织，对职业道德的兴趣有着很长的历史。它偶尔鼓励对非委托人利益的忠信，这被认为高于道德守则的最低标准。近些年，它敦促制定标准来要求税务律师对其代表委托人采取的立场的合法性承担更多的责任。[③] 美国婚姻律师学会成立于 1988 年，宣称要提高离婚律师的道德标准。它在披露和策略等问题上，为会员制定了自己的道德守则，与美国律师协会的守则相比，其为律师设定的对对方当事人的责任显然更高。加利福尼亚州三个主要都市地区最近成立的三个商业诉讼律师协会，也为其会员制定了道德规则，以减少对诉讼程序的策略性、不合其目的的使用。这些组织提出的新的标准顶多仅仅是对现状的些微背离，对此也没有正式执行程序相伴。但是，它们意义深远。

■ 背景性的惩戒制度：侵权模式

背景性观点所启发的惩戒制度，将始于"促进正义"这一准则，并将其发展为一套更为具体的戒律。该制度应当包括一个或者几个守则或者"重述"。这些汇编中的标准应当采用一般标准、可反驳的推定、说明性案例等形式。详细说明不应当在制定时毕其功于一役，而是要在具体案件中不断澄清和修订。

对于那些怀疑背景性标准下律师规制制度的可行性的人来说，我们需要提醒的是，我们已经有了这样的制度。它已经充分运作了几十年，与美国律师协会制定的道德守则相比，它在被人们接受时，争议更少。我所说的当然是指适用于律师的侵权制度。

优势观点描述的，仅仅是两个并行的职业责任制度之一。这就是以律师协会和法院的规制角色为核心的惩戒制度。另一个制度，即普通法的侵权责任制度，则以法院的裁判角色为核心。惩戒制度主要实施处罚，以阻却进一步的不端行为；侵权制度主要是实施损害赔偿，以就发生的不端行为进行赔偿。然而，两个制度都与职业行为标准的具体化有着密切关系，它们所执行的实体标准，在很大程度上是重合的（侵权案件中的律师责任几乎都涉及过失或者欺诈，二者也都违反了道德守则）。

在设计惩戒制度时，就两个制度进行比较，可能有助于思考制度化问题的范围，例如公共机构和律师协会的相对角色，司法程序与行政程序的相对角色，公

---

②　参见 Geoffrey C. Hazard，Jr，Susan P. Koniak，and Roger C. Cramton，*The Law and Ethics of Lawyering* 57—153 (2d ed. 1994)。

③　关于纽约市律师协会，参见 Powell，*From Patrician to Professional*。关于律师协会在税务道德领域的工作，参见 Special Committee on the Lawyer's Role in Tax Practice，The Association of the Bar of the City of New York，"The Lawyer's Role in Tax Practice，" *Tax Lawyer* 865 (1983)。

共执行与私人执行的相对角色，惩罚性赔偿与赔偿救济的相对角色。然而，我不准备在这里讨论这些问题。④ 我仅仅想援引过失制度来说明，背景性标准下的律师职业道德思想并没有什么激进之处，并说明在背景性的惩戒制度下，背景性标准可能会如何运作。

侵权制度的核心标准，即过失标准，也许是最坚定的背景性的法律标准。就像 Roscoe Pound 所说的，这样的标准"的制定并不是绝对的，不是要由立法或者司法判决给出确切的内容，而是与时间、地点和环境有关，要适用于本案"⑤。或者就像《侵权法重述》所说的，过失标准"提供了足够的灵活性，允许根据本案特定情况而有适当的余地"。过失标准的措辞特点是合理性，而"［合理性］的值因其适用的环境不同而有所不同"⑥。

除了法律职业道德领域之外，这种类型的标准通常与职业判断联系在一起。最高法院在拒绝就宪法第六修正案的律师"有效帮助"制定绝对性标准时，承认了这种联系："关于律师行为，没有特定的详细规则能令人满意地考虑到辩护律师所面对的各种情况，或者如何最好地代理刑事被告所涉及的合法决策的范围"⑦。

已经成立的律师组织自己也常常这么说。《示范守则》在解释禁止非律师人员从事法律服务活动的规定时，承认外行也能够学习和遵循特定的规则。他们所（可能）缺少而律师（可能）拥有的，是"职业判断"；而"职业判断的实质，是经过教育获得的将法律的一般规定和法哲学与委托人的具体法律问题联系在一起的能力……"⑧ 尽管《道德守则》用绝对性的语言规定了律师对第三方的义务，它们自己倾向于用背景性的语言规定律师对委托人的义务。对委托人的关键职责——那些涉及称职性、利益冲突和收费合理性的职责——都采用了背景性形式。⑨

我们并不期望这种类型的标准得到全面规定。在通常的侵权背景下，我们期望行为人以及审查其行为的陪审团，都能够将各种通过社会经验积累的不言而喻的知识铭记于心。当陪审团评价职业行为时，我们通常要求他们得到专家证人的帮助，而且我们期望专家证人要运用不言而喻的、非正式的知识。

我们使用规则来具体规定关照标准。然而，在达到这些标准时，行为人不能仅仅参照这些规则而认为这些规则没有明确禁止的都符合要求。我们常常期待根本没有具体的规则。当我们找到规则时，我们很少将其视为绝对。对规则的违反至多是违反关照的"证据"，可以通过表明在特定背景下遵循该规则将不会促进相关做法的更一般的目标，来对之加以反驳。遵守了规则很少是一个决定性的抗辩。

④ 关于对这些问题的精彩讨论，参见 Deborah Rhode, "Institutionalizing Ethics," 44 *Case Western Reserve Law Review* 665 (1994)；David Willkins, "Who should Regulate Lawyers?" 105 *Harvard Law Review* 799 (1992)。

⑤ Roscoe Pound, *An introduction to the Philosophy of Law* 58.

⑥ *Restatement of Trots Second Section* 283，comments c，d。

⑦ *Strickland v. Washington* 466 U.S. 668，668-69 (1984).

⑧ *Model Code* EC3-5.

⑨ *Model Rules* 1.1（律师必须就代理提供"合理必需"的技能和努力）；1.5（律师费必须是"合理的"）；1.7（只有在获得明示同意和律师"合理地认为"双方当事人都不会受到不利影响的情况下，才允许进行存在利益冲突的代理）。

对例行做法的经验归纳——习俗——也能提供根据。但是同样，我们不能把习俗视为是决定性的。我们常常可以让原告或者被告说明习惯做法与更一般的标准不相一致。另一种类型的指导形式是典型案例。这当然是普通法裁判活动的特征，这与律师的职业做法——例如表格范本或者各种工作的作业指导书——有许多类似之处。这种类型的指导的关键所在，是它们要求职业人员要就其所发现的特定情况与判例或者范本中的情况有多大程度的类似性，进行一个相对复杂的判断。

当然，与法院（或者机构、协会）创设惩戒制度相比，法院在界定侵权标准时扮演着不同的角色。普通法法院在就律师职业侵权责任执行关照标准时，援用律师职业自己制定的标准。它可能要在相互冲突的职业标准之间进行选择，可能有的时候要摒弃在律师职业内部很流行的标准。但是在很大程度上它认为自己是在执行独立于其活动而确立的忠信。尽管其权力可以被视为立法权，但是这是第二位的立法权。在这方面，法院就律师职业的忠信制定一个综合性的规定将站不住脚，即使普通法传统并不禁止法院进行个案的操作。

然而，侵权制度所援用的律师职业内部的做法，常常采用守则或者重述形式。当律师协会或者是对律师界有规制权的机构或者法院详细惩戒制度时，它们至少在一定程度上扮演了一个职业内部的角色，是在代表该职业发声，而不是要求其遵守这些机构所拥护的忠信。这样它们处于一个制定更一般、更综合的标准的更好的地位。

合理关照/过失标准与关于律师职业道德的职业一致意见有着重要关系。就像我们在第3章看到的那样，对背景性观点经常提出的一个异议是：关于职业道德的背景性判断是存在争议的，这好像排除了其作为职业道德判断的基础。[10] 显然，对于不当执业的裁判而言，也同样如此。对于这里发生的争议的回应，对于法律职业道德也具有启发性。当我们为过失目的审查职业判断时，我们心照不宣地区分了两种层次的争议。

首先，职业人员可能就特定的判断是否低于法律应当执行的最低关照标准存在不同意见。这样我们就不太可能判定责任。但是我们并不认为这样的争议会排除责任。如果对法律服务活动的指摘达到了特定的可信性基本标准，并且在职业内部得到了普遍接受，法院就可能考虑竞争性的观点，并在被这些指摘所说服时判定责任，即使没有一致意见。

其次，职业人员可能同意两个或者更多的相互竞逐的判断都与最低标准一致，但是就哪个更佳没有一致意见。在这种情况下，法院不会判定责任，侵权制度不会进一步考虑问题，直到律师职业内部持某立场的人宣称其中一种情况不是错了，而是不合理。在此之前，侵权制度仍然是不可知论的立场。

然而，在法律职业内部，争辩仍在继续，而且如火如荼。例如，人们不会期望医生这么说，从侵权目的上来说，两个医疗程序都是合理的，没有办法弄清哪个对于患者是最佳的。相反，我们可能期望在是非曲直问题上进行激烈的辩论，每一方都大力论证对方判断是错误的，然而我们并不想就此判定责任。治疗患者的医生在选择推荐的程序之前，必须仔细阅读这些争论，选择最具有说服力的一

---

⑩　Stephen Bundy and Einer Elhauge, "Knowledge about Legal Sanctions," 92 *Michigan Law Review* 261, 313-321 (1993); David Wilkins, "Legal Realism for Lawyers," 104 *Harvard Law Review* 468, 511-513 (1990).

个。他们不可能对患者说，因为在程序上存在争议，他们拒绝作出推荐。与此类似，对于职业组织来说，如果其成员确信某个程序更好，则不会仅仅因为这可能存在争议而在表达其集体观点上犹豫不决。

如果某个人说背景性观点不可行，因为其所鼓励的判断是存在争议的，他可能是在说在判断是否达到了最低关照标准方面存在争议。如果是这样，在暗示这样的争议偏向于排除责任方面，他是正确的，但是他几乎忘记了侵权制度表明，这样的争议并不排除站得住脚的责任判断。有的时候，异议会提到的争议是，从法律制度相关价值的角度看，相互竞逐的合理判断中哪个是最好的。对于背景性制度来说，只有在其排他性地具有判定责任的偏见时，才能禁止它，但是它不应当是这样的。

侵权制度反映了一种清晰的劳动分工，即法院认为他们自己有判定责任的排他性权力，而将非强制性的批评和讨论留给了法律职业内部的机构。尽管法律职业道德制度有的时候也被认为是一种责任制度，将其视为非强制性的法律职业内的批评和改革制度也许更说得通。后一角色反映在惩戒制度的两个独特的做法中，即申斥或者"训诫"之罚以及咨询意见，这在侵权制度中是找不到的。这二者都分析并宣布不道德行为，而不判定赔偿、禁止行为或者解决私人争端。道德制度这一更为广泛的角色，在这样的事实中更为明显，即积极进行惩戒的同一职业组织，通常也从事更为非正式的道德讨论，例如资助会议、讨论和研究。

就其对"黑体字"标准的倾向而言，美国律师协会道德守则的起草者们似乎是从刑法角度而不是侵权法角度考虑的。与侵权法相比，刑法通常要求有更为明确的标准。法律职业道德制度与刑法制度有些类似，这两个领域的标准都与规制机构判定的刑罚或者处罚相关联，而不是与向受到损害的当事人判定赔偿相关联。此外，职业道德制度中更为严厉的处罚——暂停执业和取消律师资格——所具有的激变效果与严厉的刑法处罚而不是严厉的侵权赔偿更具有可比性。与侵权责任相比，刑法和道德标准下的责任通常更具有社会污名意味。

然而，事实上，职业惩戒与刑事处罚之间的这种类比很是拙劣。它忽视了惩戒标准与侵权标准之间的重要重合。不当执业既是一种侵权责任问题，也是职业惩戒问题。最重要的是，惩戒和刑事处罚之间的相似性与二者之间的主要区别相比相形见绌：惩戒程序实质上是一种职业的**自我**规制。这意味着在实践中，通过参与性的职业机构进行的规制并不像标准执行那样普遍存在。不当执业标准，即使是由职业之外的机构所确定的，也是在宣告律师们自己制定的标准。不当执业判决通常情况下必须得到这样的证据的支持，即受人尊敬的律师通常认为相关标准具有约束力。职业教育和加入协会的程序，就是要就这样的标准进行教诲。相反，不论我们期待刑法在多大程度上吸收通常的伦理，与侵权法相比，我们认为刑法标准是一个更为遥远、更不讲人情的规制形式。

污名问题需要进一步解释。与侵权责任判决相比，许多律师显然认为关于不道德行为的判决带来了更强烈的情感上的和象征性的创伤。这种认识是非理性的、违反常情的。说它非理性，是因为就像我们所指出的那样，几乎所有律师违反侵权责任的行为也都违反了道德职责；说它违反常情，是因为它助长了对扩大职业道德职责的抵制，主张了对烦冗措施（包括正式规定）的要求。

对不利判决的这种强烈的污名性的认识，似乎得到了法律职业道德辞藻中自以为神圣的（sanctimoniousness）传统的支持。主流律师们在倾向于将职业道德的职责范围最小化的同时，倾向于在谈及余下的职业道德时，好像它们具有神圣性一样。这一传统被最近这样的趋向所夸大了，即某些道德学家将职业责任解释为是对"品性"的表达而不是一个恰当的行为问题。⑪从这种"品性"角度出发，似乎可以得出的结论是，一个不利的道德判决，是证明在根本上缺少为人价值的证据。

对这种情况进行校正的唯一方法，是降低自以为神圣的水平，放弃对与良好行为相对的良好"品性"的迷恋。这是第一步。法律职业道德术语所表达的批评，本身不应当比其他在行为上的不利法律判决带有更多的污名。当然，某些违反道德的行为极其恶劣，会就一个人的品性带有更强的意蕴。但是其他违反道德的行为，所涉及的是些微损害，或者取决于界限模糊的问题，或者源于可以免责的疏忽、可以理解的压力，或者是善意的错误。在对这种类型的行为进行讨论和批评时，我们不应当在职业道德术语上被禁止使用杀伤力过强的绝对性的辞藻。⑫

▌法律服务市场的重构

一些人认为，背景性观点或者任何与优势观点相比在职业道德上设定更多的对非委托人的职责的方法，都可能因社会压力而崩溃。这种观点在根本上是没有说服力的，但是它提醒我们，规制除了授权采取行为和惩处反常行为外，也能够通过改变对律师服务活动产生非正式压力的制度结构，来对行为产生间接影响。

我们从底端竞赛观点谈起。这种观点认为，委托人最喜欢那些最愿意进攻性地实现其利益的律师。愿意比其他律师走得更远的律师，将具有竞争优势。他们将吸引更多的委托人。为了留住业务，那些在道德上志向更为远大的律师将不得不在原则上进行妥协，效仿那些更为热忱的竞争者。当他们这么做的时候，在一开始比较具有进攻性的律师将发现他们失去了竞争优势，其回应将是更具进攻性。这个循环将周而复始，直到人们在对非委托人（第三方和公众）的最低限度的可容忍的义务上偃旗息鼓。这种力量对背景性方法的追求性维度（即依赖于表扬、榜样和批评而不是处罚的方法）构成了严重威胁。

我们一经思考，就会发现这种悲观的结论是没有根据的。作为直觉，我们可以很容易地设想一个顶端竞赛（a Race to the Top）。在这个竞赛中，律师的竞争基础，不是他们愿意更具进攻性地主张委托人的利益，而是他们吸引第三方（潜在的交易伙伴和裁判庭）信任其委托人的能力。他们是通过使第三方确信他们自己忠信于公平并进而就委托人作出保证，来实现这一点的。律师在忠信于公平方面越可信，他劝导他人相信其委托人的能力就越强，他对委托人而言

---

⑪ 例如，Anthony Kronman, *The Lost Lawyer* (1993)。

⑫ 此外，品性判断比行为判断要困难得多。尽管律师协会长期以来倾向于根据绝对性标准判断其成员，直到最近，律师协会才有意于根据"良好伦理品性"这一一般标准来判断是否让申请者入会。这种做法的记录是出了名的差。这样的判断常常不过是仅具规律性，并且常常掩盖着政治和社会成见。参见 Deborah Rhode, "Moral Character as a Professional Credential," 94 *Yale Law Journal* 491 (1985)。

就越有价值。因此，律师们至少在可观察的公平表象上试图彼此超过，从而在对第三方利益的高度忠信上达到平衡。当然，还存在预示着不太极端的结果的第三个场景。这个场景表明，在道德上律师将在底端（低忠信）和顶端（高忠信）之间的范围内进行分布，吸引对道德忠信有不同选择的不同的委托人。

现在就这三个场景所预测的结果而言，第三个场景——分布场景——的结果似乎更接近现实世界。律师展现了各种道德特性。某些律师似乎采用了顶端竞赛所假定的策略，Brandeis 就是个例证。某些律师似乎参加了底端竞赛，Roy Cohn 就是个可靠的例子。有些时候，这种差异与功能联系在一起。例如，与专门从事审判的刑事辩护律师相比，专门从事辩诉交易的刑事辩护律师在道德上则更不那么具有进攻性。在功能内部也存在某些差异。例如，某些税务律师比其他税务律师在提供意见函方面更具有进攻性。然而，似乎这些律师的意见更不可信，这些律师要在处于强势地位的人就其服务提出的降级了的需求，与那些不能从有着强烈第三方忠信的律师那里获得意见的处于弱势地位的人提出的升级了的需求之间，进行折中。

因此，与底端竞赛观点相比，在当前的意义上，道德上志向远大的律师有更多的机会。从改革的角度看，我们应当考虑是否可以扩大这些机会。"竞赛"观点将对道德行为的压力仅仅归结为"市场"，但是有许多途径去组织一个市场。目前对道德上志向远大或者高度忠信的律师服务的需求水平，是现行有效的特定市场组织的功能的一部分。这一组织的某些特点，既非市场的必然伴生物，（从最大化选择满意度的经济角度看）也非具有显然的效率，这些特点可能会抑制对高度忠信的律师服务的需求。

对于顶端竞赛场景所描述的方式而言，要使高度忠信的职业道德发挥作用，则律师需要找到使其忠信为第三方所信赖的方法。否则，第三方就没有理由以该场景所设定的方式，对这些律师及其委托人作出回报。建立这种可信性的一个总的方法，是由律师直接与第三方就合同性的忠信进行谈判。例如，在大型商业交易中，律师有的时候提供一个明确的"10（b）-5"担保书，声明他们并没有向第三方隐匿重要信息。在律师反复与第三方交往的情况下，该谈判可以采用更为微妙的形式。例如，对于看起来坚持了高度忠信道德的律师，裁判庭可以回报他以程序上的方便，或者更容易接受其代理。另一个赢得可信性的方式是，律师以更为一般和公开的方式展现忠信。他们可以直接做广告，或者自己参加坚持高度忠信道德的组织。

支持这些忠信的处罚可以采用各种形式。明确而直接的忠信可以由第三方通过合同损害来加以执行。这样的执行常常很烦琐、很昂贵。因此，有着更为非正式的机制很是重要。顶端竞赛观点强调了声望处罚的重要性。当前的违反行为减少了律师忠信的未来可信性，进而减少第三方对此信赖并对此忠信作出回报的意愿。这样的处罚可以得到组织的支持，例如专门化的律师协会可能会监督其成员的行为，并进行声望处罚，例如训诫或者开除。

然而，在法律服务市场中，这样的过程存在着障碍。市场的特定设计如何回应这些问题，将影响对高度忠信道德的需求水平。当前的市场结构似乎并没有像其本可以做的那样对这些问题作出回应。我们考虑四个问题。

心理学偏见

行为心理学证明，存在广泛的影响经济行为的认知偏见。人们倾向于高估其计划成功的可能性。（例如，当面试者让将要结婚的人估计其离婚的可能性，几乎所有的人都估计该机会接近于零，即使半数以上的婚姻以离婚告终。）他们也倾向于关注眼前的、鲜活的和有具体事例的不测之忧，而不是更为遥远、更为抽象的意外。（例如，调查回应者一致高估了诸如谋杀这样的引人瞩目的死亡原因的发生率，而低估了诸如哮喘等常见死因的发生率。）

Melvin Eisenberg 在推测这种偏见对关于关系职责（relational duties）的合同条款的影响时，写道：

> 在合同制定的时候，每一方当事人都可能对关系的长期发展以及对方当事人在关系展开时避免投机行为或者不公平操纵相关合同职责的意愿过度乐观……因为能力上的缺陷，当事人有可能对制定合同时的鲜活的、具体的、现实的关系状况给予过度的看重，错误地认为这个时候的关系状况代表了这种关系的未来，很少思考，并不关注这种关系变糟的风险。[13]

第三方也倾向于低估高度忠信的道德所要防范的不测之忧，因而他们倾向于不就此进行直接谈判。这种同样的趋势，也会损害非正式的声望处罚。

与道德辞藻相关联的情感过载也会抑制谈判。怀疑某个人的道德，即使人们没有意识到这种怀疑所依据的实体标准，有的时候也会被视为是对某个人品性的攻击。委托人可能担心表现出怀疑将会引发忧虑或者愤怒。这种担心可能会导致对认识道德忠信问题不利的情感以及认知偏见。焦灼可能会导致人们从意识里屏蔽掉对于问题而言很重要的不测之忧。

规范细致化的成本

假设两个进行交易谈判的当事人想要坚持高度忠信的道德，例如坚持背景性观点。仅仅在合同中加上一句话，承诺要以"背景性观点的道德"或者"行为公正"来约束彼此，这是不是就令他们满意了？这些术语需要界定。即使当事人认为他们就其含义有着共同的一般认识，也可能只有在这些术语得到充分说明后，才愿意自己去承担义务或者依赖于对方当事人的义务。然而，如果当事人开始于一张白纸，则详细说明将涉及大量宝贵的时间和劳动。（与绝对性的道德相比，背景性道德并不必然要求更为粗略的细致化，而仅仅是另外一种细致化——可反驳的推定、示范案例而不是正式的规则。）

当存在可以通过援引而吸收的公开制定的守则，或者可以默认适用的法律时，起草工作就会大大简化。美国律师协会的守则、广泛的判例法以及解释它们的注释发挥着这种作用，但是它们提供的仅仅是优势观点有限的、低度忠信的道德。尽管在委托人希望就高度忠信的道德达成协议的情况下可以放弃这种道德的

---

[13] Melvin Eisenberg, "The Limits of Cognition and the Limits of Contract," 47 *Stanford Law Review* 211, 251-252 (1995).

大多数因素，但是对于高度忠信的职业道德并没有像美国律师协会对低度忠信的道德的细致规定这样鲜明、具体、得到充分注解的细致规定。这创造了一个有利于低度忠信的职业道德的偏见。当事人可能实质上希求背景性观点，但是考虑到细致规定所带来的成本而感到踌躇。他们可能勉强认可了低度忠信的道德，这是因为他们能以最低限度的交易成本得到它。⑭

律师如果想将高度忠信的律师服务风格推销给委托人，或者使第三方确信其高度忠信值得互惠，则必须使委托人和第三方确信这将物有所值，同时必须付诸努力来学习这种高度忠信的风格。他们可能对低度忠信持保留意见，但是如果这得到了广泛强制执行或者引用，他们可能就会因为熟悉它而对此感到轻松。相反，高度忠信的道德可能带来高昂的教育成本问题。这样的成本给盛行的制度带来了好处，即独立于其条款的实质吸引力所具有的惯性。

同样的观点可以适用于非正式的忠信及与裁判庭的关系，尽管可能没有那么有力。如果律师必须自己承担对职业道德作出细致规定所带来的成本，则律师就不会倾向于以公开的方式使自己忠信于高度忠信的道德；裁判庭如果不得不承担所有成本的话，它也不愿意设定高度忠信或者就此进行谈判。裁判庭采用在其他地方广泛流行的标准，将得益于过去和未来其他人将标准细致化的活动。相反，裁判庭如果采纳一个与众不同的标准，则可能担心除非其他人遵循它，否则该标准仍然不会得到最优的细致化。

执行信息

道德忠信的可信性在很大程度上（尽管不是排他性的）取决于对违反道德行为的有效处罚是否存在。无论处罚是强制性的（例如合同赔偿或者惩戒之罚），还是非正式的（例如声望丧失），都要求就律师对其义务的忠诚度有准确的信息。这样的信息很难获得，且常常很含混，为保密标准所遮蔽。⑮

一些人认为，最近的制度发展恶化了这个问题，即它打破了声望信息的非正式传播网络。当少数律师在地方背景中彼此反复交往时，非正式信息的有效分享和声望之罚的可能性会很高。然而，最近几十年来，律师队伍的规模急剧扩大，在全国范围内甚至地方范围内，业务越来越分散。在这种情况下，关于不遵守道德行为的信息可能得不到。这样，律师就缺少尊重其忠信的动机，第三方也缺少动机来依赖于它们。

关于性情的信息不对称

一方的无知，再加上对方不愿意披露在策略上有价值的信息，将抑制某些交易。这个观点在适用于我们的讨论时很复杂，但是很重要。假设在某个交易中，不择手段之事（欺骗和滥权）发生了，且造成了很大损失。如果狡诈之徒（那些

---

⑭ 参见 Michael Klausner, "Corporation, Corporate Law, and Networks of Contracts," 81 *Virginia Law Review* 757 (1995).

⑮ 参见 Ronald J. Gilson and Robert H. Mnookin, "Disputing Through Agents: Cooperation and Conflict Between Lawyers in Litigation," 94 *Columbia Law Review* 509 (1994).

倾向于从事不择手段之事的人）自己受到高度忠信的道德约束的话，这些损失可以避免。如果被充分告知，则诚实的当事人在与狡诈之徒进行交易时，则会坚持高度忠信。然而，事实上诚实的当事人不能将狡诈之徒从其他诚实的当事人中区分出来。狡诈之徒希望低度忠信，但是他们并不想提出这样的要求，因为这样做将会向诚实当事人亮明其身份。然而，如果默认规则是低度忠信，他们则不需要提出这样的要求，除非对方当事人要求高度忠信。

如果诚实的当事人并不知道他在与谁进行交易，他会不会要求高度忠信呢？也许不。如果不择手段之事很少发生，狡诈之徒在人口中比例很小，即使因不择手段之事造成的个人损失很大，但是全部交易的平均损失会很小。在不知道对方当事人的性情的情况下，诚实的当事人会从不择手段之事造成的平均损失角度来评估高度忠信。平均损失可能会少于高度忠信的交易成本（制定标准的成本加上就条款的含义进行谈判的成本）。因此，虽然获得全部信息的当事人将会就高度忠信进行谈判，但是如果信息不对称，并且默认条款是低度忠信的，则他们最后可能会接受低度忠信。[16]

这是一个在很大程度上影响私人谈判的问题。它不太可能影响裁判庭，因为它们所处理的案件量很大，这意味着获得高度忠信的每个案件的交易成本很低。例如，它们可以通过一般规则行事。此外，如果律师具有明确的道德声望，就有可能通过其律师分辨出狡诈之徒。但是，就像我们已经指出的那样，声望信息是很有限的。

我们已经讨论的四个障碍表明，将道德推向高端和低端的力量的相对力度不仅仅是个委托人的偏爱问题，也是心理学偏见、合同问题，以及信息有限性问题。没有一个市场制度能够解决这些问题。但是市场制度有不同的方法来对这些问题作出回应，力量的平衡取决于所选择的方法。法律服务市场的当前配置更适合低度忠信而不是高度忠信的道德。因此，背景性观点的贯彻可以包括对市场进行改革的各种措施，其中最重要的是调整合同订立过程，细化任选性标准，以及提供信息。

合同规则

对市场缺陷的回应之一，是通过强制性规则减少合同性的自由裁量。某些道德规则，例如规制极端形式的欺诈和滥权的规则，采取了——也应当——采取强制形式。但是也有一些不太严苛的回应，留下了一些合同裁量权。

其中一个就是设计**默认规则**（default rules），适用于没有明确协议的情况。当前的低度忠信默认规则似乎恶化了我们已经指出的某些问题。首先，它们强化了支持低度忠信道德的心理学偏见效果。其次，它们没有为意图隐瞒重要信息或者从事进攻性行为的当事人（狡诈之徒）提供动机，以向性情完全不同的交易对象（诚实的当事人）披露信息，向后者说明他们所面对的风险。

因此，颠倒默认规则，来创造一种高度忠信——例如，全面披露重要信息——的推定，将具有可取的效果。在双方当事人都没有意识到或者不倾向于提

---

⑯　参见 Ian Ayres and Robert Gertner, "Filling Gaps in Incomplete Contracts: An Economic Theory of Default Rules," 99 *Yale Law Journal* 87 (1989).

出问题的情况下，高度忠信的道德将服务于其利益。在一方当事人过分希求低度忠信的道德的情况下，高度忠信的默认规则将迫使该当事人提出问题，并就其希求的方法进行谈判。这将为对方当事人反对考虑该问题的认知偏见施加反作用力。这也会为对方当事人提供有用的信息，即她面临着本来没有意识到的风险。在双方当事人都希求低度忠信的情况下，他们仍然能够通过在协议中对此加以说明的方式获得它。

另一个更为简单的改革则是在职业道德领域引入**强制性忠信**（commitment-forcing）规则。强制性忠信规则要求当事人就特定问题作出某些明确的承诺，无论承诺的内容如何。强制性忠信规则的一个例子就是许多州要求律师必须就收费与委托人达成明确协议并形成书面文件。该规则在一定程度上源于这样的担心，即心理学偏见会阻止委托人关注该问题。这样的规则可以扩展到与第三方的谈判中，也可以要求律师在任何重要的直接谈判中，以书面形式向对方列明他们所据以运作的道德标准。这可以是一般性的，也可以针对诸如信息披露这样的具体问题。

裁判庭可以在其操作规则中加入这样的要求。规则可以规定各种可以接受的道德标准，并要求每个律师表明她自己受到哪个标准的约束。例如，国内税务局就能够提供包括某个标准的选择，根据这些标准，律师（或者非律师税务经办人）将同意披露所有已知的重要信息，并说明所有存在重大疑问的法律情况。律师作出该承诺后又违反它将受到处罚。如果律师不作出该承诺，其后果则是委托人极可能受到审计。

公助的任选性守则

从经济学家的角度看，一套细致规定的道德忠信，是一个公共产品。一旦某些人生产了它，就很难限制他人去使用。任何人对它的使用，都不会限制他人来得到它。经济学家认为这种产品在私人的、以营利为导向的活动中会显出不足。我们已经指出，反映在美国律师协会道德守则和相关的判例与注释中的对低度忠信的道德的公共资助，对高度忠信的道德形成了一个有力的偏见。

因此，可以进行这样的改革，即资助制定这种高度忠信的标准，使当事人可以通过引用而采用。减少高度忠信的道德的交易成本，会产生很大的影响，即使它们的标准是任选性的。这些其他标准可以由公共机构或者私人协会来制定。

需要指出的是，"公共产品"分析对精英法律改革传统有所保留，例子就是美国法律协会制定的《律师法重述》。该协会是一个慈善性的法律改革组织，致力于就各个法律领域制定"重述"，为法院和律师们提供指导。法律改革的"重述"方法将归纳、澄清与渐进式改革结合在了一起。一般认为，仅就归纳和澄清而言，可能会造成僵化和对现状的崇拜，但是如果不仅仅是进行渐进式改革，则会使重述失去强有力的影响力。

如果重述标准被建议用于制定为强制性的规则，则这种说法是说得通的。但是如果我们将其视为任选性规则，为私人协议、公共声望忠信（public reputational commitments）或者专门化裁判庭的规则所吸收，则这种说法是具有误导性的。制定新的规定，但是仅有些微变化，将增加含混性，因而澄清这些忠信的成本将会在引用特定标准时增加。更重要的是，由于将改革限定为渐进式变革，重述对裁量性道德忠信的选择范围贡献很小。用于制定法律职业道德重述的大量资源，可以部分用于澄清低度忠信的道德，鼓励一个可取的小规模改革。但是准确地说，这么做将会恶化标准的次优多样性（suboptimal diversity）问题，以及对高度忠信道德的制度偏见问题。通过细致制定一套与现行流行的低度忠信道德迥然不同的标准，并将其提供为一个自愿性采用的选项，美国法律协会能够发挥深远作用。

执行信息

关于律师遵守其忠信的信息问题似乎特别困难，但是也有一些充满希望的迹象。从最正式的水平看，我们有就对律师的指控进行的公共裁判所带来的信息。这样的信息非常昂贵，但是有这样的可能，即在过去对此投资不足。因此，诸如联邦储蓄机构监管局这样的机构和《法院执行规则》第11条和案情先悉程序处罚等越来越多的努力，是大有希望的。

从最不正式的水平看，信息是通过不经意的交流网络和新闻业加以传播的。新的技术已经促进了更广泛的网络对地方性网络的取代。大量进攻性的法律新闻杂志的出现，就律师服务活动的细节制造了大量信息。记者们在发现和调查道德问题方面，扮演着有价值的角色。（《美国律师》的作用特别突出。）

也许最大的发展空间是以自愿性的执行活动形式在这两个水平之间存在的。诸如美国婚姻律师学会这样的自愿性、专门化的律师协会最近增强了在道德忠信方面的声音，这一点引人瞩目。这些努力可能还伴有成员之间就成员是否遵守了这些道德忠信所进行的非正式交流。然而，他们缺少明确的执行程序，在这种情况下，他们在将执行信息传播给外界人员方面，作用还非常有限。（关于诽谤的法律限制就职业声望的信息非正式传播给陌生者，外界人员将很难评估这些非正式的信息。）

自愿性协会对成员的最终处罚是开除。也存在各种不太严重的处罚，例如训诫。自愿性协会可以通过这样的方式执行其忠信，即从宣称受到了违规行为损害的人那里征求投诉，根据公平程序对其进行裁判，宣布其结果，对违规者适用处罚。这样一个制度的程序成本将会很大，但是与公共裁判相比可能会相当少。其好处是将增加该协会的忠信的可信性，作为一个忠信信号而增加其会员资格的价值。诸如保险实验室（Underwriters Laboratories）这样的自愿性协会常常以类似的方式就商品进行认证。

公共规制是否会在鼓励这种协会行为方面提供帮助，还不清楚。对《诽谤法》进行某些修改，以容纳对相关信息的善意举报，是个好主意。就《反托拉斯法》进行某些适用，以保证协会不会成为在价格方面对可取的竞争进行限制的引擎，在某个时候将变得必要。规制机构如果想鼓励更多的这种协会行为，可以考虑将一些私人执行制度作为示范项目进行资助，以期在它们在证明了自身价值后，其他人会在没有资助的情况下效仿它们。

■ 结　论

　　无论是作为规制机构执行的惩戒制度，还是作为一套私人正式和非正式执行的自愿性的忠信，背景性观点都很容易贯彻。侵权制度在界定最低限度的职业关照标准方面的作用，与惩戒标准所发挥的作用类似。尽管两种作用存在差别，前一领域对背景性标准的毫无争议的接受，强烈地表明它们在惩戒领域也具有潜在的可行性。

　　尽管在已经制定的道德守则中它们被否认了，但与背景性观点类似的观点通过自愿采用和非正式的、声望性的执行，在律师服务活动中发挥着作用。它们之所以没有发挥更大的作用，至少在一定程度上是因为当前法律服务制度的某些特点造成的。这些特点似乎抑制了达到高度忠信道德的自愿性努力。没有理由认为这些特点会比诸如背景性观点这样的能更好地容纳高度忠信道德的其他方法更具有效率。旨在减少认知偏见、信息问题、规范细致化成本的各种改革，在促进对背景性观点的自愿性采纳和推广方面，有着光明的前途。

扩展阅读

  对法律职业道德的杰出理论探讨是 David Luban 的 *Lawyers and Justice：An Ethical Study*（1988）。Anthony Kronman 的 *The Lost Lawyer*（1993）也很有趣、很有思想，尽管它所讲的律师不是你预期中的律师。Robert Gordon 的 "The Independence of Lawyer," 68 *Boston University Law Review* 1（1988）是将学理分析与制度分析结合在一起的重要努力。

  不幸的是，对优势观点很少有同情性的理论探讨。优势观点充其量是由其批评者在理论层面上进行阐释的。这些批评者是从大众和学理材料中推断出其轮廓的。对优势观点的首要性的理论辩护是 Stephen Pepper，"The Lawyer's Amoral Ethical Role：A Defense，a Problem，and Some Possibilities," 1986 *American Bar Foundation Research Journal* 613，以及 Monroe Freedman 的各种著作，例如，*Understanding Legal Ethics*（1990）。

  对法律职业道德各种学说的概括，可见 Charles Wolfram，Modern Legal Ethics（1986）。作者说其更新版不久将付梓。一本创新性的教科书有助于在影响律师服务角色的更广泛的法律学说背景下探讨职业道德规则和案例，这就是：Geoffrey Hazard Jr.，Susan Koniak，and Roger Cramton，*The Law and Ethics of Lawyering*（2d ed. 1994）。

  如果是新手，想要了解课本中某些一般性的法理学问题，可以从下列文献开始：Elizabeth Mensch，"The History of Mainstream Legal Thought," in *The Politics of Law*（rev. ed. 1990），以及 Morton J. Horwitz，*The Transformation of American Law：1870 - 1960*（1992）。这名新手可以接着阅读 Ronald Dworkin，*Law's Empire*（1986）以及 Duncan Kennedy，A Theory of Adjudication（1997）。

  对于绝对性判断和背景性判断的相对价值而言，存在大量文献。对此最为著名的当代讨论是 Duncan Kennedy，"Form and Substance in Private Law Adjudication," 89 *Harvard Law Review* 1685（1975）。

  第 2 章　非正义的权利。对于实证主义的现代批判，请参见 Ronald Dworkin，*Taking Rights Seriously*，chs. 2 and 3（1977）. 对自由意志论的现代批判，请参见 Mark Kelman，"Taking Takings Seriously：An Essay for Cen-

trists," 74 *California Law Review* 1829（1986），以及 Barbara Fried，*The Progressive Assault in Laissez-Faire* ch.2（1998）。优势观点所预设的那种实证主义不再有老成练达的支持者，但是自由意志论则不然。例如，可参见 Richard Epstein，*Takings*（1985）。关于"私人立法"问题，参见 Stewart Macaulay，"Private Government," in *Law and the Social Sciences*（Leon Lipson and Stanton Wheeler，eds. ，1986）。

其他对优势观点的批判认识到了其某些前提的过时性，这些批判是 Maura Strassberg，"Taking Ethics Seriously：Beyond Positivist Jurisprudence in Legal Ethics," 80 *Iowa Law Review* 901（1995）以及 David Wilkins，"Legal Realism for Lawyers," 103 *Harvard Law Review* 468（1990）。二者都包含对我的观点的某些批判。

第3章 长远的正义。讨论了本章某些问题的特别雅致、有影响力的文章是 David Luban， "The Adversary System Excuse," in *The Good Lawyer*（David Luban，ed. ，1984）。关于保密的最有趣的文章是 Fred Zacharias，"Rethinking Confidentiality," 74 *Iowa Law Review* 351（1989）. 还请参阅 Elizabeth Thornburg，"Sanctifying Secrecy：The Mythology of the Corporate Attorney-Client Privilege," 69 *Notre Dame Law Review* 157（1993），该文对文献进行了有用的总结。如上所述，本章的某些观点在下文中受到了批判：Stephen Bundy and Einer Elhauge，"Knowledge About Legal Sanctions," 92 *Michigan Law Review* 261（1993）。

第4章 律师应当守法吗？ 关于原则性的或者有意识的不遵守法律问题的丰富文献请见脚注。更为一般的观点可见 Mortimer Kadish and Stanford Kadish，*Discretion to Disobey*（1973），以及 Robert Cover，"Nomos and Narrative," 97 *Harvard Law Review* 4（1983）. 关于对我的观点的感同性批判，请参见 David Luban，"Legal Ideals and Moral Obligations：A Comment on Simon," 38 *William and Mary Law Review* 255（1996），以及 David Wilkins，"In Defense of Law and Morality：Why Lawyers Should Have a Prima Facie Obligation to Obey the Law," 38 *William and Mary Law Review* 269（1991）. 关于更为不一致的观点，请参见 Selena Stier，"Legal Ethics：The Integrity Thesis," 52 *Ohio State Law Journal* 551（1991）；John DiPippa，"Lon Fuller，the Model Code，and the Model Rules," 37 *South Texas Law Review* 303，340-343（1996）。

第5章 作为有意义的工作的法律职业主义。David Luban 讨论了本章的某些问题，在下文中也援引 Brandeis 作为角色模型："The Noblesse Oblige Tradition in the Practice of Law," 41 *Vanderbilt Law Review* 717（1988）。下文也是如此：Bryant Garth，"Independent Professional Power and the Search for a Legal Ideology with Progressive Bite," 61 *Indiana Law Journal* 214（1986），该文对我的观点进行了某些友善的批判。对 Brandeis 作为职业道德的角色典型的最深入的讨论，是 Clyde Spillenger，"Elusive Advocate：Reconsidering Brandies as People's Lawyer," 105 *Yale Law Journal* 1445（1996），与我的观点及 Luban 的观点相比，该文采取了不同的、更为批判性的视角。

关于有意义的工作的一般问题，请参见 Roberto Unger，*Social Theory* 26-35（1987），特别是 George Eliot 的《米德尔马契》（1871-1872）和 Alpheus

Mason 的传记：*Brandeis：A Free Man's Life*（1946）。

第 6 章　作为背景性判断的法律职业道德。 与背景性观点类似的其他方法，可见 Kronman 的 Lost Lawyer 和 Heidi Feldman，"Can Good Lawyer be Good Ethical Deliberators?" 69 *Southern California Law Review* 885（1996）。以下文献从"角色伦理"批判的角度，对我的方法进行了批判：Rob Atkinson，"Beyond the New Role Morality for Lawyers," 51 *Maryland Law Review* 853（1992），以及 Thomas Shaffer and Robert Cochran，*Lawyers，Clients and Moral Responsibility*，30-39（1994）。

第 7 章　刑事辩护迥乎不同？ 总的来看，关于刑事辩护的规范讨论仍然是不毛之地，"犯罪控制"论者甚众，对进攻性辩护进行着攻击，而不承认当前刑罚实践的系统严酷性和不正义性，"正当程序"论者用落伍的观点进行着回应，而对与实体正义和不正义的处罚之间的差别视而不见。

David Luban 对本章的早期版本进行了回应，尽管没有说服我，该回应还是包含了许多有趣的事实评论和参引。"Are Criminal Lawyers Different?" 91 *Michigan Law Review* 1703（1993）。Paul Butler 的 "Racially-Based Jury Nullification：Black Power in the Criminal Justice System," 105 *Yale Law Journal* 677（1995），尽管与我的建议相比，其关注点更为有限，但是在援引废止传统时，与我的目的类似。

第 8 章　职业道德的制度化。 关于职业责任规制的制度性问题的综合讨论，可见 David Wilkins，"Who Should Regulate Lawyers?" 105 *Harvard Law Review* 799（1992），以及 Deborah Rhode，"Institutionalizing Ethics," 44 *Case Western Reserve Law Review* 665（1994）。关于市场组织对法律服务的道德压力的两个研究，请见 Ronald Filson and Robert Mnookin，"Disputing Through Agents：Corporation and Conflict Between Lawyers and Litigation," 94 *Columbia Law Review* 509（1994），以及 Richard Painter，"Toward a Market for Lawyer Disclosure Services：In Search of Optimal Whistleblowing Rules," 63 *George Washington Law Review* 221（1995）。

致　谢

我的观点受到了批判法学和 Ronald Dworkin 的法律自由主义这两个广泛而相当独特的法学理论的启发。

在我的老师和朋友的批判法学著作中，我发现了当代对自由意志论最有力的批判，以及一套在结构上还不稳定的法律学说的思想。我追随他们，摒弃了这样的推定，即通常的做法反映了一套连贯的规范理由，对这种做法进行修正的实践限制，像讨论所通常假定的那样刻板或者固定。

在 Dworkin 的著作中，我发现了对实证主义和对有根据的法律判断的可能性的激进怀疑主义最有力的当代批评。即使没有为其所彻底折服，我也受到了他对法律决策的现象描述的重要影响。认真地对待法律问题对决策者意味着什么，在说明这个问题上，Dworkin 比任何人做得更为成功。

本书的思想成型于这样一个时间，即法学理论工作者越来越脱离法律服务活动，而法律服务工作者越来越感情用事、武断教条。在我的经历中，Gary Bellow 是这些不幸趋势的一个突出例外。他一直在致力于在一个最困难也是对个人要求最高的领域执业的同时，追求深刻的自我审视和思考。作为榜样、导师和对话者，他的影响是巨大的。多年以来我得以借鉴和受到启发的其他从事理论研究的执业者和从事执业活动的理论工作者，包括 Jeanne Charn、Teresa Nelson、Louise Trubek 和 Lucie White。

我要感谢许多法律职业道德学者，但是要特别感谢四个人。在对该领域的深入研究方面，David Luban 比任何其他人做得更多。他也是对我所说的优势观点进行批判的先行者。尽管私下我从他那里领教颇巨、借鉴颇多，我在公开场合，特别是在本书中，还是盯住了我们存在不同意见的相对很少的问题。我这种刚愎从未阻碍 Luban 的慷慨和友爱，对此我感激不尽。我特别感谢他对手稿的详细批评，从而促使我进行了许多改进和修正。

Deborah Rhode 多年以来对我的鼓励和支持不计其数。她阅读了本书的每个字，很多不止一次，并提出了大量建议，改进了论证。她还在斯坦福组织了一个研讨会并担任主席，对手稿的大部分内容进行了讨论。我所提出的如何就我的思想进行制度化和贯彻的些微努力，这在很大程度上要感谢她的激励和帮助。

Bob Gordon 在斯坦福的日子里，是我最亲密的思想者。本书中有很多方面我不能说明这是我的思想还是他的思想，抑或是我们共同的成果。我很想念他。

这非凡的四人中的最后一个是 David Wilkins，他提供了许多伦理、思想和美食方面的支持。我从他的著作、与他进行的许多讨论和他对手稿的广泛评论上进行了自由的借鉴。

在斯坦福，我还得益于 Bill Rubenstein、George Fisher、Barbara Babcock、Tom Nolan 以及 Janet Halley 的帮助和鼓励。我还与 Denver 大学的 Steve Peper、Miami 大学的 Tony Alfieri、San Diego 大学的 Fred Zacharias、Berkeley 的 Robert Post、Florida 州立大学的 Rob Atkinson、New York 州立大学 Buffalo 分校的 Guyora Binder、Berkeley 的 Steve Bundy 保持着有价值的、长期的零星对话。

Guggenheim 基金会和 Keck 基金会提供了慷慨的资助。

我要感谢 Pat Adan 和 Carol Crane，他们提供了高质量的秘书和行政帮助。斯坦福大学法学院图书馆的工作人员的工作令人叹服，特别是 Andy Eisenberg 和 Paul Lomio 的工作无与伦比。哈佛大学出版社的 Michael Aronson 和 Anita Safran 对本书的编辑和出版进行了娴熟的监督。

Carmen Chang、Mike Simon 和 K. C. Simon 的爱与情感支持给了我力量。Mike 和 K. C. 值得表扬，他们耐心地等了那么长时间才见到本书印上了他们的名字。

我得以自由地引用了以下以前发表的作品，特别是在第 4 章、第 6 章和第 7 章："Should Lawyers Obey Law?" 38 *William and Mary Law Review* 217 (1996)；"Ethical Discretion in Lawyering," 101 *Harvard Law Review* 1083 (1988)；"The Ethics of Criminal Defense," 91 *Michigan Law Review* 1703 (1993)。

重要译名对照表

"People Are Funny" "世人真可笑"

Agribusiness Welfare 农业综合经营福利
Aggressive defense 进攻性辩护
Aid to Families with Dependent Children program（AFDC）有子女家庭补助
计划
American Academy of Matrimonial Lawyers（AAML）美国婚姻律师学会
American Bar Association（ABA）美国律师协会
American Law Institute（ALI）美国法律协会
Attorney-client privilege 律师—委托人特免权

Bar exam 律师资格考试
Behavioral psychology 行为心理学
Boston Tea Party 波士顿茶叶党
Burden of Proof 证明负担

Captive market 垄断市场
Certification election 确认选举　认可选举
Civil disobedience 公民不服从　善良违法
Client 委托人
Close corporation 内部持股公司
Code 守则
Community 社区　社群　共同体
Confidentiality 保密
Conflict of interests 利益冲突
Constitutional revolution 宪法革命
Contextual View 背景性观点
Contextual judgment 背景性判断

Contingent assumption 非必然假设

Convict 罪犯

Credibility 可信性

Critical Legal Studies 批判法学

Cruel and unusual punishment 残忍与非常处罚

Default rule 默认规则

Deposit insurance 储蓄保险

Deposition 证言存录

Disbar 取消律师资格

Disciplinary regime 惩戒制度

Discovery 案情先悉　案情先悉程序

Dominant view 优势观点

Due process 正当程序

Emoluments Clause 薪酬条款

Enabling 使能性

Enforcement advice 执法建议

Entitlement argument 应得权利观点　应得权利主张

Equality 平等

Ethical Consideration 道德考虑

Federal Reclamation Act《联邦土地开垦法》

Federal Home Loan Bank Board 联邦家庭贷款银行委员会

Framing 框定

Freedom of speech 言论自由

Fugitive Slave Law《逃奴法》

Functionalist movement 功能主义运动

Good will 商值　商誉

High commitment 高度忠信

Ignorance-is-no-excuse principle 无知非借口原则

Injustice 不正义

Institution 制度　机构

Institutional competence 机构称职性

Intellectual segregation 思想隔离

Just compensation 正当补偿

Just measure 合理尺度

Justify 证明……有正当理由　证成

Law characterization 法律定性
Lawyer regulation 律师规制
Lawyering 律师执业活动 律师服务活动
Legal ethics 法律职业道德
Legal judgment 法律判断
Legal liberalism 法律自由主义
Legal merit 法律上的是非曲直
Legal person 法人
Libertarianism 自由意志论
Libertarian 自由意志论者
Linked transaction 关联交易
Literal interpretation 字面解释
Low commitment 低度忠信

Market for ethical commitment 道德忠信市场
Maxim 准则
Medical establishment 医疗机构
Meaningful work 有意义的工作
Mob hysteria 大众歇斯底里 群众歇斯底里
Model Code《示范守则》
Model Penal Code《示范刑法典》
Model Rules《示范规则》
Moral commitment 伦理忠信
Moral hazard 道德风险　伦理风险
Moralistic Positivism 伦理实证主义

National Labor Relations Board（NLRB）全国劳工关系委员会
Norm 标准 规范
Nullification 废止活动　废止行为
Nullifying judgment 废止判决

Office of Thrift Supervision 联邦储蓄机构监管局

Partisan 当事人性的　同党
Partisan control 当事人性的控制
Partisanship 当事人性
Positivism 实证主义
Positivist 实证主义者
Practical reason 实践理性
Practitioner 执业者　律师
Private legislation 私人立法
Prima facie 初像的

Prima facie obligation 初像义务

Privilege 特免权

Privilege against self-incrimination 反对被迫自我归罪的特免权

Probative value 证明价值

Profession 职业

Professional responsibility 职业责任

Professionalization 职业化

Progressive movement 进步主义运动

Proper purpose 适当目的

Prudentialism 审慎

Public commitment 公共义务

Public convenience and necessity 公共便利与必需

Public corporation 公开招股公司

Public good 公共产品

Ratifying Convention 审批会议　批准会议

Rebuttable presumption 可反驳的推定　可辩驳的推定

Reconstruction Congress 重建国会

Restatement 重述

Restatement of Law Governing Lawyers《律师法重述》

Restatement of Torts《侵权法重述》

Role morality 角色伦理

Roving questioning 漫游讯问

Secretary of the Treasury 财政部长

Sharp Practice 不择手段之事

Social acquiescence 社会顺从

Social work 社会工作

Southern Christian Leadership Conference 南部基督教领袖会议

Specification 细致化　具体化　具体规定　细致规定

Strict constructionist 狭义解释宪法派

Subjective predisposition 主观倾向

Substance 实体

Substantivist 实体主义者

Tax preparer 税务经办人

Trust 信托

Trustee 受托人

Unconscionable 显失的

Unfair labor practice 不当劳动行为

Unpopular client 不得人心的委托人

Usage of trade 交易习惯

Vigilantism 替天行道

Working to rule 照章办事

图书在版编目（CIP）数据

践行正义：一种关于律师职业道德的理论/〔美〕威廉·西蒙著；王进喜译. —北京：中国人民大学
出版社，2013.10
（中国律师实训经典）
ISBN 978-7-300-16985-9

Ⅰ.①践… Ⅱ.①威…②王… Ⅲ.①律师-职业道德-研究 Ⅳ.①D916.5

中国版本图书馆 CIP 数据核字（2013）第 239686 号

中国律师实训经典
践行正义：一种关于律师职业道德的理论
〔美〕威廉·H·西蒙（William H. Simon）　著
王进喜　译
Jianxing Zhengyi：Yizhong Guanyu Lüshi Zhiye Daode de Lilun

出版发行	中国人民大学出版社	
社　址	北京中关村大街 31 号	**邮政编码**　100080
电　话	010 - 62511242（总编室）	010 - 62511770（质管部）
	010 - 82501766（邮购部）	010 - 62514148（门市部）
	010 - 62515195（发行公司）	010 - 62515275（盗版举报）
网　址	http://www.crup.com.cn	
	http://www.ttrnet.com（人大教研网）	
经　销	新华书店	
印　刷	北京鑫丰华彩印有限公司	
规　格	185 mm×260 mm　16 开本	**版　次**　2015 年 10 月第 1 版
印　张	10.5　插页 2	**印　次**　2015 年 10 月第 1 次印刷
字　数	234 000	**定　价**　35.00 元